역사수업 살림

역 사 교 사 의 사 계 절 분 투 기

역사수업 살림

윤종배 지음

사료 재구성

원격 수업

동아리 운영

세계사 수업

기행문

유적지 답사

수업평가 설문지

역사용어 설명

서·논술형 평가

선다형 평가

모둠 활동지

수행평가

수업 연구 공동체

참고용 웹사이트

VIO**님T7**
ViaBook Publisher

책머리에

누군가 '수업은 하는 것(Doing)이 아니라 사는 것(Living)'이라고 했다. 눈에 보이는 교수·학습 행위만이 아니라 교사와 학생의 삶과 생각이 만나고 성장하는 과정이라는 뜻일 게다. 교사에게 수업은 가르치는 자로서 삶의 가장 중요한 국면이며, 학생에게 수업은 자신이 살아갈 세상을 알아가는 배움의 여정이 아닐까.

서두가 다소 무거워진 것은 그동안 내가 했던 언설들이 교수 행위의 소소한 노하우에 그치고 삶으로서의 수업에 못 미치지 않았나 하는 반성 때문이다. 그나마도 실제 수업 장면에서는 그다지 도움이 안 되는 당위적인 제안이 아니었나 싶다. 전작에서 다양한 수업과 함께 수업의 방향성을 논했는데, 실제로 수업을 살아가려면 좀 더 깊으면서도 실질적인 논의가 필요하다고 생각했다. 더욱이 '코로나19'라는 전대미문의 상황은 수업에 대한 나의 기존 관념들과 자신감을 뒤흔들어 놓았다.

책의 제목을『역사수업 살림-역사교사의 사계절 분투기』로 정한 것은 이런 문제의식 때문이다. 교사들은 적잖은 혼돈과 고민 속에서도 일상의 수업을 끌고 나가야 한다. 수업을 꾸려가야 한다는 점에서 '경영'이라는 뜻의 살림이 필요한 것이다. 한편으로 반복되는 수업 관행에서 벗어나 유의미한 실천으로 수업의 생동감을 높이려는 '소생과 약동', 즉 살림의 과업과도 마주하고 있다. 일상을 살아가면서 문제의식을 살려가려는 내 수업의 면모를 잘 조명하면, 후배교사들에게 어설프나마 길잡이가 될 수 있고 선배와 동료교사에게는 함께 논의해볼 거리를 제공할 수 있겠다 싶었다.

이 책은 대략 세 가지 성격을 갖는다. 첫째는 반성문이다. 개인적으로『나의 역사수업』(2008),『역사수업의 길을 묻다』(2018)를 통해 꽤 많은 수업 논의를 정리하고 사례도 함께 제시했다는 생각으로 살짝 자만에 빠졌다. 그러나 갑작스러운 원격수업 상황에서 후배들에게 신문물(?)을 배우느라 정신없는 하루를 보내며 자괴감도 느끼고 겨우 수업을 꾸려가면서 나를 돌아보게 되었다. 무엇보다 선배로서 미래사회에 걸맞은 역사수업에 대한 구상이나 전망이 없다는 사실이 한없이 부끄러웠다. 다시금 신규교사처럼 수업의 기본부터 고민을 시작해서 새로운 역사수업 모습을 그려내기 위한 반성적 질문을 던지고 스스로 답해보려 했다.

둘째는 해설서다. 원격수업의 파고에 휘청거리면서도 여전히 선배교사의 경험은 쓸모가 있었다. 다양한 플랫폼과 프로그램을 활용하는 후배들 앞에서 기죽지 않은 것은 그래도 내가 수업의 물길을 알고, 여울마다 흐름을 살필 수 있으며, 무엇을 어떻게 가르쳐야 할지 생각해둔 바가 있었기 때문이다. 화려한 외양을 꾸미기보다는 생각이 많아지는 질문을 던져 원격 상황에서도 의미를 나누고

5

생각을 키우는 작업을 하려고 애를 썼다. 어떤 상황이라도 수업이라면 갖추어야 할 요소와 키워야 할 교사의 역량을 차분히 풀어내 후배교사들이 약간의 시사를 얻기를 바란 것이다.

셋째, 이 책은 마중물이다. 마중물은 펌프질할 때 우물물이 잘 올라올 수 있게 미리 펌프 입구에 물을 부어주는 것이다. 이미 열정과 노력이 넘치는 후배교사들에게 선배로서 노하우를 조금만 들려주면 금세 알아듣고 더 멋진 수업을 할 수 있다고 나는 믿는다. 여기에 제시한 몇 가지 실마리는 수업 노하우라고 하기에는 거창하고, 약간의 영업 비밀이라고 해두자. 각자의 장사를 할 때, 꼭 들어맞지는 않아도 남의 비법이 참고가 되는 것처럼 정답이 아닌 해답으로 나의 의견을 제시하고, 더 나은 수업을 기대한다는 점에서 마중물이라고 여기고 싶다.

책의 구성은 '살림'이라는 제목에서 빌려 와 사계절을 거치며 교사들이 미리 준비하거나 겪어내는 일들을 제시하는 방식이다. 차례를 계절에 비유하다 보니 수행하는 일의 순서가 실제와 같지는 않지만, 필요한 일들을 영역별로 묶어보았다. 먼저 봄방학 때는 역사수업의 지향을 가다듬는다는 점에서 역사수업의 목적과 특징을 되짚는데, 학생의 시선에서 설명해보고자 했다. 봄에는 수업의 기본 요소에 해당하는 역사용어와 서술 표현을 학생들의 눈높이에 맞게 풀어주기 위한 다채로운 설명 기법을 제안해보았다. 이를 바탕으로 대화가 있는 수업을 위해 필요한 것들과 실제 사례를 살펴본다.

여름에는 봄의 씨앗과 새싹을 키워가며 수업의 큰 그림을 그리는 과정을 소개하고자 했다. 한 차시 수업의 개선에 머물지 않고 교과서 전반의 재구성을 떠올려보았으며, 나아가 교사들이 현장 수업 경험을 살려 교육과정을 주도적으로 구성하기를 희망해보았다. 이 문제의식을 바탕으로 세계사 수업이 위기를 벗어나 제대로 이루어질 수 있는 방도를 모색하고, 그 맥락에서 역사수업다운 수업을 준비하기 위한 기본적인 과정을 짚어보았다. 이어지는 여름방학에서는 수업의 외연을 넓힌다는 차원에서 동아리와 국내외 답사를 소개했다. 역사교사라면 누구나 맡는 동아리나 흔히 다녀오는 국내외 답사가 근사한 수업 자료가 될 수 있기를 기대하며 사례를 덧붙였다.

가을이 결실의 계절이듯 수업의 결실을 확인하는 과정도 존재하는데, 학교 시스템에서는 평가가 그에 해당한다. 관행적으로 선다형, 서·논술형, 수행평가를 진행하고 있지만 별 탈 없이 치러내기 바빠서 제대로 하고 있는지, 더 나아갈 부분은 없는지 돌아보지 못하는 경우가 많다. 수업에 비해 평가 문제는 교사들이 공개하기를 꺼리므로 미흡한 내 평가 자료로 이리저리 짚어볼 수밖에 없는 점이 아쉽다. 하지만 이렇게라도 실제 사례를 놓고 논의해보는 것은 의미가 있을 것이다.

겨울은 깊은 침잠과 고민의 시간이다. 교사들이 직면하는 새로운 수업과 평가, 그때그때의 과제를 피하지 않고 지혜롭게 해결하기 위한 나름의 경험을 풀어놓았다. 과정 중심 평가, 교육과정-수업-평가-기록의 일체화 등의 이름으로 교사들에게 닥친 문제들을 현실감 있게, 의미와 효과를 살려가는 방안을 찾는 것이다. 이 과정에서 수업 연구 공동체의 선후배교사들이 함께 머리 맞대고 지혜를 모으는 작업을 제안하며 학교 안팎의 활동 사례를 살펴본다. 또 교사 스스로 전문성을 키우기 위해 관심 분야를 깊이 공부하면서 수업의 지양분을 키워나가는 모습도 소개하려 한다.

겨울방학은 성찰을 통해 성장을 꾀하는 시간이다. 겨울에도 동면이 아닌 성장이 가능하려면 자신의 수업과 삶을 진지하게 돌아보고 늘 정진하는 노력이 필요하다. 수업의 나이테는 그저 시간이 간다고 해서 생기는 것이 아니라 새로운 화두를 붙들고 씨름하며 이를 수업에 녹여내기 위해 애쓸 때 아름다운 매듭으로 자리 잡는다. AI시대의 역사수업은 어때야 하는지, 민주 시민 교육이 역사수업에서 어떤 모습으로 펼쳐져야 하는지, 세상의 절반인 여성의 역사를 어떻게 수업에 담아야 하는지 등은 당분간 나의 숙제다. 이 문제를 푸는 만큼 내 수업은 또 한 걸음 나아갈 테니 교사로서 마지막 도전을 해볼 생각이다.

그리고 차례에 환절기를 추가했다. 여기서 원격수업에 대한 이야기를 나누어보려 한다. 코로나19로 인한 원격수업은 학교 교육의 한 모습으로 자리를 잡을 테세다. 이제 수동적 대응에 급급할 것이 아니라 등교수업에서 살릴 것과 원격수업에서 펼칠 것, 두 수업을 연계하여 역사를 더 넓고 깊게 공부할 방안 등을 모색할 필요가 있다. 나 혼자의 능력으로는 감당이 되지 않아 저마다 원격수업의 길을 찾고 있는 선생님들과 함께 대담 형식의 수다를 나누며 지혜를 모아보았다.

부록에서는 역사수업 10문 10답과 수업용 참고 웹사이트를 제시하여 독자들의 가려운 곳을 긁어주려고 했다. 특히 10문 10답은 강의하면서 받았던 질문 중에 함께 생각해보면 좋겠다 싶은 것들을 추린 것으로, 현장감 있게 옮겨보려 했다. 하지만 나의 개인적인 견해이므로 단지 참고만 할 뿐 저마다의 판단이 필요할 것이다.

마지막으로 감사 인사를 여러 사람에게 드려야겠다. 신체 허약에서 심신 미약(?)으로 가는 지경에도 글 쓴다고 낑낑대는 남편을 늘 응원해주는 아내와 부족한 아빠의 글에 재치 있는 평을 해주는 딸에게 먼저 고맙다는 말을 하고 싶다. 40년 가까운 세월을 함께하며 늘 수업 얘기를 놓지 않는, 벗이자 지음(知音)인

김종훈, 이근화 선생에게도 고마운 마음을 전한다. 이 친구들과 함께 후배교사들의 연구 모임(사초, 사연)을 꾸려가며 영감을 얻은 부분이 무척 많았다. 이 책을 검토하고 대담에 참여해주신 선생님들께도 미안함과 고마움이 크다. 어느 순간 제자인 듯, 동료인 듯 동반 성장하는 후배교사들로부터 얻은 에너지와 참신한 제안이 이 책을 좀 더 충실하게 만들어주었다. 그리고 이 책을 펴내 주신 비아북의 한상준 대표님과 손지원 에디터에게도 감사의 인사를 드린다. 졸고를 기꺼이 받아주고 엉성한 초고를 가다듬어 근사한 모습으로 만들어주셨다.

정호승 시인은 "모든 벽은 문이다"라고 했다. 벽은 나를 가로막는 장애물이 아니라 극복하면 나를 성장시키는 도약대가 된다는 뜻이다. 우리네 교사들 앞에 버티고 서 있는 갖가지 벽을 도종환 시인의 '담쟁이'처럼 함께 손잡고 넘어가는 아름다운 연대와 따뜻한 나눔을 기대하며 부끄럽지만 이 책을 세상에 내놓는다. 독자 제현(諸賢)의 많은 질정(叱正)을 부탁드린다.

2021년 2월
한강의 유장한 흐름을 바라보며
윤종배

차례

제1장

봄방학

나침반과 이정표 세우기

사료 재구성　　역사 용어 설명　　모둠 활동지

'역사는 대체 왜 배워요?'
'옛날 얘기 알아서 지금 내게 무슨 도움이 되나요?'
낯설고, 복잡하고, 외울 것 많고, 현실감 없고, 게다가 네 생각은 뭐니,
하고 묻는 역사는 학생들에게 결코 쉽지 않은 과목이다.
과연 학생들에게 역사 학습의 필요성을 어떻게 설명해야 할까?
그 해답의 실마리로 2016~2017년 한반도의 겨울을 뜨겁게 달구었던
촛불집회를 생각해보자. 연인원 2,500만 명이 수개월 동안 모여서
자신의 미래를 바꾼 역사의 현장을 들여다보면 역사와 현재,
미래에 대한 생각과 상상을 조금씩 얘기해볼 수 있겠다.
이를 통해 역사수업의 나침반을 읽고 이정표를 세울 수 있다면,
역사수업의 풍경이 많이 달라질 수 있지 않을까?

유적지 답사　　수행평가　　참고용 웹사이트

역사는
왜 배우나요?

10월 26일의 역사수업 소묘

때는 10월 26일, 3학년 역사수업 시간이었다.[1] 교실 문을 열고 들어가는데 학생들 표정이 심상치 않았다. 아니나 다를까 학생들이 "선생님, 수업하지 말고 댄스 연습하게 해주세요" 하고 말한다. 사흘 뒤가 체육대회 날이니 충분히 나올 만한 얘기였다. 학급별 댄스는 체육대회의 하이라이트로 손꼽히는 데다 체육 수행평가에도 포함되는 과제였다.

하지만 나의 대답은 "안 되는 줄 알지?"였다. 학생들은 시큰둥한 표정을 지었다. 도무지 자기네 기분을 이해하지 못하는 선생님이라고 말하는 듯했다. 쾅! 하고 마음의 문이 닫히는 소리가 들렸다. 오늘 수업이 순조롭게 진행되기는 틀렸구나 싶었다. 살짝 고민이 된다. 오늘만 인심 쓰고 다음 수업 때 바짝 진도를 나갈까… 아니지, 내가 이 녀석들한테 한두 번 속나.

나는 학생들에게 세 가지 이유를 들어 수업을 하자고 했다. 첫째, 오늘 꼭 배워야 할 내용이 있다. 이날 오전에는 안중근 의사가 조선 침략의 원흉인 이토 히로부미를 처단했고, 밤에는 박정희 대통령 사망과 함께 유신시대가 끝났단다. 둘째, 너희가 수업을 듣는 대신 연습을 더 많이 해서 대회의 결과가 달라진다면 그건 잘못된 일이다. 원래 체육대회의 취지와도 맞지 않는 일 아니니? 셋째, 이번 시간에 볼 사진 자료, 읽기 자료가 제법 많은데 다음으로 미루면 진도에 쫓겨서 거의 볼 수가 없단다.

이 정도로 설득될 학생들이 아니었다. 나는 다시 근본적인 물음을 던졌다. 안중근 의사가 이토를 처단한 일이 오늘을 사는 여러분에게 어떤 의미가 있을까? 너무 먼 얘기 같다면, 박정희와 유신시대가 끝난 것은 어떤 의미일까? 학생들은 내 질문의 의도조차 모르는 듯했다. 골치 아픈 질문일랑 그만두고 빨리 '정답'을 이야기하라는 눈빛으로 날 쳐다보고 있었다.

사실은 나도 학생 입장에서 설득력 있는 답을 말하기가 쉽지 않았다. 역사교사로서 내가 왜 역사를 가르치려고 하는지에 대한 나름의 생각은 있다. 그러나 그것이 학생들에게 먹혀드느냐는 별개의 문제다. 이 대목에서 나는 반성할 수밖에 없었다. 결국은 나도 역사를 자신의 문제로 느끼게 가르치기보다는 암기할 내용투성이의 고리타분한 과목으로 만든 장본인이라는 생각이 들었다.

그렇다면 나의 학생 시절은 어땠는지 기억을 떠올려본다. 그래야 학생 입장에서 다시 말할 수 있을 것이다. 중학생 무렵 나는 기타를 붙들고 팝송을 외우고 다녔다. 빨리 대학생이 되어서 대학가요제에 나가는 것이 꿈이었다. 수업 시간에도 머릿속으로는 악보를 떠올리며 책상에다 기타 코드를 짚고 노래를 흥얼거렸다. 선생님의 설명이 기억에 남을 리 만무했다. 영어 시간에 열심이었던 이유도 팝송을 근사하게 부르기 위해서였다.

물론 나는 남들보다는 역사를 좋아했다. 하지만 중학교 때까지 재미난 이야기만 골라서 듣는 편에 가까웠다. 어차피 먼 옛날 얘기, 나하고는 크게 상관없는 그저 흥미로운 사건들로 여겼다. 그나마도 내가 고등학교 갈 당시에는 연합고사라는 선발 시험을 치렀기에 의미 있는 역사수업이 이루어지기는커녕 시험에 나올 만한 내용에 밑줄 긋기 바쁜 나날이었다.

그러다가 중3 때, 박정희 대통령이 숨졌다는 소식을 텔레비전에서 접했다. 신문은 연일 호외를 발행했고 사태는 급박하게 돌아가는 듯했다. 심지어 울상을 지으며 수업하는 선생님도 있었다. 어린 마음에도 이 나라가 망하는구나, 한숨을 내쉬었다. 내가 태어날 무렵부터 줄곧 대통령이었던 사람이 죽었으니 다른 대통령은 내 머릿속에 존재할 수 없었기 때문이다.

한편으로는 그가 죽기 직전에 민주화를 부르짖는 야당 총재 김영삼을 국회에서 제명하고, 대학생들은 모두 빨갱이라고 비난했던 상황이 떠올랐다. 내가 보기에 그는 조국 근대화의 길을 열어주었고, 경제 발전을 이룩한 위대한 인물인데 대학생들은 왜 유신 독재 물러가라고 외쳤을까? 그는 왜 자기 부하에게 총을 맞았을까? 평범한 중학생의 눈에 비친 10·26사태는 박정희와 유신 독재, 민주화라는 단어들과 함께 뒤죽박죽으로 얽혀 있었다. 이때 나는 막연하나마 현실의 문제가 곧 나의 문제라고 느꼈고 이것도 역사의 한 페이지가 될 것이라고 생각했다.

요즘 학생들은 어떨까? 아마도 그때의 나보다 진지하게 고민하는 모습은 찾기 힘들지 않을까 싶다. 당장 재미있는 것을 원하고, 진득하게 생각하기보다는 끊임없이 뭔가 새로운 자극을 찾는다. 조금 심각한 이야기를 했다 하면 금세 얼굴을 찡그리니 가끔은 수업할 의욕이 뚝 떨어진다.

사실 이해가 안 가는 것도 아니다. 컴퓨터를 켜야 무언가 진행되는 줄 아는 학생들과 나는 이미 감각이 다르지 않은가. 각종 미디어와 게임, 영상 등에 어릴 적부터 노출되어온 학생들에게 나의 설명과 표정은 너무나 고즈넉할 것이다. 더욱이 현실에서 눈으로 확인할 수 없는 역사수업의 내용은 학생들에게 그 거리감이 자못 크다. 겪어보지 못한 일에 대해 생생하게 느끼지 못하는 것은 어쩌면 당연한 일이다. 태어나기 4년 전에 일어난 4·19혁명에 대해 내가 그저 '큰 의미가 있다'고 생각했던 것처럼.

이제 다시 나의 현실로 돌아와서 질문해본다. 눈물겨운 독립 투쟁, 치열했던 민주화 운동에 무덤덤하고, 아이돌 그룹의 가벼운 몸짓 하나에 감동하는 학생들에게 나는 역사를 어떻게 가르쳐야 하는 것일까? 더욱이 컴퓨터 하나로 충분히 행복할 수 있다고 믿는 학생들에게 역사는 어떻게 다가갈 수 있을까? 심지어 같은 반 친구들조차 걸리적거린다고 투덜거리는 학생들에게 공동체 의식과 인간에 대한 성찰을 부르짖는 역사는 과연 어떤 과목인가?

▥ 역사란 무엇인가

역사는 말뜻 그대로 풀면 지난날에 대한 기록이다. 한자로는 지날 역(歷) 자에 사기 사(史) 자를 쓴다. '역'은 지나간 시간 또는 있었던 사건을 의미하고, '사'는 역사를 기록하는 사람, 즉 사관(史官)을 일컫는다. 역사는 '지난 일을 사관이 기록해놓은 것'이라 할 수 있다. 서양식으로 풀이하자면 가장 유명한 정의로 '역사는 과거와 현재의 대화'라는 것이 있다. 여기서 과거는 과거에 있었던 사실이며 현재는 오늘을 사는 역사가다. 그런데 흥미로운 것은 '대화'한다고 표현했다는 점이다. 알다시피 대화란 서로 말을 주고받는 것이다. 지시나 명령, 독백이 아닌 대화는 상호작용이다. 다시 말하면 '과거 사실과 현재의 역사가가 상호작용, 즉 서로 영향을 미쳐 만들어진 것이 역사'다.

이렇게 본다면 동서양을 막론하고 역사는 과거 사실과 역사가가 무슨 작용을 해서 만들어진 것이라는 공통점이 있는 셈이다. 그렇다면 무슨 작용을 어떻게 한단 말인가? 역사는 과거에 일어났던 모든 일을 뜻하지 않는다. 역사가는 지난 일들을 살펴보면서 오늘을 사는 사람들에게, 후손들에게 의미 있는 일을 기록하게 된다. 날마다 되풀이되는 일, 지지부진하게 밑도 끝도 없이 흘러가는 일, 누가 봐도 의미 없는 일들을 낱낱이 기록하지 않는다. 그 시대에 큰 영향을 미쳤던 국가적인 일부터 시작해서 개인의 자그마한 일까지 두루 살펴, 그것이 좋은 일이든 나쁜 일이든 두고두고 새겨 볼 일은 기록으로 남겨서 다시금 곱씹게 하는 것이 역사가의 일이다. 요컨대 역사는 과거 사실 중에서도 역사가에 의해 선택된 사실이다.

이것은 일지와 일기의 차이라고 할 수 있겠다.[2] 일지에는 소소한 일까지, 날마다 되풀이되는 일조차도 꼼꼼히 적어둔다. 특별한 일이 아니면 누구도 앞 페이지를 들춰 보지 않고 상급자도 그저 형식적인 도장이나 찍을 뿐 귀찮은 존재쯤으로 여긴다. 하지만 일기는 다르다. 하루를 돌아보며 때로는 뼈저린 반성으로, 때로는 벅찬 가슴으로 한 줄 한 줄 써 내려간다. 훗날 일기를 보면서 그때 내 생활과 내 생각이 이러했나 떠올리며 아련한 감상에 젖기도 한다. 일기는 그날 일을 눈뜬 시각부터 잠자는 시각까지 꼬박꼬박 적지 않는다. 아주 중요한 대목을 기록하고 나름의 느낌을 표현한다. 때로는 야무진 각오까지 쓰면서 의미를 보탠다.

일반적으로 역사는 시간의 흐름 속에서 인간이 변해나간 모습을 기록해놓은 것이다. 시간, 인간, 변화는 역사의 중요 개념이다. 시간의 흐름은 과거-현재-미래로 이어지며 사람들의 삶의 모습을 변화시킨다. 역사가는 사람들의 삶을 추적해서 얼마나 변했고, 무엇 때문에 변했으며, 어떻게 변화해나갈 것인지 가늠해본다.

그 변화가 긍정적이든 부정적이든 사람들의 모습에 그전과는 다른 매듭이 생겼을 때, 이것이 바로 기록의 대상이 된다. 원시시대 인류는 수십만 년이 흐르도록 삶의 모습이 거의 달라지지 않았다. 현대인은 하루가 다르게 빠른 속도로 변화하는 삶을 살고 있다. 만약 흘러간 시간의 양만큼 기록이 많아진다면 원시시대의 내용이 우리 역사책 99.9퍼센트를 차지해야 하지만 실제로는 역사책 맨 앞 몇 페이지 분량이면 충분하다. 오히려 오늘날과 가까운 시기의 사실이 훨씬 많이, 그리고 자세하게 역사책에 그려진다. 이 또한 역사가의 선택의 결과다.

여기서 의문이 하나 생긴다. 사람마다 생각이 다른 법인데 역사가마다 제각기 다른 생각으로 과거 사실을 가려 뽑으면 도대체 무엇이 진실이란 말인가? 얼마든지 그런 문제가 생길 수 있다. 우리나라에서 가장 오래된 역사책『삼국사기』를 쓴 김부식은 우리 민족의 시작을 알리는 단군 신화를 황당한 불교 이야기라며 싣지 않았다. 또 고구려가 당에게 망한 이유를 '고구려가 버릇없이 큰 나라에 대들었기 때문'이라고 꾸짖으며 고구려의 저항을 대수롭지 않게 기록하기도 했다. 이는 단재 신채호가 생각하는 삼국통일에 대한 해석과 정반대다. 단재는 삼국통일을 비판하면서 외부의 도적을 끌어들여 민족정기를 훼손한 일로 규정했다. 또 잘 알려진 예로 후삼국시대의 영웅이자 후고구려(태봉)의 왕 궁예의 이야기가 있다. 그는 폭군으로 몰려 왕 자리에서 쫓겨나고 어느 농가에서 보리 이삭을 훔쳐 먹다가 분노한 농민들의 돌에 맞아 볼품없이 죽었다고 한다. 이러한 역사책의 묘사와 달리 2000년에 방송된 텔레비전 사극에서는 궁예가 꽤 많은 부하를 거느리고 마지막까지 왕건과 비장한 대결을 벌인 것으로 그려졌다.

그렇다면 어느 것이 사실인가? 좀 과장하면 역사적 사실은 역사가의 수만큼 다양하다고 할 수도 있다. 다양한 해석, 기존의 학설을 뒤집는 새로운 발굴과 자료에 대한 날카로운 해석 등이 더욱 다양한 이론을 낳는다. 그렇다면 역사는 너무나 황당하고 심란한 뜬구름 잡는 학문이 아닌가? 그렇지는 않다. 다양한 해석 못지않게 충분한 자기 논리가 있어야 하기 때문이다. 우리가 보통 역사책에서 접하는 역사 설명은 대체로 여러 학자 사이에서 받아들여지고 있는 내용들이다. 보편타당한 근거 자료와 탄탄한 논리로 당시 상황을 설명하고 있기 때문이다. 이 학설들은 정설(定說)이 아니라 통설(通說)이라 부른다. 절대적으로 옳은 진리가 아니라 널리 통용되는 주장, 즉 상대적으로 옳은 진리라는 뜻이다. 다소 복잡해 보이는 이 이야기는 역사가 다양한 해석과 그에 걸맞은 논리를 생명으로 하는 학문임을 강조해준다.

한 역사가의 해석은 그가 제시한 역사상을 바탕으로 후배 학자들이 더 정교하고 치밀하게 학설을 가다듬어 점점 더 절대적 진실에 다가서는 과정으로 보아야 한다. 한 사람의 탁월한 학자가 예언자처럼 입바른 소리만 해가면서 역사를 갈무리한다고 믿는 것은 오해다. 이는 역사가 미리 정해진 각본대로 움직일 것 같은 착각에서 비롯된 것이다. 만약에 각본대로라면 역사는 가장 재미없는 학문, 맥 빠진 스토리가 될 것이다. 서로 다른 해석이 있을 때 역사 연구도 더욱 활기를 띠고 내용도 흥미로워지며 사회적으로도 역사에 대한 관심이 드높아질 수 있다. 예컨대 고인돌은 청동기시대 족장의 무덤으로만 알려져 있었지만, 전체 마을 사람들의 행복을 비는 제단이라는 주장이 나와 고인돌에 대한 연구가 더욱 활발해졌다. 그런 연구와 발굴 조사 덕분인지 우리나라 고인돌 상당수는 유네스코가 지정한 세계 문화유산으로 등록되었다.

📚 역사는 왜 배울까?

환상처럼 떠올리는 AI시대는 마우스로 클릭하면 단번에 바뀌는 신비로운 세상이 아니다. 지금껏 인간이 살아온 모습과는 다소 차이가 있겠지만 서로 부대끼고 살아간다는 점에서, 땀 흘려 일하고 행복을 꿈꾼다는 점에서, 무엇보다 서로의 희로애락을 나눈다는 점에서 별반 다르지 않을 것이다. 정보화 사회에는 정보를 만들 수 있고 걸러 낼 수 있는 능력이 필요하다. 깊이 생각하고 많은 것을 따져본 다음, 나름의 안목으로 갖가지 정보를 분별해야 한다.

이러한 정보화 사회를 밝혀갈 안목은 사람과 세상에 대해 많이 생각해야 갖출 수 있다. 사람의 이야기를 제대로 하려면 역사를 배우지 않고는 못 배길 것이다. 역사의 격랑 속에 살아온 사람들의 생생한 이야기로부터 힌트를 얻지 않을 수 없기 때문이다. 더욱이 컴퓨터의 주인 역시 사람이 아닌가? 사람이 살아온 모습을 살펴보지 않고 사이버 세계를 탐닉한다면 그것은 불건전하며 비현실적인 망상으로 흐르기 쉽다. 그래서 나는 정보화 사회에도 반드시 학생들이 역사를 배워야 한다고 믿는다.

이를 몇 가지 항목으로 나누어 살펴보자. 첫째, 역사는 현재를 바르게 이해할 수 있게 해준다. 현재는 갑자기 생긴 것이 아니라 어제에 이어 오늘이 오는 것처럼 과거와 이어져 있으므로 과거의 삶과 사회를 아는 것은 현재를 정확하게 아는 데 도움이 된다. 예컨대 일본군 '위안부' 문제 해결을 위한 '수요 집회'는 한 가지 주제로 세계에서 가장 오랫동안 열리고 있는 시위로 기네스북에 등재되었다. 도대체 무슨 사연이 있기에 30년 가까이 한 장소에서 계속 집회가 열리는 것일까? 1991년 김학순 할머니의 폭로로 알려진 제국주의 일본의 만행은 아직도 전혀 해결의 실마리가 보이지 않는다. 오히려 강제 징용 문제까지 새롭게 부각

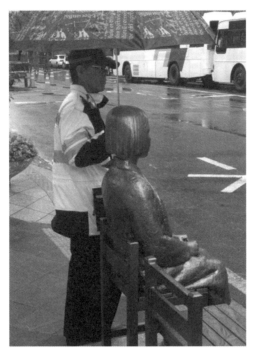

출처: 정신과 전문의 정혜신 박사의 트위터

되어 일본의 반성과 사죄가 필요한 상황이다. 결국 우리는 역사를 배우며 이 문제의 연원을 아는 것부터 시작해서 무엇이 문제의 본질이고 어떤 것이 바람직한 해답인지 찾아나가게 되는 것이다.

그런데 해답을 알았다 하더라도 학생 처지에서 무엇을 할 수 있을지 막막할수 있다. 왼쪽 사진을 보자. 옷차림을 보니 경찰인 듯싶은 사람이 소녀상에게 우산을 씌워주고 있다. 일본 우익과 소위 역사부정 세력이 소녀상에 해코지하는것을 막기 위해 경찰이 이를 지키는 상황이었는데, 마침 비가 내리자 소녀상에우산을 씌워주었던 것이다. 경찰복을 입은 신분으로 자신의 뜻을 함부로 드러내서는 안 되지만, 어찌 보면 생명 없는 조각상에 불과한 소녀상에 애틋한 마음을 표현한 것이어서 우리에게 적지 않은 울림을 준다. 이처럼 학생 처지에서도 위안부 할머니에게 편지를 쓴다거나 관련 단체에 응원의 메시지를 보낸다거나 혹은 방학 때 수요 집회에 직접 참여하는 활동 등을 할 수도 있다.

둘째, 우리는 역사로부터 교훈을 얻고 반성하는 태도를 갖게 된다. 누군가는 역사를 기출문제와 같다고 했다. 이미 나온 문제는 다음 시험에 똑같은 형태로 출제되지 않는다. 하지만 우리는 열심히 기출문제를 푼다. 비슷한 유형의 문제가 나올 가능성이 높기 때문이다. 문제를 풀면서 우리는 오답을 확인하고, 어디서 무엇을 잘못 풀어나갔는지 돌이켜 본다. 인간은 급변하는 사회생활의 겉모습과 달리 엇비슷한 심성, 갈등, 후회, 다짐 등을 하며 살아간다. 앞선 이들의 삶의 궤적과 사회 문제 해결 방안을 공부하면서 우리는 더 지혜롭고 평화로운 해답을 찾고, 지금 무엇이 문제이며 나는 어떻게 행동해야 하는지 반성하는 계기를 마련하게 된다.

역사는 과정이다. 완성이나 종착점이 없고 끊임없이 이어지는 '과정'의 연속이다. 그래서 역사에 길을 묻고 더 나은 길, 더 반듯한 길을 걷고자 하는 것이다. 프랑스 혁명을 돌이켜 보면, 오늘날 민주 사회의 기본을 만들었다고 할 만큼 중요한 사건이지만 여러 가지 오류와 한계, 미진함을 동시에 갖고 있다. 그래서 프랑스 혁명을 배우되 그 정신을 제대로 살리기 위해 오늘날 우리가 무엇을 해야 하는지 생각하고 실천할 필요가 있다.

'민주주의는 동사(動詞)'라는 말이 있다. 역사 속 민주주의는 권력 앞에서 국민들이 물러서면 퇴보하고 나아가면 발전하는 속성을 지니고 있다는 뜻이다. 현재 우리가 누리고 있는 민주주의도 완전한 것이 아니다. 따라서 시민의식을 가지고 정치에 참여하며 사회 문제 해결에 관심을 가져야 한다. 과연 학생 신분에서는 무엇을 할 수 있을까? 우선은 역사 문제를 아는 것부터 시작해야 하며, 각자 일상생활에서 민주적 태도로 살아가고 있는지 반성해볼 필요가 있다. 학급의 작지만 가볍지 않은 문제를 머리 맞대고 해결하는 작업도 소중한 경험이 될 테고, 수업에서 모둠을 이루고 서로 협력해 좋은 결과물을 만들어내는 것도 근사한 경험이 된다. 이를 바탕으로 자신에게 떳떳하되 타인을 존중하는 주체적인 민주 시민으로 성장할 수 있을 것이다. 고3의 경우는 직접 선거에 참여해 자신의 정치적 의사를 표현할 수도 있다.

셋째, 역사를 배우면서 역사적 사고력을 기를 수 있다. 역사적 사고력이란 역사적으로 생각하는 힘이다. 당시 사건과 인물을 정확히 파악하고 다양한 입장에서 생각해보며 당시 상황을 고려해 옳고 그름을 판단하는 능력이라고 할 수 있다. 고려 말의 대표적 유교 지식인 정몽주와 정도전이 조선 건국을 놓고 치열하게 대립하는 상황을 가정해보자. 대체 왜 다투는지를 알아보려면 우선 고려 말의 상황을 제대로 살펴야 한다. 정치, 경제, 사회, 문화의 여러 측면을 조사해보고, 왕을 비롯한 다양한 신분, 같은 신분 내에서도 다양한 입장에서 나온 주장들을 검토한 다음, 그 시대 문제를 가장 잘 해결할 수 있는 사람 혹은 세력을 나름대로 평가하는 것이다.

이 모든 과정에서 작동하는 능력은 비판적 사고력이다. 겉으로 보이는 사료나 인물의 행동을 그대로 받아들이는 것이 아니라 '과연 맞는 말인가', '저것이 다일까' 생각하면서 이면에 존재하는 논리나 생각들을 읽어내고, 다른 이의 주장과 해석을 꼼꼼히 살펴 내 생각을 더 키우며, 허술한 부분은 비판하면서 논리를 충실하게 만드는 능력이다. 특히 요즘처럼 넘쳐나는 정보와 수많은 매체에서 길을 잃기 쉬운 때, 비판적 사고력은 우리 생각의 균형추 역할을 한다.

넷째, 역사 공부를 통해 다양한 나라의 역사와 문화를 존중하는 심성을 배우게 된다는 점도 빼놓을 수 없다. 다른 나라와 민족의 역사, 삶을 아는 것은 나의 뿌리 및 역사와 비교하면서 우리 자신에 대해 깊게 생각해보는 계기를 마련해준다. 또한 다른 지역 세계를 학습하면서 인류가 만들어온 보편적 가치관을 이해하는 한편, 상대주의적 관점에서 다른 문화를 이해할 수 있는 기회가 된다. 이는 인류가 평화롭게 공존하는 방안을 찾는 기반이 된다.

코로나19의 세계적 대유행을 겪는 동안 우리는 타 문화에 대해 무지하고 공격적인 모습을 무수히 보았다. 초기에 한국인 감염자(확진자) 수가 급증했을 때 동양인, 특히 한국인을 혐오하는 표현과 차별적인 행동 들이 있었다. 호주에서는 차 앞 유리를 내려 지나가는 한국인을 향해 기침하며 조롱했고, 한국인 여행자를 폭행하는 장면도 뉴스에 보도된 바 있다. 심지어 어느 나라는 한국을 오가는 항공편을 갑자기 단절시켜 교민들이나 유학생들이 귀국하지 못하고 발을 동동 구르는 경우도 있었다.

그럼 우리는 이런 일을 겪기만 했을까? 반대의 사례도 많다. 한국에 돈을 벌러 온 외국인 노동자를 비인간적으로 대하고, 그들의 문화에는 무관심하면서 한국의 문화를 강요하는 태도를 보였으니 말이다. 동남아시아 노동자를 천대하고 이슬람교 계통의 서아시아나 중앙아시아 노동자는 경계하면서 백인들에 대해서는 상대적으로 우호적인, 모순되고 차별적인 태도를 보였음을 솔직히 고백하지 않을 수 없다.

근본 원인은 배려와 공존 인식의 부족이다. 내가 중요한 만큼 남도 중요하며 다른 문화에도 배울 점이 있으므로 이를 흡수하여 우리 문화와 생활을 풍부하게 만들자는 적극적인 마음가짐이 필요하다. 이런 존중의 자세와 개방적인 태도가 세계 속 한국의 위상을 높이고, 학생들을 평화로운 세상을 꿈꾸는 세계 시민으로 성장시켜 실제로 평화를 실현하는 중요한 동력이 되도록 이끌 것이다. 바로 역사를 배우면서 이러한 안목과 힘을 기를 수 있는 것이다.

🏛 역사, 무엇을 어떻게 가르칠까

나는 학생들이 역사를 배우면서 이렇게 달라졌으면 좋겠다고 생각한다. 첫째, 마음속으로 '나라면 어땠을까' 부단히 생각하는 것이다. 일찍이 이 땅에 살았던 사람들이 함께 사는 세상을 어떻게 일구어갔는지 보면서 지금 자기 처지에서 주위를 둘러보도록 하고 싶다. 또 자신을 역사적 상황에 넣고 끊임없이 되묻게 하고 싶다. 그리하여 '나는 어떻게 살 것인가' 하는 문제를 깊이 생각하게 되기를 바란다. 역사수업 내용을 지금-여기-나의 문제로 느끼면서 함께 역사 이야기를 만들어나갔으면 좋겠다.

역사를 교과서의 건조한 표현이나 교사의 정제된 멘트를 통해 '완결된' 지식이나 정보로 받아들이는 것이 아니라 역사적 상황을 자신의 문제로 여겨 씨름하는 과정에서 자기만의 역사 해석이 조금씩 자라나기를 바란다. 흔히 역사수업을 통해 역사의식을 기른다고 말하지만, 지금처럼 지식만 요령껏 설명해서는 판에 박힌 해석이나 고정 관념을 뛰어넘기 어렵다. 어떤 문제든 자신의 관점에서 생각하고 묻는 작업을 반복하면 역사 지식이 역사 인식으로 나아가고 마침내 건강한 역사의식이 형성될 수 있을 것이다. 나는 이 과정에서 내가 선호하는 결론을 주입하기보다 열린 텍스트를 제공하고 여러 질문을 던져 학생들이 저마다의 생각을 가질 수 있도록 돕고 싶다.

둘째는 지식을 지혜로 만드는 슬기를 갖추기 바란다. 낱낱의 지식을 아는 데 그치지 않고 하나의 생각으로 뀔 수 있는 나름대로의 기준을 갖는 것이다. 이것은 폭넓은 이해와 가치 판단의 바탕이 될 터다. 그리고 여기에 역사가 큰 몫을 할 것이다. 역사는 워낙에 하나씩 나누어서는 이해하기 힘든 이야기다. 이런 면, 저런 면이 섞여 있는 복잡한 이야기이므로 역사 속에 숨어 있는 충분한 정보를 바탕으로 가장 합리적인 결론을 내리는 지혜로운 사람이 되기를 기대한다.

학생들이 그저 많이 아는 것, 문제에 나오면 정확히 기억했다가 맞추는 것에만 열을 올리기보다 복잡해 보이는 사실들과 서로 엉켜 있는 다양한 생각, 인물들의 판단 등을 잘 살펴 가장 지혜로운 해답이 무엇인지를 곰곰이 생각해보는 기회를 자주 제공하려 한다. 역사를 배우는 목적이 대입 시험이나 공무원 임용이라는 현실적인 이유만이 아니라 학생들 삶에 도움이 되게 하려면, 수시로 학생들에게 질문을 던지고 그 답변에 대해 서로 의견을 나누는 노력이 필요하다.

셋째, 역사를 배우면서 학생들이 민주 시민으로 성장하기를 소망한다. 역사적 사실에 대한 정확한 이해도 중요하지만, 모둠활동을 하면서 공존과 협력, 배려와 존중의 덕목을 갖추기 바라는 것이다. 창의적 체험 활동이나 인성 교육 시간에만 맡길 것이 아니라 역사수업에서도 인성 교육이 이루어져야 한다고 본다. 수업 속 모둠활동을 통해서 학생들이 일상적으로 '더불어 사는 연습'을 해야 한다. 바로 곁에 있는 친구도 배려하지 않으면서 민주 시민이 되기는 어려운 일이다.[3]

학생들은 민주주의 역사를 배워야 하고, 정신도 배워야 하지만, 여럿이 함께 뭔가를 만들어나가는 경험을 반드시 가져야 한다. 이를 통해 '함께 하면 짐이 되는 것이 아니라 힘이 된다'는 사실을 꼭 느끼게 해줘야 하는 것이다. 글로 배운 민주주의는 삶으로 녹아들지 못하지만, 몸으로 배운 민주주의는 작지만 큰 변화를 불러일으킬 수 있다. 학교는 우리 사회가 인위적으로 만든 '공동체'이므로 여기서 더불어 사는 연습을 하지 않으면 학생들이 집단지성의 힘과 가치를 배울 기회가 거의 없다. 교사들조차 학창 시절에 이런 경험을 많이 하지 못한 것이 사실이지만, 꼭 필요하기에 꾸준히 실천하면서 좋은 방도를 찾는 수밖에 없다.

넷째, 역사가 곧 현재라는 것을 느꼈으면 좋겠다. 흘러간 옛날이야기를 현대인들에게 들려주는 것쯤으로 역사를 보기 쉽다. 그것도 과거에 집착해서 말이다. 하지만 역사가 현대인들에게 주려는 것은 현재의 삶을 역사의 눈으로 제대로 보라는 권유다. 우리는 현재의 일들은 마치 역사와 관계가 먼 일인 양 건성으로 보고 지나간다. 살아가는 데 바빠서 허겁지겁하다 보면 현재의 일들에 대해 꼼꼼히 의미를 살펴 앞날을 대비하는 작업을 빼먹는 경우도 많다. 그때 역사는 그것이 바로 지금, 여기, 나의 문제임을 나직하게 속삭여준다.

예컨대 코로나19 사태의 경우, 우리는 매우 중요한 역사적 사건을 현재의 이름으로 함께 겪고 있다. 일찍이 우리가 경험한 적 없는 전대미문의 전염병을 서로서로 도와가며 견디고, 심지어 코로나가 엄중한 와중에 선거를 치러내기도 했다. 2016년 겨울부터 열린 촛불집회는 또 어떠한가. 단순한 '정권 교체' 이상의 의미를 던져준 사건이었다. 누적 참가자 2,500만 명이 넘는 거리 집회에서 입건자가 거의 없었다는 사실은 세계가 놀랄 평화시위의 전범(典範)이었다. 촛불집회는 우리에게 명백한 역사적 사건이었으며, 현재가 곧 역사임을 몸소 느끼게 하는 계기였다. 이처럼 역사는 처음부터 끝까지 현재와 맥이 닿아 있다.

2016년 겨울부터 열린 촛불집회

🏛 역사에서 길을 묻다

역사는 자칫 잘못하면 재미없고 외울 것 많은 암기과목의 두목쯤으로 여겨지기 쉽다. 역사의 기본은 이야기이며, 인간이 어떻게 살아왔는지를 생생하게 느껴보는 학문임에도 불구하고 재미없고 딱딱한 교과서에 입시에 나올 만한 사실만 '밑줄 쫙' 그으면서 머릿속에 구겨 넣다 보니 의미는커녕 조금도 재미를 느끼지 못했을 것이다. '한 인간이 여차저차해서 이런저런 곡절 끝에 이렇게 되었다', '한 나라가 이런저런 일을 겪으며 나름대로 발전했다' 이렇게 사람을 중심으로 흘러가는 이야기가 있고, 그 방향이 때로는 기쁨으로 출렁이고 때로 슬픔에 겨워 눈을 떼기 힘들 때 우리는 비로소 역사의 참맛을 느낄 수 있다. 그런데 그런 이야기의 흐름은 그저 생기는 것이 아니다. 나름대로의 원인 때문에 일이 터지고 그것이 빌미가 되어서 또 다른 일이 꼬리를 물고 그 일 끝에 새로운 결말이 지어지지만 그 결말은 또 다른 일의 시작이 되고… 이렇게 역사는 원인과 결과로 끊임없이 이어지는 인과 관계의 연속이다. 그 속에서 인간은 다양한 모습으로 살아간다. 옳은 판단, 슬기로운 행동을 하는가 하면, 못난 짓에다 어리석은 판단으로 역사의 흐름을 그르쳐 이야기를 뒤틀어놓고 발전을 가로막는 모습을 보여주기도 한다.

역사는 낱낱의 지식덩어리가 아니라 긴 시간의 흐름 속에 펼쳐지는 이야기이며, 나름의 인과 관계로 이어지는 이야기 속에서 펼쳐지는 인간의 삶은 실로 다양하고 감동적이다. 역사에서는 정치권력만이 아니라 경제 형편과 사회 분위기, 문화적 배경 등이 어우러져 한 시대를 이룬다. 이렇듯 역사는 한눈에 알아차리기 어려울 만큼 전체적이고 종합적인 모습이어서 우리로 하여금 폭넓은 시야를 갖게끔 한다. 좁은 시각과 자기중심적인 생각의 틀로는 거대한 흐름을 알아차리기 어렵다. 옛날부터 역사는 역사로만 부르지 않고 문사철(文史哲)이라 하여 한 묶음으로 여겼다. 즉, 역사 속에 문학적 소양이 있고 철학적 바탕이 있어서 역사를 바르게 알고 새로운 역사를 이끌어간다는 믿음이 있었다.

역사의 이러한 속성은 '인문학의 꽃'이라는 별명에도 반영되어 있다. 제각기 따로 놀기 쉬운 인문학의 여러 분야가 역사라는 용광로에 녹아들어 하나의 세계관이 완성된다는 뜻이다. 인문학이 '인간으로서 어떻게 살 깃인가'에 대한 질문과 대답을 엮어놓은 것이라면, 역사는 역사 속에 살다간 수많은 인간 군상을 보면서 도움도 받고 도덕적 판단도 내리면서 참되고 바른 삶을 기약하게 만드는 매우 중요한 역할을 맡고 있다. 거대한 시대의 흐름을 읽어가면서 어떤 삶을 살 것인가 고민하고 현재를 반성하면서 새로운 미래를 꿈꾸는 것은 탄탄한 역사의식을 통해서 가능하다.

오늘날 당장의 쓸모만 따져 컴퓨터나 외국어 등 실용적인 학문에 비해 역사는 시간이 많이 걸리고 굼뜨다는 이유로 외면하는 경우가 많다. 이는 먼 미래를 내다보지 못하는 짧은 생각이다. 앞서 말한 것처럼 역사는 과거라는 기출문제를 열심히 풀어봄으로써 출제 경향을 파악하고 현재라는 응용문제를 좀 더 쉽고 바르게 풀어내려는 과목이며, 그것이 역사 학습의 가치다.

눈앞의 과제만 좇아서 짧은 목표에 도달했을 때, 우리는 또다시 아득함을 느낀다. 우리는 어디서 왔으며 이제 어디로 가야 하는가? 역사는 이 물음에 대한 대답을 끊임없이 찾고 있는 목마른 이들에게 샘물 같은 것이다. 이 샘물에서 길어 올리는 청정한 생각을 일컬어 우리는 통찰력이라 한다. 시대를 꿰뚫어 보고 사회를 가늠하는 눈. 그런데 통찰력은 금세 길러지지 않는다. 역사를 읽는 눈이 그리도 쉽게 길러진다면 역사라는 학문은 존재하지도 않았을 것이다. 역사를 통해 만들어지는 멀리 내다보는 눈, 통찰력은 긴 호흡이 필요한 것이다.

이 통찰력이 생길 때 비로소 우리는 지금보다 훨씬 안정되고 듬직한 미래상을 지닌 사회로 나아갈 수 있으며, 개개인도 건실한 비전이 있는 삶을 살 수 있을 것이다. 깊은 안목과 넓은 시야를 마다할 사람은 아무도 없으리라. 실용성을 앞세우는 학문이 어떤 길을 가는 데 있어 속도를 빨리하고 늦추는 문제의 차원이라면, 역사는 가는 길을 달리하게 만들 만큼 근본적이고도 중요한 길라잡이가 되는 셈이다.

---

1 『역사교사로 산다는 것』(전국역사교사모임, 너머북스, 2008)에 실린 필자의 에피소드를 인용했다.

2 『새롭게 쓴 5교시 국사 시간』(윤종배, 역사넷, 2005)의 '역사에게 말 걸기' 내용을 재구성했다.

3 역사교육연구소, 『역사의식 조사, 역사 교육의 미래를 묻다』, 휴머니스트, 2020, 196쪽.

제2장

봄

수업의 씨앗과 새싹 가꾸기

사료 재구성　　　역사 용어 설명　　　모둠 활동지

어느 실험에 따르면, 학생들이 텔레비전을 보는 것과
수업을 듣는 것에 따른 교감 신경의 차이가 거의 없었다고 한다.
집중력과 긴장감이 유발되는 측면에서 수면 시간보다
잠잠한 그래프를 보면 매우 충격적이다.
문제는 학생들의 상태가 이러함에도 역사교사들은
강의 위주의 수업을 하지 않을 수 없다는 점이다.
원격수업에서는 강의의 비중이 훨씬 더 높아지는 경향이 나타났다.
중요한 역사용어와 개념을 어떻게 챙겨가며 수업을 꾸려갈까,
귀에 쏙쏙 들어오는 설명을 하되 학생의 시선으로
어떻게 수업을 디자인할까 고민해야 한다.
무엇보다 교사 혼자 끌고 가는 것이 아니라 학생들과 대화가 있는
수업을 진행하는 것은 정녕 교사들의 로망일 뿐인가.
적지 않은 내용을 강의하면서 학생들에게 역사의 특성 또한
경험하게 하려면 어떻게 접근해야 할까?

유적지 답사　　　수행평가　　　참고용 웹사이트

역사용어,
서술 표현 풀이

🏛 역사용어, 수업의 걸림돌?

역사수업을 하다 보면 초반부터 막히는 지점이 있다. 학생들에게는 생소한 역사용어와 문장 표현이다. 그냥 넘어가자니 내용 이해가 안 되고 설명을 하자면 길어진다. 요즘처럼 학생들의 어휘력이 부족한 상황에서 이 딜레마는 일상적인 고민이 되었다. 한국사에는 한자식 표현이 많고 세계사의 경우 외래어로 표현하는 경우도 있어 설명을 안 하고 넘어갈 도리는 없다. 예전 교과서에 선사시대 생활을 묘사하는 수렵, 어로라는 표현이 있었다. 요즘은 사냥과 고기잡이라는 표현으로 바뀌었는데, 학생들은 수렵이라는 단어를 잘 몰라서 '수협'으로 오해하기도 했다. 이를 일일이 풀어주다 보면 국어 수업을 하는 것처럼 느껴질 때도 있었다.

교과서 문장 이해에 있어 가장 핵심적인 요소인 역사용어부터 살펴보자. 역사용어란 '역사를 연구하고 서술하고 설명하는 데 사용되는 모든 단어나 구(句)'로서 역사적 문제를 표현하는 용어뿐만 아니라 좀 더 일반적인 성격을 지니는 역사적 개념들까지 포함되는 말이다.[1] 역사 교과서 서술에서 역사용어의 비중이 가장 크므로 용어에 대한 이해는 역사 학습의 성패를 좌우하는 위상을 지니고 있다.

역사용어에 대해서는 1994년 『역사교육』 54권(역사교육연구회)에 다수 논문이 게재되었는데, 정선영은 「역사용어의 성격과 그 교육적 이용」에서 역사용어를 정의하는 등 주목할 만한 문제 제기를 했다. 그럼에도 학계의 반향은 크지 않아 주로 석사 학위 논문 수준에서 몇 편이 발표되다가 2005년 『역사교육논집』 35권(역사교육학회)에 다시 여러 편의 논문이 실렸다. 여기서 이문기는 역사용어가 어려워 교사들이 역사수업의 상당 시간을 용어 해설에 할애하다 보니 기본적인 역사 사실을 토대로 역사적 사고력을 제고하는 노력에 제약이 많음을 지적한다.[2]

대체로 텍스트의 난이도는 어휘, 문장 형태(단문/복문), 글의 길이, 글의 구조, 장르, 주제, 서술 방식, 삽화, 독자의 배경 지식, 흥미, 태도 등의 영향을 받는데,[3] 문장 서술의 기본 요소인 어휘가 단연 중요한 요소이며, 역사용어를 알고 모르고는 문장 자체에 대한 이해도를 결정하는 경향이 있다. 한 연구에 따르면 초등사회 교과서의 경우 타 교과에 비해 어휘의 다양도, 난이도 면에서 심각한 수준이며, 역사 영역은 일반사회나 지리 영역에 비해 3~4배 정도 많은 학습 용어를 사용하고 매 차시 새로운 용어가 등장하여 난이도가 더 높다고 한다.[4]

이렇듯 역사용어 이해가 어려운 이유는 교과 안팎에 존재하고 있다. 학생들의 독서량이 감소하면서 어휘력을 비롯해 전반적인 문해력도 약화되는 추세인

데다 교과 지형상 영어, 수학 중심의 학교 수업과 많은 학습 부담, 사교육 등으로 역사에 대한 학생들의 관심과 열의도 줄어드는 형편이다. 여기에 역사 고유의 특성도 불리하게 작용한다. 역사적 사고가 일반적 사고보다 늦게 발달하는 것이다. 연구 결과에 따르면 역사적 사고력의 수준과 역사용어 이해는 밀접한 연관이 있으며 이를 현장에서 수시로 체감하게 된다.[5]

이러한 배경보다 더 문제가 되는 것은 역사 교과서에 등장하는 역사용어와 어휘가 대부분 한자어로 표현되어 학생들에게 생소하다는 점이다. 과거(科擧) 제도는 옛날(過去)에 있었던 제도로 종종 오해를 받는다. 설명하자면 한자 뜻풀이부터 얘기가 길어진다. 동서양을 아울러 등장하는 봉건제도, 제국주의 등의 용어도 한자를 갖고 설명할 수밖에 없다. 때때로 르네상스나 산킨고타이처럼 외래어도 나오는데, 딱히 설명하기가 쉽지 않다. 신통한 점은 꽤 어려운 '과거(科擧)'를 옛날에 선비들이 괴나리봇짐 메고 한양에 벼슬아치가 되기 위해 시험 보러 간 것이라고 풀이하면 오히려 잘 알아듣기도 한다. 어릴 때부터 사극이나 학습 만화 등에서 과거 보러 가는 선비의 이미지를 많이 접해본 까닭이기도 하고, 내러티브와 맥락이 살아 있는 설명이기 때문이기도 하다.

▨▧ 역사용어와 서술 표현의 양상

역사용어는 몇 가지 차원으로 나뉜다. 골품제, 호족, 과전법, 실학처럼 특정 시대나 주제를 이해하기 위해 반드시 알아야 하는 용어, 계급, 신분, 왕조, 권력 등 통시대적으로 등장하는 용어, 그리고 시민혁명, 자유주의와 민족주의, 참정권, 제국주의와 식민지, 냉전과 데탕트 등 역사뿐만 아니라 정치학, 경제학 등에서 다양한 의미로 쓰는 용어가 있다.

특정 시대에만 등장하는 용어는 그나마 학생들이 이해하기 쉽다. 호족은 나말여초의 시대 상황을 떠올리며 지방 실력자라는 이미지를 대입할 수 있다. 과전법은 여말선초에 급진파 사대부가 민심을 얻고 권문세족을 약화시키는 동시에 자신들의 경제적 기반을 다지기 위해 실시한 토지 개혁으로 이해할 수 있다.

통시대적으로 때로는 함께 등장하는 계급과 신분을 쉽게 구분하여 설명할 수 있을까? 계급의 고전적 개념은 생산 관계에서 재산의 소유와 비소유, 또는 지배와 종속의 관계에 바탕을 두고 있지만, 오늘날에는 경제적 생산 관계뿐만 아니라 정치적 권력 관계나 사회적 역할 관계에 의해서 파악하려는 경향이 있다. 주로 자본주의 등장 이후 활발하게 논의되고 있는 용어다. 반면 신분은 청동기시대 이래 있었던 용어다. 당시 국가 권력은 지배층의 전유물이었으며, 지배층의 권력은 근원적으로 경제력에 있었다. 즉 신분이란 전통 사회 계급의 법률적 표현이라고 할 수 있다.[6] 이렇게 시대에 따라 다르게 닮은 듯 다른 표현으로 정의할 수 있으므로 역사용어가 어려운 것이다.

자유주의, 민족주의, 제국주의 등의 용어는 역사뿐만 아니라 정치학, 경제학, 외교학 등 여러 학문에서 조금씩 다르게 정의하고 진술하고 있으므로 한마디로 개념과 뜻을 정리하기 어려운 측면이 있다. 또 시대에 따라 의미가 달라지기도 한다. 자유주의는 본래 개인의 자유와 평등을 중시하는 사상을 뜻했지만, 자본주의가 심화되면서 자유에 더 중점이 주어졌다. 현대의 신자유주의를 보면 기업가의 자유만 돋보이는 양상이다.

역사용어는 역사적 사건이나 복잡한 상황을 고도로 추상화된 언어로 축약했기 때문에 당연히 어려울 수밖에 없으며, 다양한 차원의 용어가 혼재하기 때문에 한 가지 처방으로는 학생들에게 실질적인 도움을 주기 어렵다.

좀 더 어려운 문제는 역사가의 해석에 따라 다르게 부르는 평가적 용어의 존재다. '묘청의 난'이라고 부르느냐, '서경 천도 운동'이라고 부르느냐에 따라 상반된 평가가 포함된다. 특정 사건과 인물을 두고 보수적, 개혁적이라고 평가하는 것도 조심스러울 수밖에 없다. 동학농민운동의 경우, 처음에는 동학란이라고 불렀다가 이후 동학혁명 또는 갑오농민전쟁 등 다양한 명칭이 제시되고 있는데 이 역시 역사 해석이 상당히 다르다는 것을 보여준다. 역사용어가 해석과 평가라는 논쟁성을 담고 있는 것이다. 4·19혁명이나 5·16군사정변처럼 역사적 평가가 완전히 뒤바뀐 경우도 있으며, 제주 4·3처럼 역사적 평가가 진행 중인 경우도 있어 역사용어를 사용할 때는 신중하게 접근할 필요가 있다. 역사 교과서 서술의 기준 역할을 하는 편수 용어가 여기에 영향을 미치는데, 정부의 공식적인 문서이다 보니 과감하고 혁신적인 해석보다는 다소 미온적인 태도로 사실 자체를 표현하는 경우가 많다.[7]

이 외에도 역사용어의 문제는 생각보다 다양하고 심각하다. 이문기의 분류에 따르면 시민, 혁명처럼 시대에 따라 다르게 해석되는 용어도 즐비하고, 중앙 집권 국가나 봉건 사회처럼 추상적이거나 많은 내용을 포함한 용어도 적지 않다. 이에 따른 부가적 설명과 하위 개념에 대한 설명을 필요로 하는 것이다. 한국사에서는 간지나 일월을 포함한 사건의 명칭이 많은데, 병인양요, 갑오개혁, 4·19혁명, 5·18민주화운동 등은 명칭만으로 시기와 내용을 짐작하기 어려움이 있다.

임진왜란처럼 한·중·일이 연관된 사건을 일컫는 용어는 더욱 복잡한 면이 있다. 우리는 왜인의 소란이라는 뜻에서 왜란이라 칭하는데, 중국사에서는 만력조선지역(萬曆朝鮮之役, 만력제 때 조선을 돕다) 또는 항왜 원조(抗倭 援朝) 전쟁이라 하고, 일본사에서는 분로쿠·게이초(文祿慶長)의 역이라고 한다. 또 영어 표현으로는 Japanese Invasion of Korea(in 1592~1598)다. 전쟁의 정확한 시기와 성격을 제대로 표현하려면 한·중·일이 공동의 논의를 통해 용어를 통일할 필요가 있다. 우리 안에서도 한국사에서는 임진왜란, 동아시아사에서는 '임진전쟁'이라고 부르는 경우도 있으니 진지한 논의와 정돈된 용어가 필요한 시점이다.

비단 역사용어만의 문제는 아니다. 학생들은 내용을 설명하는 서술어조차도 어려워하는 경우가 많다. 제한된 교과서 분량에 많은 사실을 담으려다 보니 압축적, 함축적 서술이 많아지고 한자식 표현이 늘어나게 되었는데, 뜻글자인 한자가 내용을 압축하기에는 좋지만 막상 읽어내려 할 때는 학생들에게 장애물이 되는 것이다. 언뜻 보면 이전보다 교과서 서술 분량이 줄어든 것 같지만, 암호 같은 문장을 읽다가 학생들이 손을 놓는다면 실제 학생들의 학습량은 줄어들지 않은 셈이며, 분량 축소의 의미는 반감된다.

예컨대 교과서에서 '~의 구심점이 되었다'는 표현을 학생들이 잘 알지 못해 '~의 중심 역할을 했다'고 풀이해준 적이 있다. 심지어는 역사 점수가 90점이 넘는 학생이 지지(支持)와 저지(沮止)를 구분하지 못해 교사에게 질문한 적이 있었다. 글자 모양이 비슷해서라고 하기에는 완전히 맥락이 달라지는데도 학생이 선뜻 구분하지 못한 경우다. 서술형 채점을 하면서 오답 처리한 답에 대해 학생에게 이의 제기를 받기도 했다. 정답은 "교통이 발달하였다"인데 학생은 "교통이 활발하였다"로 적어놓고는 맞지 않느냐고 주장했다. 물리적인 교통수단의 발달을 서술해야 하는데, 교류가 활발했음을 의미하는 추상적인 표현을 쓴 것이다. 이에 교사는 한자를 찾아 보여주면서 발달의 발은 필 발(發) 자이고 활발의 발은 뿌릴 발(潑) 자라고 알려주었다.

예전에 전국역사교사모임 홈페이지에 올라온 어느 교사의 사례를 보면 용어 자체만 모르는 것이 아니라 끊어 읽기가 잘 안 되는 경우도 종종 있는 듯하다. 조선 후기 서학의 전래를 다루는 내용이었는데, 교과서를 읽다가 "18세기"까지가 윗줄에 있고, 아랫줄 첫머리에 "중엽 서학은"으로 문장이 전개되자 학생이 중엽 서학은 무슨 학문이냐고 질문해서 실소를 했다는 것이다. 교과서 편집상 한 줄 아래로 내려간 표현을 잘 이해하지 못해 생긴 해프닝이다.

▨ 역사용어를 수업의 디딤돌로!

역사용어는 수업 내용의 근간이지만 한 번 듣고 금세 이해하기 어렵다. 그래서 평소 교과서를 읽을 때 학생들로 하여금 아는 것은 그냥 넘어가고, 모르는 용어와 표현이 나오면 그 자리에 동그라미를 치게 할 필요가 있다. 교과서 한 페이지에 내가 모르는 용어가 얼마나 있는지 객관적으로 파악하고, 알게 될 때마다 하나씩 지워나가면서 문제를 해결하자는 취지다. 이 과정에서 학생들은 당연히 교과서를 정독하게 되므로 알 듯 모를 듯한 용어나 표현은 문맥을 따라가며 대략 짐작하는 노력도 하고, 친구의 도움을 받거나 교사의 설명을 통해 모르던 것을 알아나가는 즐거움을 맛볼 수 있다. 처음에는 모르는 용어와 표현이 많아 학생들이 전의를 상실할 수 있으므로 교사가 인내심을 갖고 격려해주면 몇몇 용어는 자주 등장하기 때문에 금세 이해하고 문해력을 키워나갈 수 있다.

역사용어는 섣불리 풀이하다가 오개념을 낳을 수 있기 때문에 다소 어렵더라도 정공법으로 의미를 설명하고 자주 반복함으로써 익숙해지도록 만들어야 하며, 문맥 속에서 온전히 이해하도록 도와줄 필요가 있다. 교사들도 학창 시절에 역사를 좋아해서 역사를 전공했지만, 낯설고 어려운 용어를 이해하는 데 한동안 애를 먹지 않았던가. 하물며 지식이 일천한 학생이 한두 시간 수업을 듣고 바로 접수할 수 있는 성격이 아님을 먼저 생각해야 한다.

예컨대, 호족을 '동네 짱'이라고 비유한다든가 유럽 중세 기사와 비슷하다고 설명하는 경우가 있는데, 개념이 불분명하고 오해의 소지가 있다. 호족이 동네 짱이라고 불릴 만큼 지방 실력자라는 의미일 텐데, 그런 의미에서라면 부족 연맹 단계의 부족장을 뜻할 수도 있고, 고려시대 호장층도 그렇게 불릴 만한 요소를 갖고 있다. 또 기사는 제후이자 영주로서 중세 천년을 이끈 중요한 세력인 데 비해 호족은 지배 양상도 다르고 존재했던 시기도 짧아 둘을 같이 비교하기는 어렵다.

역사용어 설명의 첫 출발은 한자의 뜻을 풀이하면서 내용이나 특징을 묘사하는 것이다. 골품제는 골과 품이 있는 제도로 신라가 중앙 집권 국가로 발전하는 과정에서 부족장(군장) 세력의 크기에 따라 각자의 지위를 정한 것이라고 설명한다. 이를 '뼈다귀에도 품위가 있다'로 풀이하여 사람마다 등급(차별)이 있음을 직관적으로 알게 할 수도 있다. 호족은 호걸 호(豪)의 뜻을 소개하며 영웅호걸처럼 시대를 주름잡은 세력임을 설명하고, 나말여초에 지방을 다스렸으며, 후삼국을 세운 주도 세력으로 소개한다.

세계사에서 한자를 풀이해보자면, 몽골은 원래 Mongol로 용감하다는 뜻으로 몽골인들이 붙인 이름이지만, 중국사에서는 한자 蒙骨(멍청한 뼈다귀)로 풀이한다. 중국 역사상 처음으로 한족의 영역 전체를 짓밟고 천대하여 자존심에 상처를 준 몽골에 대한 분노가 서려 있는 표현이다. 일본의 메이지 유신은 근대화의 문을 연 중요한 사건이다. 유신(維新)은 신발 끈을 고쳐 묶는다는 뜻으로 새로운 출발을 위해 마음을 다잡거나 기반을 다지는 행위다. 흔히 개혁, 혁신으로 번역해도 될 법한 이 표현은 주 문왕의 고사에서 비롯되었으며, 우리 역사에도 등장한 적이 있는데 1972년 박정희 정부가 단행한 10월 유신이 그 예가 되겠다.

영어 단어 뜻풀이도 도움이 된다. 반달리즘(vandalism)은 파괴주의, 훼손 행위라는 뜻이다. 5세기 게르만족의 이동으로 로마가 붕괴될 때 앞장서서 파괴를 일삼은 반달족(Vandal族)의 행태를 비난하면서 생긴 말이다. 이름은 '반달'이라 예쁘지만, 하는 짓은 무서웠던 모양이다. 비슷한 시기에 이동한 고트족(Goth族) 역시 후세 유럽인들 눈에는 수준이 떨어져 보였는지, 중세 유럽의 경직된 문화를 고트족 같다는 의미에서 고딕(Gothic) 양식, 고딕 미술 등으로 부른다. 십자군 전쟁은 중세 유럽인들이 성지 회복을 내세우며 옷과 무기 등에 십자가 문양을 새기고 전쟁을 나섰던 데서 유래한다고 설명하면 학생들이 쉽게 이해한다. 르네상스의 경우도 재생(再生), re-birth의 뜻임을 알려주면서 고대 그리스·로마 문화가 부활한 모습을 설명하는 것이 편리하다.

역사를 가르치다 보면 ○○주의라는 개념이 자주 등장하는데, 주의는 앞의 ○○을 세상에서 가장 중요하다고 여기는 생각 또는 이념이라고 풀어준다. 자유주의는 개인의 자유와 평등을 중시하는 것이며, 민족주의는 민족의 독립과 통일을 추구하는 것이다. 자본주의는 자본(가)을 중시하여 자본가가 노동자를 고용하여 생산하는 경제체제이며, 사회주의는 노사 갈등과 빈부 차이를 극복하기 위해 재산을 개인이 아니라 사회가 소유(공유)하자는 의미를 담고 있다. 주의라는 말이 들어가지만, 조금 결이 다른 경우도 있다. 제국주의는 제국을 중시하는 사상이 아니라 한 나라가 여러 식민지를 점령한 것이 마치 로마 제국이 많은 식민지를 차지한 것과 비슷한 모습이라는 데서 나온 용어다.

대체로 이런 용어들은 교과서 날개 단에 간략하게 설명되어 있으므로 학생들이 눈여겨보도록 지도하고, 활동지 빈칸에 의미를 적어보게 하는 것도 효과가 있다. 또 학습 목표와 연관된 역사용어들은 학생들이 소리 내어 따라 읽게 한 뒤 그 의미를 자세히 설명해서 수업 초반에 기억하게 만들고, 중간에 내용을 설명하면서 비중 있게 짚어주면 좋다. 수업을 마치는 시점에 학습 목표를 확인하는 차원에서 다시금 환기하는 작업도 용어를 이해하고 익숙해지도록 만드는 데 상당히 도움이 된다.

역사용어를 쉽게 이해시키려면 근본적으로 교과서 서술 자체가 달라져야 한다. 역사용어를 최소화하여 진술하고, 분량이 늘어날 경우를 대비해 관련된 도표나 사진을 제시하면서 캡션을 달아주거나 그림 등의 시각 자료를 활용해서 친절한 설명을 보태야 할 것이다. 각종 단체나 조직, 인물 등의 내용 요소를 정리한 후 도표화, 도식화하여 시각적으로 이해되도록 만들고 본문에는 중요 인물, 단체만 진술하는 작업이 필요하다.

교과서의 문제는 단시일에 해결하기 어려우므로 교사 차원에서 자신의 수업 내용을 학습지나 활동지로 구성할 때, 본문 텍스트를 이야기체로 서술하거나 친절하고 쉬운 문장으로 쓰는 보완책도 필요하다. 때때로 해석과 평가가 엇갈리는 용어는 충분한 자료를 주고 토론하는 기회를 마련해주거나 특정 입장에 대해 학생의 의견을 댓글 형식으로 다는 방법을 통해 메타적으로 해석해보는 기회를 부여하는 것도 좋다. 예컨대 동학란, 동학농민운동, 동학혁명, 갑오농민전쟁 등을 두고 어떤 용어에 동의하는지 학생들의 생각을 말해보게 하는 것이다. 이는 역사용어를 그냥 외우지 않고, 이해하고 생각하면서 제대로 알아나가게 이끄는 방안이 될 수 있다.

가끔씩은 수업 도중 인터넷 포털 사이트의 검색 기능을 통해 역사용어를 즉각적으로 파악하는 퍼포먼스도 필요하며, 수행평가를 실시할 때 학교 도서관에서 수업하며 학생들이 역사용어 사전이나 청소년 교양서를 찾아보게 하고, 아예 그 활동 자체를 수행평가로 삼아 주요 개념과 사실 들을 학생 스스로 익히도록 하는 방안도 고려할 필요가 있다.

문장의 서술 표현에 있어서도 친숙한 우리말이나 일상적인 서술어를 활용하여 학생들의 이해를 도와야 한다. 예컨대 '문물을 수용했다'고 쓰기보다는 '문물을 받아들였다'로, '집권하였다'는 '권력을 잡았다'로, '왕위 쟁탈'은 '왕 자리를 놓고 다툼을 벌였다', '조약을 체결하였다'보다는 '조약을 맺었다' 등으로 풀이하면, 분량이 크게 늘지 않으면서도 쉬운 서술이 될 수 있다. 교사 차원에서 간단하고 명료하게 서술하기 위해 고민하고 노력할 필요가 있다.

장기적으로는 국가(교육부 또는 시도 교육청) 차원에서 추진해야 하지만, 만약 시일이 걸린다면 역사 교육 관련 학회나 전국역사교사모임에서 해결할 필요도 있다. 초·중·고 역사 교과서에서 다룰 역사용어를 체계적으로 정리, 계열화하고, 학교 급별로 구분한 역사용어를 양적으로 몇 개나 어느 정도 빈도로 학생들에게 노출시킬지, 질적으로는 서술 문체와 수준, 난이도를 어떻게 조절할지 등을 명확하게 정리할 필요가 있는 것이다.

어원 설명으로 한 걸음 나아가기

역사용어, 문장 표현과 더불어 어원을 활용한 설명도 학생들의 이해를 돕고 흥미를 높일 수 있다. 어원은 대체로 그 용어가 생길 무렵의 역사적 배경이나 상황을 반영하기 때문에 교사가 설명할 때 약간의 스토리텔링 효과가 있다.

예컨대 라이벌(rival)은 강을 뜻하는 river에서 유래한 말로, 원래 뜻은 같은 강물을 마시는 사람들이다. 라이벌이라면 숙명의 대결을 펼치는 상대라는 의미로 알고 있는데, 같은 강물을 마신다는 것은 어떤 상황일까. 청동기시대 이래 좋은 농경지와 수원 확보를 위한 경쟁과 충돌이 잦아졌다. 가까이 있으니 사이가 좋아야 하지만, 서로가 가장 거슬리는 존재가 되었다는 것이다.

때로는 영어 어원에서 역사적 의미를 가져올 수도 있다. 문화를 뜻하는 culture는 경작한다는 의미의 cultivate에서 파생되었다. 농사를 지으며 약탈경제에서 생산경제로 바뀌고 인간의 정착 생활이 본격화되면서 사회생활 및 문화 발전이 이루어졌으니 농사에서 인간의 문화가 싹텄다고 해도 과언이 아니다. 학생들도 잘 알고 있는 culture라는 단어에서 신석기 혁명을 떠올리는 것도 제법 효과적인 설명이다. 혁명을 뜻하는 revolution은 코페르니쿠스로부터 나왔다. 그가 『천체의 회전에 관하여』라는 책에서 회전을 revolt라고 표현했는데, 천동설을 신봉하던 당시 지구의 회전은 그 자체로 혁명적이었기 때문에 훗날 경천동지할 사건을 혁명(revolution)이라고 부르게 되었다고 한다.

China와 china도 말장난처럼 보이지만, 학생들에게 재미있게 다가갈 수 있는 소재다. 대문자 C로 시작하는 China는 당연히 중국이라는 뜻이고, 소문자 단어는 도자기라는 뜻이다. 중국의 징더전(景德鎭, 경덕진)을 중심으로 빼어난 도자기가 생산되고 유럽에 수출되면서 도자기 하면 중국이 연상되었기에 china는 도자기가 되었다. 차, 즉 tea도 중국과 관련이 있다. 차는 한자 다(茶)로 쓰는데, 중국어 남부에서는 '띠', 북부에서는 '차'라고 읽는다. 차(tea)는 중국의 대표적인 특산물로 상품은 물론 그 발음까지 함께 수출된 것이다.

요즘 문제가 되고 있는 꼰대라는 표현도 몇 가지 어원이 있는데, 경상도 사투리 꼰대기(주름 잔뜩 낀 번데기 또는 주름살 많은 늙은이)라는 설명도 있지만 그보다는 콩트(comte, 백작을 뜻하는 프랑스어)가 유력하다. 이완용이 자신이 곧 백작이 될 것이라고 자랑하며 "나는 꼰대다"라고 말했다는 것이다. 친일파들의 꼴사나운 태도에서 꼰대에 대한 부정적 이미지가 형성되었을 것으로 보고 있다.

어원에 대한 설명이 약간의 스토리텔링으로 이어진다고 했는데, 아예 어원과 일화를 결합하여 폭넓게 역사적 사실을 설명할 수도 있다. 진시황제가 만리장성을 쌓게 된 것은 강력한 유목민족인 흉노 때문이다. 진시황제가 점술가를 불러 장차 나라가 망하게 되는 가장 큰 근심거리가 무엇인지를 물었더니 점술가가 "망국자(亡國者)는 호(胡)"라고 답했다. 호는 한자로 오랑캐를 의미하니 진시황제는 서둘러 만리장성을 축조했다는 것이다. 그런데 다른 흥미로운 얘기가 있다. 진시황제의 아들 중에는 약간 어리숙한 호해라는 태자가 있었다. 황제가 죽고 조고라는 환관이 막강한 실권을 쥐면서 똑똑한 태사와 장수는 죽음으로 내몰고, 호해를 2대 황제로 옹립했다. 조고의 위세와 관리들의 아첨, 호해의 어리석음을 보여주는 고사성어로 지록위마(指鹿爲馬)가 있는데, 사슴을 가리켜 말이라 한다는 뜻이다. 호해가 그 정도로 분별이 없었다고도 하고, 조고의 위세에 눌려 신하들이 담합하여 호해를 바보로 만들었다는 해석도 있다. 어쨌든 호해가 사리판단을 잘못해 나라가 망했다는 의미에서 점술가는 "나라를 망칠 자는 호"라고 예언했을지도 모른다.

이와 관련하여 일본식의 욕 중에 '빠가야로(바카야로)'가 있다. 한자로는 마록야랑(馬鹿野郎)인데, 말과 사슴도 구분하지 못하는 멍청이, 얼간이라는 뜻이다. 바로 지록위마의 고사에서 유래한 일본어인 셈이다. 중국에서 비롯된 고사를 일본식으로 만든 조어로서 결과적으로 조선인을 모욕하는 말로 쓰이기도 했다. 빠가야로는 학생들이 많이 들어본 말이어서 초반 주의 집중용이나 점잖게 역사교사의 내공을 드러내는 데(?) 효과적인 사례다.

📶 일상생활 속의 역사 찾기

어원 설명의 또 다른 예로 일상생활과 밀접한 용어를 소개하는 방법도 있다. 엘리베이터에 타서 만든 업체가 어딘지 가만히 살펴보면 티센크루프 (thyssenkrupp)라는 회사명이 곧잘 눈에 띈다. 특히, 대형 건물일수록 이 업체명 이 많다. 세계 굴지의 엘리베이터 제작 업체인 티센크루프는 독일의 대표적인 전범(戰犯) 기업이다. 1870년대 비스마르크가 프랑스, 오스트리아와 일전을 벌 일 때 총과 대포를 생산하여 전쟁에 기여했고, 제1차 세계대전에서도 대포, 장 갑차 등을 생산했으며, 제2차 세계대전 때도 나치를 위해 봉사했다. 전후 기업 의 면모를 바꾸어 세계적인 기업으로 성장했다. 엘리베이터를 타고 내릴 때마다 전범 기업과 글로벌 기업의 두 얼굴을 생각해볼 수 있다.

블루투스(Bluetooth)도 학생들이 흔하게 쓰는 말이다. 휴대폰과 각종 단말기, 무선 통신 기기와 컴퓨터, 프린터 따위의 사무용 전자 제품 간에 데이터를 근거 리에서 무선으로 주고받을 수 있는 무선 통신 기술을 뜻한다. 그런데 블루투스 는 10세기경 덴마크와 노르웨이를 통일한 바이킹 왕 하랄 블로탄에서 유래되었 다. 블로탄은 영어로 블루투스다. 즉, 블루투스가 북유럽을 통일했던 것처럼 각 종 디지털 기기를 하나로 묶어 통신 환경을 구축한다는 의미다. 실은 그의 이가 푸른색이었기 때문에 생긴 이름이기도 하다.[8] 이 단어 역시 일상 속에서 학생들 이 역사적 유래를 생각해볼 수 있는 사례다.

역사교사들은 대개 아는 이야기이지만 학생들에게 역사적 유래를 알려줄 수 있는 일상 용어들이 있다. 'BTS가 빌보드 차트 1위에 올라 장안의 화제가 되었 다'는 뉴스에 나오는 '장안'은 한과 당의 수도인 長安이고, 'IT의 메카가 된 판교 신도시'라는 기사의 '메카'는 사우디아라비아 서부에 있는 이슬람교 성지다. 무 슬림의 성지 순례 모습이 인상적이어서 종교 성지를 대표하는 장소가 되었다. '2020년 프로 야구는 춘추전국시대'라는 제목의 기사에 나오는 '춘추전국시대' 역시 중국사에서 주가 무너지고 진이 전국을 통일하기까지 550여 년간의 군웅

할거시대를 설명하는 말로서 우열을 가리기 어려운 각축 상황을 묘사하는 데 쓰인다.

요즘 들어 쓰는 용어는 아니지만 인상적인 사례를 통해 학생들의 이해를 도울 수도 있다. 흔히 역사교사들은 을사조약의 부당성, 국제법상의 문제점을 들면서 을사늑약이라는 표현을 쓰고 있다. 늑약의 늑 자는 협박할 늑(勒)이다. 1905년 대한제국의 외교권을 일제가 앗아간 이 사건의 실상과 본질을 잘 보여주는 표현이다. 당시의 살벌한 분위기를 달리 표현해 '을사년스럽다'고 했는데, 이 말이 나중에 '을씨년스럽다(썰렁하다, 싸늘하다)'로 바뀌었다고 한다. 협박할 늑 자를 쓴 또 다른 예로 정약용의 『목민심서』에 나오는 '늑대'도 재미있는 표현이다. 협박할 늑(勒) 자에 빌려줄 대(貸) 자를 쓴다. 원래 취지와 달리 수령이 비리를 저지르는 온상이 된 환곡을 백성이 거부하자 강제로 빌려주고 곡식을 먹게 만드는 상황을 지적한 것이다. 환곡의 폐단을 한마디로 설명할 수 있으며 학생들이 무척 재미있어하는 표현이다.

텔레비전 사극에 종종 등장하는 만세와 천세를 구분하는 설명도 학생들의 관심을 끌 만하다. 황제가 영원히 강녕하기를 바라며 외친 "황제 폐하 만세"의 경우, 옛날에 만이면 큰 숫자였기 때문에 만수무강을 바라면서 만세라고 불렀던 것이다. '만약', '만일'은 만분의 1의 가능성이니 매우 희박한 것을 가정하는 말로 쓰이며, 고려 말 원의 수도에서는 고려 충선왕이 만권당을 짓고 학문 연구를 했다. 책이 만 권만 있는 것이 아니라 수많은 책을 보유하고 있다는 의미였다.

황제를 폐하라고 부른 것은 계단의 섬돌(陛, 폐) 아래서 인사를 드리는 관계이기 때문이다. 황제의 아들은 태자라고 불렀다. 황제에게 만세를 외쳤다면, 제후국에서는 "국왕 전하 천세"를 불렀다. 황제보다 격을 낮추어 천년토록 강녕하기를 빈 셈인데, '전하'는 계단 위로 올라가 큰 건물(殿, 전) 아래서 인사를 드렸다는 의미이며, 국왕의 아들은 세자라고 불렀다. 궁궐 용어는 좀 독특한 데가 있다. 시찰이나 능행 등 왕이 외부로 나가는 것을 거동(擧動)이라고 쓰고 거둥으로 읽는다. 궁녀와 같은 여인들은 내인(內人)이라고 쓰고 나인으로 읽었다.

이와 관련하여 텔레비전 사극에서 자주 듣는 호칭으로 영감(令監), 대감(大監), 상감(上監)도 있다. 영감과 대감은 정3품 이상의 당상관을 높여 부르는 말이다. 영감에 속하는 벼슬은 종2품의 대사헌, 관찰사와 정3품의 승지, 목사, 부사, 대사성, 대사간 등이다. 오늘날 노인들에게 존칭으로 영감이라고 불러주는 경우가 있는데, 나이가 80세 이상인 관원이나 90세 이상인 일반 백성들에게 조정에서 명예 벼슬을 내리고 영감이라고 한 데서 비롯되었다. 1970, 1980년대까지 군수, 검사, 국회의원 등을 부르는 말로 쓰이기도 했다. 대감은 정1품부터 정2품까지 고관대작을 말하는데, 정1품에는 삼정승이 있고, 종1품에는 삼정승과 함께 일하는 좌찬성, 우찬성, 의금부 판사 등이 있다. 정2품에는 한성 판윤, 홍문관 대제학, 육조 판서 등이 있다. 이들은 높여 대감마님이라 불렀다. 상감은 이들을 거느리는 최고 지위의 국왕이다. 상감 뒤에는 마마라는, 왕족에게 두루 쓰이는 말이 붙는다.

▥ 고유 명사로 보는 역사

역사에는 고유 명사도 많이 등장한다. 인명, 지명, 국명 등은 그 자체로 암기의 대상이 되는 경우가 많지만 약간의 공통점, 원리 등을 설명하거나 관련된 이야기, 사연을 곁들이면 학생들의 이해를 도울 수 있다. 동서양을 막론하고 인명에는 가문의 계통성이 적잖이 존재한다. 그라쿠스 형제처럼 확연히 드러나지 않더라도 유럽에서는 이름 중간에 van(판, 반) 또는 von(폰, 본)이 들어가면 귀족 가문에 속한다. 독일 통일의 주역이자 노회한 정치가 비스마르크(Otto Eduard Leopold von Bismarck), 근대 역사학을 일으킨 랑케(Leopold von Ranke)가 그 예다. 이름 뒤에 2세, 3세 등이 붙어 대략 계통성이 파악되기도 한다. Henry는 영어로 헨리, 프랑스어로 앙리, 독일어로 하인리히라고 읽는데, 크게 보면 유럽 왕가 간의 정략결혼과 통혼이 많다 보니 비슷한 이름들이 나오게 되었을 것이나. John 또한 존, 요한, 요하네스, 욘, 주앙 등의 이름으로 유럽에는 흔하다. 성경에 나오는 Paul은 바오로, 바울, 폴, Peter는 베드로, 표트르 등의 이름으로 다르게 불린다. 유럽과는 전혀 다르게 느껴지는 이슬람식 이름 술레이만은 솔로몬과 같은 말이다.

동아시아에서는 이름에 항렬(行列)이 들어가 위계를 짐작할 수 있다. 항렬은 오행을 따라서 목(木)-화(火)-토(土)-금(金)-수(水)의 순서로 붙인다. 예컨대 병옥(炳: 火)-준기(基: 土)-종배(鍾: 金)의 방식으로 자손의 이름을 짓는다. 간혹 두 글자 성씨도 있다. 사마천(司馬遷)은 사 마천이 아니라 사마 천으로 읽고, 제 갈량이 아니라 제갈 량이다. 사마는 성씨이기도 하고 관직명이기도 하다. 한국사에서 연개소문은 연개 소문이 아니라 연 개소문이다. 그의 아우 연정토, 아들 연남생 등의 이름으로 미루어 보면 바로 알 수 있다. 을지문덕의 경우는 을파소의 예로 보아 을 씨로 보기도 하고, 그의 다른 이름인 위지문덕으로 미루어 선비족 계통의 을지 성씨로 보기도 한다.

지명은 그 지역의 형성과 연관되며, 이후 변화 과정을 반영하기도 하고, 역사적 사건으로 인해 상징적 의미를 갖기도 한다. 한국사의 치욕적인 장면으로 손꼽는 삼전도(三田渡)의 굴욕을 보자. 한자에서 보듯이 삼전도는 섬이 아니라 나루터였다. 한양에서 남한산성이나 여주, 충주로 가는 중요한 뱃길에 해당되는

데, 물 가까이 있으나 물이 넘치지 않아서 세 군데에 밭이 있었기에 삼전도라고 했고, 삼(麻)을 심어서 삼전도라고도 했다. 바로 이곳에서 한겨울 꽁꽁 언 땅바닥에 인조가 세 번 절하고 아홉 번 머리를 찧으며 항복 의식을 치렀다. 그곳에 삼전도비가 서 있는데, 본디 명칭은 대청황제공덕비다. 오늘날 대표적 놀이공원인 롯데월드 바로 앞에 비석이 있어 복잡한 생각이 들게 한다. 충무로의 명칭은 일제 강점기 일본인의 터전이었던 명동의 기운을 누르기 위해서 지은 것이다. 옛 이름 명치정(明治町)에서 '치'를 빼 명동으로 부르지만 여전히 일제의 기운이 느껴지는 터라 일본을 무찌른 이순신의 시호를 따서 이름을 붙였다.

지명 가운데는 우리가 잘못 부르는 경우도 있다. 예컨대 '이집트 문명은 사하라 사막을 가로지르는 나일강 유역에서 발달하였다'는 문장을 해석하면 '이집트 문명은 사막 사막을 가로지르는 강 강 유역에서 발달하였다'로 읽힌다. '사하라'는 사막, '나일'은 강이라는 뜻이기 때문이다. 창장(長江)강도 '창장' 자체가 양쯔강이라는 뜻인데 또 강이라는 글자를 덧붙인 격이다. 미국과 멕시코 사이를 흐르는 리오그란데(Rio Grande)강도 리오가 river, 그란데는 grand의 의미여서 큰 강이라는 이름이므로 굳이 '강'을 붙일 필요가 없다. 마치 역전(驛前) 앞과 같은 중복 표현이다. 강 얘기가 나온 김에 흥미로운 설을 하나 소개하자면, 낙동강의 이름도 나름 유래가 있다고 한다. 가락의 동쪽으로 흐르는 강이라는 뜻이다. 우리가 가야라고 부르는 연맹체 국가는 구야 또는 가락이라고도 불렸다. 『삼국유사』의 『가락국기』가 바로 가야 역사를 서술한 것이다. 가야는 대체로 낙동강 유역의 서쪽에 자리 잡고 있었기 때문에 강은 당연히 가야의 동쪽을 감싸고 흘렀고, 가야는 사라졌지만, 낙동강에 그 역사의 흔적을 남기게 된 것이다.

국명 중에는 땅이라는 뜻의 이름이 많다. 라틴어에서 유래된 ia, ica, 영어식의 land, 중앙아시아 쪽에는 istan의 이름이 많다. 갈리아(Gallia)는 오늘날 프랑스 지역의 이름으로 골족(Gaul族)의 땅이라는 뜻에서 비롯되었다. ia는 이탈리아, 오스트리아를 비롯해 많은 유럽 국가들의 이름에서 눈에 띈다. 러시아는 러스(Russ: 노르만과 슬라브의 일족)의 나라여서 Russ+ia이며, 호주, 즉 오스트레일리아는 남쪽 나라라는 뜻이다. 오스트랄로피테쿠스(남쪽 원숭이)와 어원이 같다. 랜드가 들어가는 국가명은 잉글랜드(Anglo족의 나라), 핀란드(Fin족의 나라), 폴란드(Pol족의 나라) 등이 있으며, 중앙아시아나 서남아시아 쪽에는 우즈베키스탄(우즈베크인의 나라), 카자흐스탄(카자흐족의 나라), 투르크메니스탄(투르크멘족의 나라) 등 istan이 들어가는 이름이 흔하다.

나라 이름 중에는 볼리비아(남미의 해방자 볼리바르), 콜롬비아(콜럼버스)처럼 역사적 인물과 연관된 곳도 있는데, 간혹 유쾌하지 않은 유래도 있다. 필리핀의 경우는 에스파냐가 식민지로 지배하면서 자국 전성기의 왕 펠리페 2세의 이름을 따서 붙였으며, 오늘날 짐바브웨의 원래 이름인 로디지아(Rhodesia)는 이곳을 식민 지배한 영국인 세실 로즈(Cecil Rhodes)의 이름을 딴 것이다. 영어식 이름이 자주 불리지만, 원래 이름으로 불러야 하는 경우도 있다. 스페인은 영어식 이름이며, 정작 자신은 에스파냐로 부르고 있다. 우리가 태국으로 부르는 나라도 흔히 타이(Thai)라고 표기하지만, 시암으로 오래 불렸으며, 정식 명칭은 타일랜드(Thailand)다. 타이라고 하면 태국을 '태'라고 부르는 격이니 한국을 '한'이라고 부르는 것과 같다.

끝으로 역사용어와 어원 등은 쉽게 풀어주는 노하우가 따로 없지만, 그래도 참고할 만한 책들이 있어 몇 권 소개해보려 한다.

참고 도서

전국한문교사모임, 『선생님이 풀어주는 국사 한자어』, 동인서원, 1999.
편집위, 『역사용어 바로 쓰기』, 역사비평, 2006.
전병철, 『팔만대장경도 모르면 빨래판이다』, 살림터, 2012.
김한종 외, 『한국사 사전』, 책과함께 어린이, 2015.
최준채 외, 『한자로 깨치는 한국사』, 리베르스쿨, 2015.
서울대 역사연구소, 『역사용어 사전』, 서울대 출판부, 2015.
김일, 『중학 역사왕 용어 사전』, 성림원북스, 2018.

검색 사이트

국사편찬위원회 한국역사용어 시소러스(thesaurus.history.go.kr/)
우리역사넷(contents.history.go.kr/)

배움을 이끄는
맛깔난 설명

교수 내용 지식으로서 설명 기법

1987년 미국 스탠퍼드대 교수 슐만은 교수 내용 지식(pedagogical content knowledge)이라는 개념을 제시했다. 그는 수업의 성패를 가름할 핵심 요소를 교사 지식이라고 보고 그동안 내용 지식(많이 아는 것)과 교육학 지식(가르치는 방법)으로 구별되던 교사의 지식 영역에 교수 내용 지식(가르치기 위한 지식)이라는 새로운 개념을 내놓았다. 학문적 이론과 사실을 많이 아는 학자, 수업 전달력과 테크닉이 뛰어난 강사와 구별되는 교사 고유의 전문적 지식 영역을 설명한 것이다.[9]

그에 따르면 교수 내용 지식은 교과 내용을 충분히 아는 상태에서 교사가 맡은 학생들의 수준을 고려해 재구성한 지식이다. 교사만이 갖는 지식, 교사가 적극적으로 학문적 내용을 소화하고 해석한 지식, 학생을 겨냥한 지식, 수업 상황에 따라 융통성 있게 변주되는 지식은 교사의 전문성을 설명하는 충분한 근거가 될 수 있다. 교수 내용 지식은 내용 지식과 교육학 지식 사이에 어중간하게 존재하는 지식이 아니라 양자를 포괄하여 수업에 녹여내는 실천적 지식이며, 현장성 강한 지식이다.

천은수는 교수 내용 지식 논의가 나온 지 20년 정도 경과한 시점에 현장 교사로서 수업 경험을 토대로 교수 내용 지식을 분류했다. 크게 세 가지 갈래로 역사 내용을 가르치기 위한 지식, 학생의 인지 구조를 고려한 지식, 교육과정과 교육 방법을 고려한 지식으로 구분하여 다양한 방법을 소개한 바 있다.[10]

역사 내용을 가르치기 위한 지식으로는 역사용어 해설, 다양한 자료 제시, 시간 관념 환기, 인물 이야기, 감정이입 유도, 연표화와 시각화, 인간 생활의 보편적 상황과 연결 및 지역사 소개 등을 예로 들었다. 학생의 인지 구조를 고려한 지식에는 비유 및 예시, 선수학습과 연결, 발문과 반복 설명, 학습의 좌표점 환기 등이 있다. 좌표점이란 학생들이 수시로 수업 맥락을 놓치기 때문에 지금 이 설명이 어떤 흐름의 어느 부분인지 환기시키는 것이다. 교육과정과 교육 방법을 고려한 지식에는 교육과정과 교과서 재구성, 수업 방법 고려, 정기고사 직후나 방학 무렵의 시간 유익하게 보내기, 수업 시작점에 분위기 장악하기 등이 있다.

한편, 초등 교사들이 자주 쓰는 교수 내용 지식으로 역사적 사건을 선행 사건과 연계하기, 역사적 사물을 시각적 모델을 사용하여 설명하기, 역사적 인물과 관련된 내용을 역할극으로 제시하기, 용어의 말뜻 풀이하기, 전체적인 내용 관계를 마인드맵으로 그려 설명하기 등의 방식이 있다는 연구도 있다.[11]

이처럼 교수 내용 지식은 교사나 연구자에 따라 엇비슷하게 중복되는 지점도 있고, 학교 급별로 다르기도 하다. 문제는 이를 제대로 갈래지어 설명할 필요가 있으나 이론에 대한 깊은 이해를 토대로 풍부한 현장 사례를 발굴하고 체계적으로 분류하기가 쉽지 않다는 것이다. 또 언뜻 효율적으로 보이지만, 과연 역사과의 특성에 맞는 것인지, 어느 과목에나 적용되는 것인지 등을 자세히 따져봐야 하는 난점이 있다. 무엇보다도 각각의 방법과 접근법이 지니고 있는 특성과 주의할 점을 파악하고 있어야 한다.

📚 비유와 유추, 감정이입

교수 내용 지식이 가장 흔하게 눈에 띄는 경우는 교사의 설명으로 진행되는 수업이다. 어느 교과든 교사의 설명이 없는 수업은 드물며, 역사수업에서 설명은 매우 중요하고 필수적인 요소다. 다만, 너무 길게, 지루하게, 교감 없이 이루어지면 학생들의 흥미를 떨어뜨리는 요인이 되기도 한다. 일찍이 슐만을 비롯한 연구자들이 교수 내용 지식이라는 개념을 정리하고 수업 관찰 경험을 토대로 분류한 바에 따르면, 역사수업의 설명 기법에는 비유, 유추, 감정이입, 예시 등이 있다.

먼저 비유부터 살펴보자. 비유는 말 그대로 어떤 역사적 사실을 유사한 사실과 연관시키는 것이다. 곧바로 연결하면 직유가 되며, 에둘러 표현하면 은유가 된다. 1840년 아편전쟁 당시 청과 영국의 해군 전투 역량을 권투 선수의 팔 길이 차이로 비유하는 경우가 많다. 체급이 같아도 팔 길이가 다르면 동시에 주먹을 뻗었을 때 짧은 쪽이 계속 얻어맞게 되는데, 청의 처지가 딱 그랬던 것이다. 청이 1650년대 나선정벌 무렵의 총포로 영국 함대에 맞섰다면, 영국은 한층 신장된 전투력을 드러냈다. 산업혁명 이후 첨단의 총포를 제작했던 데다 이미 여러 국가를 공략한 경험과 전술까지 더해져 청을 쉽게 무너뜨릴 수 있었다.

고려시대 거란과의 대결을 권투에 비유하기도 한다. 거란의 1차 침입 당시 서희의 외교 협상이 가능했던 것은 고려가 거란에게 어퍼컷을 날린 덕분이라고 보는 것이다(안융진 전투). 고려는 청천강 근처 안융진 전투에서 장군 대도수와 유방의 지휘로 값진 승리를 거두었다. 80만 군사를 앞세운 거란의 위력 때문에 코너에 몰린 듯했던 고려가 예리하게 올려 친 한 방을 맞고 거란이 비로소 협상 테이블에 앉기 시작했다는 설명이다.

그런데 비유에는 오해나 왜곡의 여지가 적잖이 존재한다. 역사적 사실은 동일한 사건이 거의 없고, 유사성의 정도가 문제인 경우가 대부분이며, 시공을 달리하면서 유사한 경우가 많기 때문에 비유보다는 유추를 더 많이 활용하는 경향이 있다. 유추는 역사적 사실을 설명하는 데 알고 있는 기존 지식이나 경험 중에서 설명하려고 하는 사실과 유사한 형태를 이용하는 것이다.[12] 조선시대 의정부와 육조를 가르치면서 고려시대 2성 6부와 비교하거나 현대의 정부 조직을 거론하는 설명은 대표적으로 유추를 활용한 것이다. 각종 시험에 대비하여 삼국시대 통치 조직부터 도식화해서 현대의 정치제도까지 연결시켜 유사성을 기억하게 하는 문제집도 흔하게 볼 수 있다.

감정이입도 역사수업에서 많이 볼 수 있는 방법이다. 감정이입은 다른 사람이나 집단과 동료의식을 갖게 하고 감정적으로 동참하거나 동일시하게 하는 것이다. 역사과목의 특성상 현실에서 접할 수 없는 상황에 대해 학습할 때, 과거인의 선뜻 이해되지 않는 행위를 알고자 할 때, 좀 더 가까이 당시 인물의 심리나 판단의 근거를 살펴보려 할 때, 혹은 당시의 분위기에 깊이 침잠해서 충분히 이해하고자 할 때 감정이입이 주로 사용된다. 신석기시대 사람이라 가정하고 하루 일기를 써보면서 의식주 생활이 어떤지, 어떤 개연성 있는 사건을 겪을 것인지 생각하거나, 중세 유럽 농노의 뇌 구조를 그려보면서 영주의 행태, 장원의 생활, 가족 관계, 크리스트교의 권위 등을 여러모로 생각하는 것이 예가 되겠다.

그런데 여기서 주의할 점은 '감정이입=그 사람 되기'에 그치지 말아야 한다는 것이다. 과거인의 삶과 생각을 알고자 동일시하는 것이지 그의 행위에 대한 시비 판단을 제쳐두고 몰입하자는 뜻은 아니다. 고쳐 말하면 '감정이입적 이해'라고 표현하는 편이 맞을 것이다. 더 잘 이해하기 위해서 인물에 빙의해보는 것이지 그의 모든 면모에 동조하는 것은 아니다.

예시의 예시

예시는 예를 들어 이해를 돕는 것인데, 어떤 역사적 사실이나 상황을 구체적으로 소개하거나 어느 국면을 확대하여 전체적인 이해를 도모하고자 할 때 활용한다. 가끔은 예를 들어 입증하고자 하는 예증, 논증으로 나아가기도 한다.[13]

예컨대 고려시대 천민층에 어떤 사람들이 있었는지 설명하면서 노비, 화척, 재인, 진척 등을 열거하고, 노비의 경우는 남자 노예 노, 여자 노예 비로 구성된다는 설명을 보탠다. 이어 여자 노비가 아이를 낳기 때문에 남자 노비보다 몸값이 비싸게 매겨졌으며 간혹 말(馬)값보다도 몸값이 낮았기 때문에 '짐승만도 못하다'라는 말이 허언이 아니라는 근거를 보여주면서 노비들의 처지, 열악한 삶과 편견, 부당한 대우 등을 이해시키는 것도 가능하다.

예시와는 조금 다른 결로 일화를 활용하는 경우가 많다. 예시는 기관이나 집단에 관한 사례가 많고, 일화는 인물이나 정치·사회 세력에 관한 것이 많은 편이다. 일화는 수업의 양념이기도 하고, 그 자체로 솔깃한 이야기여서 학생들의 주의 집중 효과도 높다.

예컨대 붕당 정치가 상대를 부정하고 공격하는 상황임을 설명하되 극단적 세력 대결로 일관한 것은 아니며, 개인적으로 서로 존중하고 배려하는 측면도 있었다는 일화를 소개할 수 있다. 서인의 영수 송시열이 아랫배가 부풀어 오르며 병세가 심각해지자 한의학에 밝은 남인의 영수 허목에게 약 처방을 부탁했다. 처방전에 극약인 비상이 들어 있는 것을 보고 제자와 가족들이 만류했지만 송시열은 허목의 인품을 믿고 약을 달여 먹고는 자리를 털고 일어났다. 한쪽에서는 송시열을 송자(宋子)로 떠받들고, 반대쪽은 시열(時烈)이라고 폄훼하여 불렀지만, 양반 집단 내에 성리학자로서 기본적인 인품과 상호 존중은 있는 사회였던 것이다.

다만 비중이 적거나 부차적인 일화가 너무 강한 인상을 주고 다른 줄거리를 압도하면 학생들이 전체 맥락을 놓치거나 일부 사실만 기억하는 경우도 있으므로 주의를 기울여야 한다. 예컨대 장희빈의 입신과 몰락은 붕당 정치의 맥락에서 봐야 하는데, 그녀의 미모를 논하거나 표독함을 거론하는 순간 수업의 서사가 야사로 변질되고, 숙종의 개혁이나 붕당 정치의 본질은 잊힐 가능성이 높다.

다른 예로 3·1운동과 관련한 고종의 독살설은 구체적인 근거가 부족하고, 일제가 제1차 세계대전의 승전국 반열에 올랐기에 굳이 감행할 필요가 없었는데도 수업에서 자주 거론되는 일화다. 3·1운동의 역동성이나 대한민국 임시정부를 수립한 역사적 의의를 되새기기보다 일본에 대한 감정적 분노를 쌓는다는 점에서 바람직하지 않다. 대신에 내 경우를 보면 2009년 일본 도쿄에 갔을 때 묵었던 YMCA호텔의 사진을 보여주며 이곳이 바로 조선 청년들이 2·8독립선언을 했던 YMCA회관이 있던 자리라고 말해주면 학생들이 좀 더 실감하는 경향이 있어 가끔 이야기해주고 있다.

▨ 수치 제시

설명 기법 가운데 수치를 제시하는 것이 효율적인 경우가 많다. 영국은 면적이 한반도만 한데 세계 육지의 4분의 1을 지배했고, 우리는 일제의 식민 지배를 받았다. 영국이 통치한 인도는 한반도의 17배 크기이며, 남한 면적의 33배로 서유럽 전체 면적에 맞먹는다. 유럽의 서쪽 끝에 자리한 섬나라 영국이 어떻게 제국주의의 선두에 서게 되었으며, 인도 지배의 실상은 어떤지를 살펴보자고 말하는 것으로 수업을 시작하면 어떨까. 영국에 대한 학생들의 이미지와 우리나라와의 면적 비교, 인도라는 나라의 크기, 제국주의의 위력과 폐해, 우리의 식민지 경험을 두루 연결하여 학생들의 흥미를 돋우는 작업이 되겠다.

1929년 미국 월가에서 시작된 대공황과 후폭풍을 설명할 때도 수치가 유용하다. 제1차 세계대전 직전만 해도 유럽에 30억 달러를 빚지고 있던 미국이 전쟁을 거치면서 150억 달러를 도리어 유럽에 빌려줄 정도로 호황을 누렸음을 먼저 설명한다. 과잉 생산을 소비가 따라가지 못해 창고에 상품이 쌓이고, 주가가 급락하면서 기업의 경영난이 가중되자 1,500만 명의 실업자가 발생하고, 수만 개 기업이 문을 닫으니 거기에 거액을 대출해주었던 5,000여 개 은행까지 망하면서 900만 개 통장이 휴지 조각이 되었다. 이후 국제 무역량이 70퍼센트나 줄어든 것까지 설명하면 당시 경제 상황이 얼마나 공포스러울 정도로 황폐했는지 학생들이 조금 더 가까이 느낄 것이다.[14]

한국사의 경우, 거란의 3차 침입 시 10만 대군이 들어왔는데 고려에서는 강감찬 부대 20만 명이 맞서 나라를 지켰다고 설명하면 학생들이 전쟁의 실상을 정확히 알게 된다. 언뜻 보기에 방어하는 고려 군사가 두 배나 많으니 승리가 당연하다며 싱겁다고 생각할지 모른다. 생각을 달리하면 고려가 전쟁에 대비하여 그만한 군사력을 갖추고 있었다는 사실을 통해 고려의 국력을 짐작해볼 수 있으며, 덕분에 거란과 송, 고려가 정립하는 동북아시아의 평화와 세력 균형이 가능했다는 점도 설득력 있게 말해줄 수 있을 것이다.

▓▓ 다양한 시각화

문자 텍스트보다 시각적 이미지에 더 잘 반응하는 요즘 학생들을 고려하여 일목요연하고 간명하게 자료를 만들어 제시하는 것도 좋은 방법이다. 흔하게 쓰는 방법으로 구석기, 신석기시대의 생활을 표로 만들어 의식주 생활과 도구 등을 비교하는 경우가 있고, 청동기시대까지 포함하기도 한다. 복잡해 보이는 중국의 근대화 운동 과정 역시 표로 만들어 태평천국운동-양무운동-변법자강운동-의화단운동-신해혁명에 이르는 과정을 목표, 주체, 배경, 결과 및 의의 등의 항목으로 나누어 특성을 정리하는 것도 가능하다.

구분	중심 인물	배경(목적)	목표(내용)	결과(의의)
태평천국운동	홍수전	멸만흥한 (滅滿興漢)	남녀평등, 토지 균분	농민 중심 근대화
양 무 운 동	이홍장	중체서용 (中體西用)	군수 산업 육성, 근대 기업 설립	청일전쟁 패배
변법자강운동	캉유웨이	양무운동 극복	의회제도 도입	보수파 반대로 실패
의 화 단 운 동	백련교도 중심	외세 배격	부청멸양 (扶淸滅洋)	외국 군대의 베이징 주둔
신 해 혁 명	쑨원	철도 국유화 반대	중화민국 수립	공화정 수립

또 다른 시각화로는 연표나 과정 및 순서를 보여주는 방식이 있다. 40여 년에 걸친 대몽항쟁이나 임진왜란의 과정을 연표로 만들되 좌측에는 연도와 월, 중앙에는 주요 역사적 사실, 우측에는 특징이나 유의점 등을 제시할 수 있다. 프랑스혁명이나 동학농민운동처럼 복잡하고 역동적이며 논쟁적인 내용을 담고 있는 경우도 일종의 흐름도처럼 정리하여 학생의 이해를 돕는 것이 가능하다.

위 연표는 다소 복잡한 한국 근대사의 주요 흐름을 사건과 쟁점 위주로 재구성하여 일목요연하게 제시한 것이다. 학생들이 이 이미지를 보고 단번에 이해하기 어려운 만큼 수업 중에 수시로 제시하여 자연스럽게 근대사의 맥락과 논점을 이해하도록 할 필요가 있다.[15]

한편 신항로 개척 이후 라틴아메리카 인구의 변화를 그래프로 보여주는 것도 괜찮다. 에스파냐가 침략한 지 100년도 안 돼서 인구의 90퍼센트가 감소한 충격적 실상을 언급하고, 그에 따른 노동력 부족으로 아프리카인 1,200만 명을 노예로 잡아 오는 비극이 발생했다고 설명한다. 유럽의 총포-아프리카의 노예-아메리카 대륙의 면화와 설탕이 오가는 삼각무역이 횡행하면서 유럽 국가들이 부를 쌓게 되었다고 설명하면, 세 대륙이 한 번에 연결되고 조망되면서 인식의 확장과 사태의 본질 파악도 가능해진다.

▓▓ 일상의 경험과 연결

학생들의 일상 경험을 수업 내용과 연결하면 친숙함 덕분에 집중도 잘 하고 이해도 잘 되는 모습을 보인다. 고려시대 전시과를 설명할 때, 왕이 관료에게 수조지를 나눠주는 것을 교장 선생님이 담임 선생님한테 학급을 맡기는 것으로 가정하기도 한다. 학생들은 농민으로서 자기 책상만큼의 농경지를 갖고 살며 세금을 선생님한테 내는 것이라고 설명해보자. 학생들은 농민의 처지에서 민전이라는 사유지를 갖고 있으며, 소득의 일부를 국가가 아닌 관료에게 내는 방식임을 쉽게 알아차린다.

박지성, 손흥민으로 이어지는 영국 프리미어 리거 이야기로 학생들을 주목시킬 수도 있다. 맨체스터는 산업혁명기 대표적인 도시이고 부유했던 곳인데, 여기서 생산된 공산품이 리버풀 항구를 통해 여러 곳으로 수출되었고, 근처에 아스널이라는 병기고가 있어서 이 총포들이 리버풀 항을 거쳐 아프리카로 건네져 노예사냥에 쓰였다고 설명하면 학생들이 무척 흥미로워한다. 얼마나 부유한지 맨체스터에는 세계적인 프로 축구 구단이 2개 있다. 하나는 박지성이 뛰었던 맨체스터 유나이티드, 다른 하나는 맨체스터 시티다. 유나이티드는 당시 노동조합에서 유래된 축구팀이라는 뜻이며, 손흥민이 뛰는 토트넘은 Totten+Ham으로서 토타(농부)의 마을이라는 뜻으로 런던에 있다. 웨스트햄, 울버햄튼, 사우스햄튼

이집트 상형문자

등 햄이 들어간 축구팀은 마을 단위의 조기 축구회와 비슷한 동호회에서 비롯되었다.

이집트 상형문자를 그냥 그림문자로 여기지 않고, 실제 의사소통과 주요 기록의 매개였음을 느껴보도록 할 수도 있다. 학생들은 상형문자의 알파벳을 이용하여 자기 이름 써보는 것도 무척 재미있어한다.[16]

📊 통념의 균열, 생각의 시작

선사시대와 역사시대를 가르치면서 학생들이 문명사회를 당연시하고 선사인을 불쌍히 여기는 경우를 종종 볼 수 있으며, 유목민을 낮추어 보거나 오랑캐로 취급하는 인식도 더러 존재한다. 이때 질문을 던져 과연 그런지 성찰적으로 돌아보게 할 수 있다. 신석기시대 수준의 생활 모습을 보여주는 아마존의 조에족과 바쁜 삶을 살아가는 현대인 중에 누가 더 행복할까? 유목민족은 농경민족보다 열등한가? 그렇다면 왜 진시황제가 만리장성을 쌓았을까? 등을 물어볼 수 있다. 특히 오랑캐 관념은 화이관의 소산인데 우리가 굳이 중국식 발상으로 역사를 가르칠 필요는 없을 것이다. 그에 따르면 우리 민족은 동쪽의 활 잘 쏘는 오랑캐에 불과하다.

터키에 대한 인식도 다분히 서양인의 관점에서 진술되어 있는 경우가 많다. 볼링에서 세 번 연속 스트라이크(10개의 핀을 모두 쓰러뜨리는 일)가 나오면 터키라고 부르며 매우 특이한 일로 여긴다. 칠면조 역시 못생긴 짐승이라며 터키라고 부른다거나 매력 없는 사람, 인기 없는 연극, 마약 따위를 뜻할 때 터키라는 말을 쓰는 것을 보면 터키에 대한 유럽인들의 감정은 낯설고 부정적이며 불편한 모양이다. 그도 그럴 것이 유럽은 오스만 제국에게 무척 시달려 힘들었던 기억을 갖고 있다. 한때 유럽 전체를 위협했던 터키에 대한 공포와 선망이 교차했던 기억이다.

몇 가지 용어로 당시 터키의 면모를 살펴보면 오늘날 흔한 '카페'의 어원은 오스만 제국의 '카웨'이며, 무적함대라는 별명의 첫 주인 역시 오스만 제국이었는데, 그만큼 강력한 지중해의 제해권을 갖고 있었다. 오늘날 에스파냐가 자신을 무적함대라고 자랑하는 까닭은 동지중해에서 벌어진 해전에서 에스파냐가 승리하며 이 타이틀을 빼앗아 갔기 때문이다. 얼마 뒤 오스만 제국이 다시 제해권을 되찾는 바람에 에스파냐가 계속 무적함대라고 하는 것이 좀 우스운 일이 되기는 했다.[17] 우리가 흔히 들을 수 있는 터키 행진곡은 베토벤도 모차르트도 작곡한 바 있는데, 오스만 제국 군대의 위용을 두려워하고, 부러워하기도 했던 까닭이다. 튤립 역시 오스만 제국의 야생화였는데, 튜클리프라는 모자와 닮았다고 하여 붙은 이름이라고 한다.[18]

다수 한국인이 상식처럼 알고 있는 을지문덕의 살수대첩은 강물을 쇠가죽으로 막아 수공 작전을 펼친 것이 아니다. 고구려를 얕보고 평양까지 진격했다가 을지문덕의 편지를 받은 수장 우중문이 유인 작전에 말려 식량과 보급품이 떨어진 상황임을 깨닫고 급히 후퇴하던 중 청천강 가운데서 집중 공격을 받은 것까지가 사실이고, 나머지는 민담과 설화의 형태로 과장되어 전해진 것으로 보이인다. 적어도 기록에는 수공에 관한 내용이 없다. 고려시대 거란을 맞아 싸운 귀주대첩 역시 쇠가죽으로 강물을 막은 것으로 오해하는 경우가 많다. 이는 거란 침략 초창기에 흥화진에서 있었던 전투로, 거란은 이를 겪고도 고려에 깊숙이 침투했다가 귀주 벌판에서 강감찬 부대에 궤멸당한 것이다. 기록에는 비가 세차게 내리고, 바람이 북쪽, 즉 거란군 쪽으로 불어 고려가 유리하게 작전을 펼친 것으로 되어 있으며, 당시의 사료를 토대로 그려진 민족기록화에서도 강물은 전혀 찾아볼 수 없다.

가끔 역사의 이면을 소개하는 것도 학생들의 사고를 넓혀줄 수 있다. 예컨대 단 한 표 차이로 역사가 바뀐 사실들이 있다. 미국이 1776년 모국어로 독일어 대신 영어를 채택한 것, 영국의 청교도 혁명 때인 1649년 찰스 1세가 참수형에 처해진 것, 프랑스가 1875년 왕정에서 공화정으로 전환한 과정, 독일에서 1923년 히틀러가 나치당을 장악한 것이 겨우 한 표 차이였다. 이렇게 극적으로 역사가 전개될 수도 있다는 사실을 들려주면, 투표를 비롯해 내가 적극적으로 역사에 참여하는 노력이 매우 중요하다는 교훈을 줄 수 있다.

📚 인물의 일화 소개

프랑크 왕국의 전성기를 이끌었던 카롤루스 대제가 사실은 글을 배우지 못해 일자무식이었다는 이야기를 해주면 학생들이 매우 놀란다. 자기 이름을 쓸 줄 몰라서 서명란에 이름 대신 십자가를 그렸던 사람이 놀랍게도 카롤링거 르네상스라는 문예 부흥을 이끌었다. 그는 게르만족의 이동으로 단절되다시피 했던 유럽의 고대 문화를 되살려놓았다는 칭송을 받았다. 한편으로 이슬람 세력으로부터 크리스트교를 보호해준 대가로 서기 800년 크리스마스 날에 교황으로부터 서로마 황제라는 칭호를 받기도 했다. 그의 사후에 프랑크 왕국은 동프랑크, 서프랑크, 중프랑크로 분열되었고, 훗날 독일, 프랑스, 이탈리아가 되었다고 설명한다. 이들이 카롤루스 대제를 공동의 조상으로 삼고 있다는 것은 이름에서도 알 수 있다. 카롤루스(이탈리아), 카알(독일), 샤를(프랑스), 찰스(영국)는 모두 같은 사람의 이름인 것이다.

세종에 관해서도 이야기가 참 많고, 워낙 알려진 인물이라 당대의 역사적 흐름과 연관 지을 거리가 많다. 세종과 집현전 학사의 이야기, 훈민정음 창제에 반대한 최만리에 대한 논박, 평양 지역의 도적 떼를 엄벌하지 않고 외려 공법(연분 9등법, 전분 6등법)을 제정하여 백성들의 삶을 보듬은 이야기, 미천한 신분의 장영실을 과감하게 등용하여 과학을 발전시키고, 여론 조사를 통해 주요 정책을 결정한 사례, 유교 나라 조선의 기틀을 세운 그가 태종을 기리기 위해 궁내에 불당을 설치했다가 성균관 유생들의 극렬한 반대에 직면했던 일 등 다양한 이야기를 역사적 흐름과 의미 부여로 연결할 수 있다.

한편, 세종의 독서에 대한 이야기를 하면서 훌륭한 군주이자 성숙한 인간으로 살기 위해 책 읽는 것이 얼마나 중요한지를 말할 수도 있다. 그가 너무 책만 보고 활동이 적어서 태종이 책을 모두 치워버렸는데, 한 권을 병풍 뒤에 숨겨두었다가 두고두고 꺼내 읽으며 기뻐하는 세종을 보고 태종이 놀랐다는 이야기가 유명하다. 많은 책을 읽으며 다양한 상상을 하고, 많은 간접 경험을 한 것이 세종이 훌륭한 정치를 펴는 원천이 되었을 것이다.

조선 후기 지성의 대표 다산 정약용에 얽힌 이야기를 통해 시대상을 설명하는 것도 가능하다. 정조 연간에 초계문신으로 활약하며 개혁의 한 축을 담당한 것, 지방관으로 있으면서 백성들의 실상을 파악하고 근본적 해결을 도모했던 모습, 천주교(서학) 문제로 형제가 귀양을 간 사연, 정조 사후 18년간의 귀양살이, 그 속에서 꽃핀 학문적 열정과 다양한 저작, 부인과 자식과 나눈 서신, 실학을 집대성한 내용들, 시대를 앞서가는 개혁론과 여전히 성리학자인 면모 등 얘깃거리가 즐비하다. 다산이라는 호 말고 '여유당(與猶堂)'이라는 다른 호는 세상이 무서워 고개를 움츠린 채 사방을 살피는 닭에 비유한 것이었다는 등 할 이야기가 무수히 많다. 어느 일본학자는 다산이 있어 조선 후기는 빛이 난다고 했으며, 남북한이 함께 존경하는 역사 인물이 몇 명 없는데 다산은 모두가 존경하는 인물이라는 설명을 보탤 수도 있겠다.

그 밖에도 당대를 대표하는 핵심적인 인물, 시대상을 보여주는 전형적인 인물로서 정약용 급에 해당하는 인물을 거론하며 역사 전개를 흥미롭고 친근하게 설명할 수 있는 예가 많다. 아테네 민주 정치를 이끈 페리클레스, 르네상스 시기 다방면에서 활약한 레오나르도 다빈치, 송대의 개혁가 왕안석, 근현대 중국의 대표적 인물인 쑨원, 에도 막부를 안정적으로 구축한 도쿠가와 이에야스, 프랑스와 미국을 상대로 치열하게 맞선 호치민 등을 통해 학생들은 생동감 있게 역사를 배우고, 어떤 삶을 살 것인가 생각하는 기회를 가질 것이다.

▨ 한국사와 세계사 비교

동서양의 유사 사례를 비교하거나 한국사와 연결 짓는 것도 효율적인 설명 방식이다. 봉건제도는 동서양사에 다 등장한다. 중국에서는 천자가 제후에게 영토를 내려주니(봉토) 그 영역을 기반으로 제후들이 나라를 세웠는데(건국), 분봉의 모양새가 비슷하기 때문에 서양의 제도를 봉건제도라고 번역했다. 서양에서는 자신의 제도를 중심으로 동양을 설명하기 때문에 봉토(feud)를 매개로 한 계약 관계를 봉건제도(feudalism)라고 부르고, 중국의 제도를 Feudalism으로 표기하여 예외적인 존재로 여긴다. 이와 유사한 분권 정치가 일본에도 있었는데, 일본은 자신이 탈아입구적인 국가로서 선진적임을 내세우기 위해 봉건제도를 강조하여 설명하기도 한다.

한국사와의 연결은 주로 동아시아사의 입장에서 삼국통일과 백강전투, 고려-송-거란의 정립, 양란 상황에서 삼국의 정세, 서세동점 시기 삼국의 개항 양상 비교 등으로 할 수 있다. 조선 후기 정조의 치세와 프랑스 혁명 기간이 비슷한 시기이므로 개혁을 도모한 양상을 비교해볼 수 있고, 식민지 시기 독립을 위해 싸웠던 한국과 다른 지역의 투쟁사를 견줄 수도 있으며, 냉전 상황에서 각기 다른 대응과 결과들을 다룰 수도 있다. 동아시아라는 지역을 논한 김에 하나 더 보탠다면 근현대사에서는 미국을 반드시 포함하여 서술할 필요가 있다. 근현대부터 현재까지 미국의 존재는 절대적으로 중요한데, 한국사나 동아시아사 교과서를 보면 미국에 대한 설명이 부족한 실정이다. 미국의 역할과 전략 등도 함께 고려해야 온전하게 근현대사의 전개를 설명할 수 있을 것이다.

한국사를 배울 때 자칫 빠지기 쉬운 민족주의의 과잉도 주의해야 한다. 고려가 청자에 세계 최초로 상감 기법을 사용했다고 하는데, 반을 맞고 반을 틀렸다. 이 기법은 일찍이 그리스 시절부터 금속 공예에 활용되어왔다. 단지 고려가 청자에 처음 적용했다는 사실을 정직하게 알려줘도 청자의 자랑스러움은 빛이 바래지 않을 것이다. 최초의 금속활자 '직지'의 경우도 오해의 소지가 있다. 일반적으로 목판은 한 번에 같은 면을 대량 인쇄할 수 있고, 활자는 각기 다른 면을 다양하게 인쇄할 수 있다. 중국은 워낙 서적의 수요가 많기 때문에 목판이 유리했던 것이고, 고려는 서적 수요가 적기 때문에 활자가 유리했던 것이 설명의 출발점이다. 직지의 경우, 금속활자로 책 내용을 찍은 것은 맞지만, 이후의 작업은 목판으로 진행되었고, 서적이 대중화되었다. 직지를 인쇄한 후 책 내용의 일부분을 각 지방에 할당하여 내려 보내면, 지방에서 맡은 부분을 목판으로 대량 인쇄했다. 이를 중앙에 올려 보내면 각 지방에서 온 전체 내용을 다시 한 권의 책자로 묶어 보급하는 방식으로 서적이 유통된 것이다.

직지의 내용도 모른 채 학생들이 '세계 최초'에만 열광하는 측면도 되짚어 줄 필요가 있다. 직지는 불경을 모은 것이므로 부처의 언행, 선승의 설법, 수도하는 불자의 태도, 세상일에 대한 비유 등의 내용을 담고 있다. "아지랑이는 물이 아닌데, 목마른 사슴은 알지 못해 부질없이 헤맨다", "진리는 원래 형체도 없어 집착이 없고 구름처럼 모였다 흩어지네", "앞의 것이 이미 사라지는가 하더니 뒤의 것이 다시 생기고… 앞과 뒤가 서로 이어져 진리에 닿을지니" 등의 내용들을 진지하게 살피고 겉으로 보이는 타이틀에 열광하지 않는 담담함이 필요하지 않을까. 아울러 박병선 박사가 일생을 바쳐 직지의 존재를 알리고, 외규장각 의궤도 반환하게 만든 과정을 소개하는 것도 학생들에게 무척 감동적인 역사 사랑의 한 자락이 될 것이다.

🏢 그 밖의 소소한 설명 팁

한마디로 상황을 보여주는 문구들을 활용할 수도 있다. '사람 위에 사람 있다'는 문장은 청동기시대에 계급이 발생한 사회 모습을 설명하고 있다. '不可不

可(불가불가)'와 '不可不 可(불가불 가)'는 을사늑약 직전의 어전 회의에서 한규설 등이 끝까지 불가함을 외쳤음에도 불구하고 이토의 협박이 강해지자 친일파 대신들이 어쩔 수 없다며 내뱉은 말이다. 언뜻 보면 비슷한 말 같지만, 반대의 의미로 쓰이는 말을 교묘하게 돌려 말한 것이다.

때로는 질문이 통찰을 보여줄 수 있다. '3·1운동으로 우리는 어떤 나라를 꿈꾸었나?'라는 물음은 민족자결주의-2·8독립선언-3·1운동-유관순-임시정부 등으로 연결 지어 넘어가는 3·1운동에서 우리는 과연 무엇을 하고자 했는지에 대한 본질적인 질문이다. 영화 「1987」에서 여주인공은 학생운동에 뛰어든 남주인공에게 "그런다고 세상이 바뀔 것 같아요?" 하고 묻는다. 계란으로 바위 치기 같은 상황에 모두가 한 걸음씩 나서 실제로 세상을 바꾼 감동의 출발점은 바로 이 질문이었다.

중요한 요소는 아니지만 현실적으로 학생들의 학습 부담을 줄여주고 주요 내용에 더 집중하게 만들기 위해 암기의 편의를 도모할 수도 있다. 1492년 에스파냐에서 레콩키스타(재정복운동)가 마무리된 해에 콜럼버스가 대서양을 건너 서인도 제도에 도착한 사실이 있는데, 당시 조선은 성종 23년에 해당되며 사림파의 태두인 김종직이 사망한 사실이 있다. 이보다 100년 전에는 조선이 건국되었고, 100년 후에는 임진왜란이 발발했다.

좀 단순하고 일견 유치하지만, 1492년을 확실히 암기하도록 돕기 위해 그럴 듯한 이야기를 보태기도 한다. 콜럼버스가 바다를 떠돌다 드디어 육지를 발견하고는 너무 기쁜 마음에 서둘러 배에서 내리다가 바다에 구두를 빠트렸는데, 그때 콜럼버스가 '아, 내 구두…', 즉 '1, 492' 하고 안타까워했다고 농담을 하는 것이다.

한국 근현대사에는 임오군란, 갑신정변부터 을사늑약, 경술국치에 이르기까지 네 글자로 된 사건이 연달아 일어나는데 시기가 서로 근접해서인지 학생들이 순서를 잘 기억하지 못하는 경우가 많다. 이때 한문 시간에 배운 10간 12지를 상기시키며 설명하는 것도 꽤 알려진 방법이다. 십진법에 따라 10년 단위로 반복되므로 첫 자리가 갑으로 시작하면 4로 끝나는 연도이고 갑신정변 1884년, 갑오개혁 1894년이라고 기준점을 잡아주면, '5는 을', '6은 병' 하는 식으로 학생들이 이해하고 사건의 순서를 기억하는 데 도움이 된다.

이 밖에 어릴 적 부르던 동요 「산토끼」 멜로디에 중국의 하-상-주로 시작하는 왕조들을 붙여 긴 역사와 많은 왕조를 기억하게 하는 것도 흔히 쓰는 방법이고, '태정태세문단세'처럼 앞 글자를 외워 순서를 기억하거나 '옥민동무', 즉 '옥저 민며느리제, 동예 무천'과 같이 나라와 사실을 외우는 경우도 있다.

끝으로 임용고사 준비생들에게 널리 알려져 있는 사례를 몇 가지 소개한다. 나말여초에 서로 연대하여 고려를 건국한 세력인 6두품, 호족, 선종 세력을 한 번에 묶어 '6, 호, 선'으로 기억한다. 서울 지하철 6호선을 연상하여 쉽게 기억하려는 것이다. 고구려 소수림왕 때 체제 정비 차원에서 실시한 불교 수용, 태학 설립, 율령 반포를 외울 때도 소수림왕은 개혁의 의지를 '불, 태, 율(울) 거야' 이렇게 외우면 기억에 남는다고 한다.

또 조선의 4대 사화를 기억하게 하기 위해서는 "뭐, 갑자기 묘를 사?" 하고 따라 해보게 한다. 무오-갑자-기묘-을사를 외우기 위함인데, 조선시대 어느 양반집 아들이 아버지의 묫자리를 사들이자 그 아버지가 기분 나빠하며 아들을 혼냈다는 이야기로 엮은 사례다. 중국 근대화 운동의 여러 사건들인 태평천국운동-양무운동-변법자강운동-의화단운동-신해혁명을 '태양 (주)변의 신비'로 기억하는 경우도 있고, 라틴아메리카를 공격한 아즈텍-코르테스, 잉카-피사로는 '아잉 코피'로 암기를 돕기도 한다.[19]

학생과의 대화가 있는 수업

📚 수업 대화의 열쇠는 학생에 대한 이해

수업은 모름지기 하나의 대화여야 한다. '많이 알고, 마음 급한' 교사의 일방적 독백이 아니라 학생과 주거니 받거니 대화가 이루어져야 한다. 그리고 대화의 궁극적 목적은 학생의 배움이다. 배움은 외부에서 심어주는 것이 아니라 내부에서 자기 고민을 통해 자라나는 것이다. 단순 반복으로 저장되는 정보가 아니라 내면화된 지식이나 태도로 자리 잡으려면 자기 것으로 만들려는 노력이 있어야 하는데, 외부에서 주어진 내용을 관심 갖고 들여다보게 만드는 것은 흥미다. 좋은 수업은 학생들이 배우는 내용을 알고 싶게 만들고 따라 하고 싶게 만드는데, 흥미는 학생들로 하여금 계속 내용에 끌리도록 만드는 속성이 있다.

흥미는 재미와 의미 사이의 중요한 매개체다. 재미는 말장난, 잠시 웃기는 상황 등으로 주목을 끌 수는 있으나 수업 내용과 연관되지 않는 경우가 많아 지속성이 떨어진다. 반면에 의미는 다소 묵직한 질문이나 꽤나 복잡한 사고, 때로는 긴밀한 협의를 해야 형성될 수 있으므로 학생들이 쉽게 접근하기 어려운 측면이 있다. 이때 수업 내용과 연관되는 이야기, 이미지, 사료, 인물 등을 활용하여 본 내용으로 자연스럽게 연결시킬 흥미는 매우 소중한 수업 대화의 요소다.

흥미는 대화의 상대를 헤아리면서 수업 내용의 흐름도 살펴야 족발시킬 수 있다. 어느 정도 학생을 이해해야 이끌어낼 수 있기에 학생과 소통이 잘 되고 있다는 증거가 되기도 한다. 흥미는 또래 학생의 일반적 경향성, 특정 학생의 개별적 성향, 학습 방식이나 태도 등을 충분히 파악하고 있어야 끌어낼 수 있다. 문제는 어떠한 수업 내용도 모든 학생의 흥미를 불러일으킬 수 없으며, 지속하기도 어렵고, 때로는 흥미롭지 않아도 학생에게 필수적인 내용이어서 가르쳐야 한다는 점이다.

근사한 수업 대화가 어려운 것은 역사과목의 특성에서 연유하는 바가 크다. 교육과정상 시수 대비 내용이 많다거나 교과서가 건조하고 불친절하며 한자투성이라거나 교사들이 강의식 수업으로 진행한다거나 하는 등의 외적 요인도 있지만, 역사 자체가 지닌 어려움도 있다. 복잡한 구도와 사건과 인물이 등장한다는 점, 그것을 배경, 경과, 결과, 의의와 같이 토막 쳐 서술한다는 점, 현실에서 직접 겪거나 바꿀 수 없는 과거라는 점, 자신의 것으로 느끼고 생각해야 역사의식이 조금씩 형성된다는 점에서 결코 쉽지 않다.

게다가 이제 사회적 자아가 형성되면서 어른으로부터 독립하려는 의지가 강한 사춘기 학생들과 우아하거나 충실한 대화를 주고받기는 쉽지 않다. 특히 남학생들은 짧은 대화조차 수월하지 않다. 어떤 활동을 시키고 확인할라치면 '아, 맞다. 까먹었어요', '못 들었는데요', '안 배웠어요' 하고 허탈한 대답을 하기 일쑤이며, 기껏 설명하면 '아~ 그거 대충 하면 안 되나요?' 하고 괘씸한 질문을 하기도 한다. 이때가 바로 감정 노동자로서의 교사를 절감하는 순간이다. 그렇다고 바로 정색하고 교사가 언성을 높이면, 학생은 그 자체를 기분 나빠하면서 더 불손하게 나오는 경우도 있으니 교사가 마음을 다스리고 다시 설명해 주는 수밖에 도리가 없다.

학생의 눈에 보이는 제기차기

오히려 교사가 학생 친화적인 발상을 자주 접하고, 스스로 실천하면서 학생의 정서와 감수성으로부터 대화의 물꼬를 트는 노력이 필요하다. 옆의 제기차기 그림은 누구의 시선으로 사물을 바라보아야 하는지 다시 생각해보게 한다. 교사는 측면에서 제기가 오르내리는

교사가 설명하는 제기차기

것을 보며 설명하지만, 학생의 눈에는 제기가 멀어졌다 가까워졌다 하는 모습이 보인다. 교사는 자신의 설명이나 질문이 학생에게 어떻게 비치는지, 어떤 의미로 가닿을지 충분히 고려하면서 수업을 진행해야 한다. 자신은 최선을 다했다고 생각하지만 학생과 간극을 좁히지 못하거나 겉돈다면 흥미를 유발할 수 없으며, 좋은 수업도 기대하기 어렵다. 부단히 학생들을 이해하고 다가가려고 노력하는 교사의 모습이 가장 학생들에게 호소력 있는 설득이 될 것이다.

📘 권위형 교사가 되자

　그렇다고 해서 그저 학생 편을 들어야 소통 잘 하는 교사가 되고 좋은 수업이 보장되는 것은 결코 아니다. 적절한 권위와 신뢰가 있는 교사라야 수업이 더 좋아질 수 있다. 바움린드(D. Baumrind)는 부모를 네 가지 유형으로 나누어 설명한 바 있는데, 가장 좋은 부모를 권위형 혹은 민주형 부모로 꼽았다.[20] 권위형과 민주형은 다소 모순되는 표현처럼 보이지만, 내용적으로는 같다. 권위주의적인 부모가 아니라 권위가 있는 부모는 자식을 존중하면서도 일관된 훈육 기준이 있는 사람이기 때문이다. 말의 무게가 있으면서도 자식과의 소통에 더 적극적이므로 민주적 부모라고도 하는 것이다. 이는 교사도 마찬가지다.

　권위형 교사들은 학생에 대한 애정을 품고 있으면서도 적절한 통제를 할 줄 아는 사람이다. 학생들을 존중하며 온화한 태도로 대화하되 학생의 잘못된 행동은 명확하게 선을 긋고 바람직한 행동을 하도록 일관되게 요구하는 것이다. 학

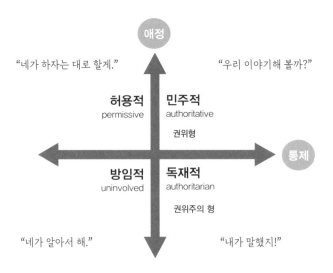

생의 현재 상태, 순간의 감정, 복잡한 속내를 잘 헤아리면서도 꼭 필요한 부분은 제한하고, 이를 차근차근 설명하여 학생들을 납득시킨다. 자존감은 낮고 자존심만 센 사춘기 청소년의 충동적, 반항적 심리를 잘 읽어내면서 인정과 격려를 해주는 교사의 지혜가 필요하다.

대화로 예를 들자면, '어떻게 네가 그럴 수 있니?'로 캐묻기보다는 '어쩌면 네가 그럴 수도 있겠다'로 학생의 마음을 수용한 다음, '하지만 이건 아니지 않니?' 하면서 시비를 가려주는 것이다. 공과 사를 구분하고, 엄하면서도 정이 느껴지는 교사의 태도를 보며 학생들은 안정감과 신뢰감을 갖는다. 이렇게 성장한 학생들은 자유롭게 자신의 생각을 표현하면서 사회적 책임도 인식한다. 존중받고 자랐기에 자존감과 감성 지능이 높고, 수업에도 진지하게 참여하는 경향이 있다.

반면 권위주의형 교사는 학생들이 신뢰하지도 존중하지도 않는데, 교사의 권위를 내세우며 학생들을 통제하려는 경향을 보인다. 벌점을 준다거나 징계를 거론하면서 학생들을 억누르는 것이다. '꼰대'라는 소리를 듣기 일쑤이며, 당연히 학생들과 소통은 어렵기만 하다. 연말에 실시하는 교원능력개발평가에서 대체로 악평을 듣고는 서운함과 허탈감에 사로잡혀 학생들에 대한 기대를 접고 더 강한 어조로 학생들에게 훈계하는 악순환을 거듭하게 된다.

방임형과 허용형은 그냥 내버려 두거나 학생들에게 끌려다닌다는 점에서 교육적으로 바람직하지 않은 교사의 모습이다. 권위주의형 교사와 반대되는 것처럼 보이지만, 권위주의형 교사가 하루아침에 방임형으로 변하기 쉽다. '그래, 네 인생이니 네 맘대로 해라', '내 할 도리는 다했으니 날 원망하지는 말고…' 이렇게 생각하게 되는 것이다. 허용형도 마찬가지다. '그래, 좋은 게 좋은 거지. 대충 분위기 좋게 넘어가자.' 교사로서 책임의 방기, 권위의 추락을 보는 것은 교사에게도, 학생들에게도 불행한 일이다.

수업 대화의 80퍼센트 이상은 교사의 말로 전개된다. 내용 전달 외에도 지시, 꾸중, 알림, 칭찬, 제안, 동기부여 등의 구실을 하는데, 교사가 사용하는 단어와 표현은 학생들의 자존감, 성적, 정신 건강, 정서 발달에 중요한 영향을 미친다. 평소에 학생을 대하는 교사의 말과 태도가 학생들이 만들어갈 삶과 이어져 있음을 고려해야 한다.[21]

교사의 언행과 더불어 수업 전문성도 수업 대화의 중요한 요소다. 수업 내용을 완벽하게 꿰고 있으면서 학생들과 넘나들며 수업 대화를 펼치는 모습, 역사에 대해 누구보다 열정을 갖고 함께 공부해보자고 권유하는 태도, 그러면서도 학생들의 어려움과 힘든 구석을 어루만져 주는 면모, 무엇을 질문하든 자신 있게 대답하고, 모르면 더 공부해서 알려주는 당당함 등이 교사의 권위와 신뢰를 드높이는 행동이 될 것이다.

학생의 역사 이해 정도 파악하기

이제 일반적인 학생 이해에서 한 걸음 나아가 구체적인 역사수업 장면에서 어떻게 대화해야 하는지 학생의 역사 이해 정도를 파악해보자. 2010년부터 역사교육연구소가 주도하여 5,000여 명의 학생과 다수의 교사를 대상으로 전국 단위의 역사의식 조사를 여섯 차례 진행하고 연구 논문과 단행본으로 결과를 정리한 바 있다.[22] 이를 참고하여 2011학년도에 중학교 2학년 1학기 수업을 마친 학생들을 대상으로 몇 가지 항목의 설문 조사를 하면서 수업의 시사점을 얻고자 했다. 설문 내용과 분석 결과를 함께 제시하면 다음과 같다.

<h1 style="text-align:center">역사수업평가 설문지(2011. 7. 14.)[23]</h1>

(○○중 2학년 100명 대상)

질문 1. 한 학기 역사수업 중에서 가장 기억에 남는 인물은 누구인가요?

시대	인물	응답
선 사 – 철 기	오 스 트 랄 로 피 테 쿠 스	4
	호 모 사 피 엔 스	1
	단 군	4
삼 국 시 대	광 개 토 대 왕	4
	을 지 문 덕	4
통 일 신 라 와 발 해	김 춘 추	1
	신 문 왕	1
	장 보 고	5
	원 종 과 애 노	1
	궁 예	9
고 려 전 기	왕 건	13
	광 종	1
	서 희	3
	강 감 찬	8
	이 자 겸	6
	인 종	1
	묘 청	2
	정 중 부	1
	망 이	2
	만 적	6
고 려 후 기	김 윤 후	1
	공 민 왕	5
	정 몽 주	1
	이 성 계	10

분석: 오스트랄로피테쿠스가 단군만큼 4표나 나온 이유는 초두 효과가 아닌가 싶다. 실제로 학생들의 응답 이유에 처음 배우는 인류여서라는 의견이 있었고, 이는 왕건이나 이성계처럼 왕조를 처음 건설한 인물들이 공통적으로 많은 표를 얻은 것과 연관이 있어 보

인다. 시대별로 보더라도 선사-철기가 삼국시대보다 응답 인물 수가 많은 것은 첫 단원인 데다 오스트랄로피테쿠스나 단군처럼 익히 알려진 인물이 등장하기 때문에 익숙한 인물을 더 잘 알아듣고 관심 갖게 되는 학습 효과에 기인한 것이다. 삼국시대, 통일신라와 발해에서 전반적으로 학생들의 반응이 덜한 것은 세 나라의 복잡한 역사 전개나 남북국의 따로 노는 듯한 서술이 영향을 미쳤을 것이다. 여기서도 이미 알고 있는 광개토대왕, 을지문덕, 장보고 등에 학생들의 답이 집중되어 있는 것이 확인된다.

고려시대 인물에 대한 응답이 많은 것은 2개 단원에 걸쳐 다양한 인물이 나오고 설문 조사 직전에 배운 기억이 작용했을 것이다. 흥미로운 것은 응답 이유로 '왕건은 훌륭하다'는 의견도 있지만 '매우 운 좋은 왕이라서 기억에 남았다'는 답도 있었다. 강감찬 역시 이미 알고 있는 인물이라는 점이 영향을 미쳤을 텐데 이자겸과 만적이 강감찬 못지않게 꽤 많은 표를 얻었다. 이자겸은 막강한 권력과 야심이 인상적이고, 만적은 놀라운 일을 한 사람으로 기억하고 있었다. 이는 수업의 영향이라고 짐작되는데, 이자겸에 대해서는 사료를 여럿 제시하면서 문종 이후 경원 이씨의 권세를 설명한 덕분으로 보인다. 만적에 대해서는 천민의 봉기라는 점과 감정이입적 이해를 도모하면서 극화학습 대본을 제시한 것이 작용했을 것이다.

질문 2. 한 학기 역사수업 중에서 가장 기억에 남는 사건은 무엇인가요?

시대	사건	응답
선 사 - 철 기	신 석 기 혁 명	2
	고 조 선 건 국	1
삼 국 시 대	불 교 발 전	1
통 일 신 라 와 발 해	살 수 대 첩	8
	고 구 려 멸 망	1
	삼 국 통 일	5
고 려 전 기	후 삼 국 통 일	7
	귀 주 대 첩	10
	이 자 겸 의 난	9
	묘 청 의 서 경 천 도 운 동	2
	만 적 의 난	6
고 려 후 기	대 몽 항 쟁	5
	삼 별 초 의 저 항	1
	반 원 정 책	1
	위 화 도 회 군	11

분석: 사건에 대한 설문에서도 삼국시대에 대한 존재감은 매우 적은 편이다. 선사-철기 시대보다 더 적으며, 정치·군사적 사건이 적지 않음에도 의외로 불교의 발전에 한 표를 던

진 것에 불과하다. 이는 교사가 불상과 탑에 대한 설명을 각별히 한 까닭으로 보인다. 삼국 통일이나 후삼국통일보다 살수대첩, 귀주대첩이 더 주목받은 것은 이미 알고 있던 사실이며, 승리의 기록이라는 점에서 관심을 가진 덕분이 아닌가 싶다. 더욱이 삼국통일은 영토 축소, 외세 개입 등으로 불완전한 통일이어서 주목도가 낮았을 것이다. 반면 후삼국통일은 기말고사 서술형 문제로 출제되었기에 당연히 기억에 남았을 테고, 위화도 회군은 최근에 배운 것이라는 점이 영향을 미쳤다고 본다.

여기서 관심 깊게 볼 부분은 이자겸의 난, 만적의 난이다. 이는 인상 깊은 인물의 설문 결과와도 연동되는 부분인데, 막강한 권력을 지닌 이자겸의 탐욕과 몰락, 그에 못지않게 거대한 신분의 장벽에 도전한 천민 만적의 존재감과 봉기 실패에 따른 안타까움 등이 뇌리에 남았을 것이다. 교사가 이자겸보다 만적을 더 비중 있게 설명하고 활동을 제시했는데, 이자겸과 이자겸의 난이 더 많은 표를 받은 까닭은 연구해봐야 할 대목이다.

질문 3. 한 학기 역사수업 중에서 가장 어려웠던 학습 내용은 무엇인가요?

시대	내용	응답
선 사 - 철 기	용 어 자 체	1
	점 프 과 제 질 문	1
	신 석 기 혁 명	1
삼 국 시 대	삼 국 의 왕 과 업 적	6
	삼 국 의 나 라 별 특 징	1
	불 교	5
	문 화 재 이 름	10
통 일 신 라 와 발 해	통 일 신 라 역 사	1
	발 해 역 사	2
	나 말 여 초 역 사	2
고 려 전 기	정 치 제 도	13
	무 신 정 변	2
고 려 후 기	대 몽 항 쟁	1
	공 민 왕 의 개 혁	2
	성 리 학	3
	여 말 선 초 역 사	2

분석: 앞선 조사에서 기억나는 인물과 사건이 가장 적었던 삼국시대는 이해 못 한 내용 항목에서 가장 많은 응답을 기록했다. 세 나라, 가야까지 떠올리면 4국이 성장하는 과정, 서로 영향을 미치고 대립·갈등하는 사건들 때문에 어렵게 느껴졌을 것이다. 이 과정에 등장하는 왕과 그 업적은 고스란히 외울 거리로 전락한 듯하다. 여기에 한자식으로 서술된 불교 문화재 이름은 그 자체로 어렵고 헷갈리며 구분하기 쉽지 않은 학습 요소가 되었을 것이다.

시대를 통틀어 압도적으로 많은 부정 응답치는 정치제도에서 나왔다. 당시 지배 이념과 국내외 상황에 따라 만들어진 제도나 조직과 기관은 이름도 어렵고 기능도 요즘 학생의 관점에서 잘 이해가 안 되는 내용투성이다. 시대별로 유사한 기능을 하고 이름이 엇비슷한 기관도 있지만, 교사의 반복되는 설명에도 불구하고, 시대마다 등장하는 정치제도는 대부분 어렵게 느껴 거리감을 갖게 된다. 각종 제도사를 어떻게 가르칠지 고민하고 다양한 수업 실천과 모색을 할 필요가 있다.

📚 실제 사례로 보는 수업 대화

30여 년간 역사수업을 하면서 교사와 학생이 서로 통한다는 느낌이 들고, 함께 수업을 만들어간다는 보람이 느껴지는 순간은 생각보다 많지 않았다. 스스로 돌이켜 보고 설문 응답을 분석해보니 학생들이 가장 좋았다고 표현했던 수업은 학생들에게 자꾸 생각하도록 발문을 던지고 학생들이 답을 찾아가는 수업이었다. 교사의 독백으로 '공허하게 채워지는' 수업이 아니고 학생들의 가벼운 수다로 '배움을 겉도는' 수업도 아닌, 주거니 받거니 차곡차곡 쌓아가며 나름의 내러티브를 만들어가는 과정 자체가 무척 즐거운 수업이었던 것이다.

당시 수업 내용을 떠올리며 적절한 수업 대화의 사례를 소개하려 한다. 중2 역사수업에서 고구려 벽화를 가지고 발문과 대답을 엮은 과정이다.[24]

교사　어디, 2번 문제는 우리 호성이가 한번 이야기해볼까요?

호성　…….

▶▶ 구체적인 답을 얻고자 할 때나 참여가 저조한 학생을 수업에 끌어들이고자 할 때, 어느 학생을 특정해서 질문하는 것이 좋다. 전체 학생에게 질문하면 소수만이 대답하거나 서로 대답을 미루는 경향이 있다. 단, 난이도에 따라 쉬운 문제는 다소 학습에 어려움을 겪는 학생에게, 난이도가 높다면 역사 지식이 많거나 학습 참여도가 높은 학생에게 질문하는 것이 좋다. 위 학생은 운동부여서 평소 수업에 어려움을 느끼고 다소 수업에 소홀한 경향이 있으므로 쉬운 문제를 던져 학생의 참여와 관심을 유도하려는 의도로 지목했다.

교사　그냥 보이는 대로 그림의 특징을 말하면 되는데… 오른쪽부터 차근차근….

▶▶ 질문을 던졌을 때, 학생들의 대답이 바로 나오는 경우가 드물기 때문에 교사가 기다려주고 힌트를 주는 작업이 필요하다. 적어도 3초 이상, 길면 10초 정도 기다려주면서 학생이 생각할 여지를 주고, 필요하다면 단계별로 힌트를 제공해야 한다.

교사　자, 이 그림을 보면 더 자세히 말할 수 있겠지. 어때? 다른 반에 가니까 '활 타기와 말 쏘기'라고 하던데 날아가는 활을 타고, 덩치 큰 말을 쏘는 건 엄청 어려워요. 정확히 말하면, 말타기와 활쏘기를 즐긴 거겠죠?

▶▶ 아직 대답을 못 하는 학생의 긴장을 풀어주고, 전체 학생들이 한번 웃으면서 좀 더 과제에 집중하도록 농담을 구사하면 좋다.

고구려 벽화 수렵도

교사 그림에 따르면, 고구려 사람들이 말타기와 활쏘기를 즐긴 건데, 이거 왜 한 걸까요? 자, 여기서부터는 한 명씩 손 들고 말해봅시다. 이거 말과 활로 뭘 하지? 그림을 보면?

▸▸ 끝내 호성이가 대답을 못 하자 전체 학생에게 발언권을 주고 있다. 수업에 어려움을 겪는 학생일수록 대답을 못 하는 상황에서 다른 학생들과 선생님이 쳐다보고 있는 것에 중압감을 느낄 수 있다. 그 학생에게 질문을 던진 것만으로도 수업 참여를 촉구한 효과가 있으므로, 이제 질문을 전체 학생에게 돌리면서 호성이가 편안하게 수업에 참여할 수 있도록 하고 수업을 매끄럽게 진행할 필요가 있었다.

학생들 사냥? 전투?

교사 손 들고 얘기하면 되는데….

학생 사냥이요?

교사 그렇지! 사냥하는 모습이죠.

▸▸ 우리나라 특유의 정답주의 폐해 때문에 학생들은 자신 있게 대답하지 못하는 경향이 있고,

짝과 서로 얘기하면서 확인하려는 심리가 있다. 이때 교사가 손을 들고 과감하게 대답하기를 요구하면 다소 자신이 없어도 발표를 하게 된다. 교사는 그 대답을 받아 칭찬하면서 다음 대답을 이끌어내는 작업을 해야 한다.

교사 고구려 사람들이 사냥을 즐겼다는 것을 그림을 통해서 알 수 있죠. 자, 이번에는 무용총 벽화예요. 이 그림을 보면 뭘 알 수 있습니까? 손 들고 말해볼까?

학생 어… 춤을 잘 추었다.

교사 응? 춤을?

학생 (머뭇거리면서) 즐겼다.

교사 춤을 잘 췄다, 즐겼다. 좋습니다.

▸▸ 수렵도에서 표면적인 특징을 찾아내게 한 다음 무용도를 보여주면서 기본적인 특징을 찾고, 수렵도와 연관시키는 작업을 하기 위해 학생들의 답을 유도하는데, 아주 초보적인 대답부터 다시 시작한다. 이때 칭찬을 곁들인다.

교사 그런데 춤을 아무 때나 추나요? 언제 춥니까? 어디서 추는 걸까요?

학생 음… 광장?

교사 광장에서 뭐 할 때?

학생 축제 때.

교사 예. 축제, 행사. 전쟁을 나선다던가, 전쟁 나가서 이겼다던가, 혹은 국가적인 명절이라던가, 이런 축제나 행사 때 춤을 춘 거죠. 겉모양만 보면 춤을 즐긴 거고, 그 춤은 주로 국가적인 행사에서 춘 것이니까 전쟁이나 명절과 관련된 행사, 또는 축제가 있었다, 이런 사실을 우리가 추리해볼 수 있죠. 자, 이제 사냥과 축제를 즐겼다, 여기서 한 걸음만 더 나가면 뭘 알 수 있을까요? 잘 모르겠으면 짝과 상의해보세요. 어떻게 표현할 수 있을까?

▶▶ 학생들의 이러저러한 대답을 모아서 교사는 의미를 형성해야 한다. 사냥, 춤, 광장, 축제 등의 산발적인 대답을 엮어 고구려의 상무적인 전통과 축제의 양상을 그려내는 것이다. 한 단계 더 나아갈 때, 학생들이 선뜻 대답하지 못하거나 약간의 힌트가 필요한 경우, 교사가 항상 힌트를 주기보다는 학생들끼리 얘기하면서 답을 찾아보게 하는 것도 좋다. 일종의 책임 공유이기도 하고, 혼자서는 엄두가 안 나고 생각이 안 나던 것도 짝과 상의하면서 불쑥 떠오를 수 있다.

교사 아까 준상이가 뭐라고 했는데? 준상이?

준상 네?

교사 아까 사냥을 즐긴 다음에 맨 끝에 네가 결론을 뭐라고 내렸지?

준상 용맹함.

교사 예. 바로 고구려의 용맹함, 패기 이런 것들을 그림에서 우리가 느껴볼 수 있는 거죠.

▶▶ 긴 발문과 대답으로 긴장도가 떨어지고 수업 시간이 많이 소요된다면 제법 근사치에 가깝게 답한 학생을 호명하고 그 학생의 입을 빌려 어느 정도 정리된 설명을 할 필요가 있다. 똑같은 결론도 학생에게서 가져와 교사가 정리하면 학생들에게서 나온 의미 있는 멘트가 되는데, 그 과정을 생략한 채 교사가 설명하면 결론을 강요받는 것처럼 느껴질 수 있다.

교사 자, 또 이 그림에서 더 얘기할 수 있는 게 뭐가 있을까요?

학생 (뭐라고 말하는데 작아서 들리지 않는다.)

교사 (학생 쪽으로 다가가서 몸을 기울이며) 조금만 크게 말해줄래?

학생 산이요….

교사 아, 산. 중요한 힌트가 나왔습니다. 산! 그런데 산이 사람보다 큽니까, 작습니까?

학생들 작아요.

교사 왜 작게 그렸을까요? 물감이 모자라서?

학생들 (웃는다.)

교사 산이 사람보다 작다는 건 어떤 의미일까요?

▸▸ 교사는 웅얼거리는 학생의 답에도 반응할 필요가 있는데, 교탁 쪽에 서서 큰 소리로 대답하라고 재촉하기보다는 학생 쪽으로 한 발짝 다가가서 학생이 편안하게 대답하도록 해주고, 그 내용을 전체 학생에게 중계방송해줄 필요가 있다. 한 번에 원하는 대답을 듣고자 하기보다는 질문과 피드백을 잘게 잘게 나누어 단계적으로 접근하는 것이 필요하다. 그래야 주의 집중도 유지되고 스무고개하듯 흥미진진하게 한 단계씩 나아가 다수 학생이 수업에 참여할 수 있다.

학생 (곳곳에서 웅성거리며 말한다.)

교사 성우.

성우 작은 산이 많다.

학생들 (웃는다.)

교사 아, 작은 산이 많다. 하하.

▸▸ 성우는 학업성취도가 낮고, 사춘기를 심하게 겪으며 제법 불량기도 있는 학생이었는데, 모처럼 수업에 흥미를 느끼는 듯하자 교사가 얼른 그를 지목하여 수업에 참여시키고 있다. 성우의 엉뚱한 대답에 교실에는 한바탕 웃음꽃이 피었고, 비록 오답이었지만 분위기는 오히려 더 편안해지는 효과가 있었다.

교사 여기서 한 걸음만 더 나가면 좋겠는데.

학생 산이 많다.

교사 맞는 말인데, 여기 흐름과는 좀 거리가 있어요. 산을 작게 그렸다는 것은 고구려 사람들이 산을 어떻게 생각했다는 것일까요?

학생들 (여기저기서 조금 큰 목소리로) 우습게. 아무것도 아니게.

교사 예. 우습게 생각했다는 표현을 고상하게 하면, 산을 두려워하지 않는 자신감이죠. 자신감. 또 하나는 산에 그냥 나무가 그려져 있는 것이 아니고 물결이 쳐져 있어요. 산에 왜 물결이 쳐져 있을까요?

학생 굴곡? 등고선?

교사 굴곡? 등고선? 아쉽지만, 아닙니다. 자, 여기 보면 지금 다 달리고 있죠? 사람도, 사슴도, 호랑이도 다 달리고 있잖아. 그러니까 산도 물결치는 것으로 속도감을 나타낸 거죠.

학생들 (감탄하며) 우와.

▸▸ 이 부분은 미술 시간처럼 느껴질 수 있기 때문에 수업에서 꼭 다룰 필요는 없다. 하지만 '고구려 벽화' 하면 '용맹과 패기' 하고 끝나는, 판에 박힌 수업에서 탈피하고 싶었다. 그림이니만큼 저마다 다르게 느낄 수 있으므로 자유롭게 학생들의 의사를 물어보고 여기에 전문가들의 의견을 보태려 했다. 학생들이 미처 발견하지 못했던 부분이 있다는 점을 깨닫게 해서 고구려 벽화에 대한 관심을 끌어내고 흥미로운 마무리를 짓고자 한 작업이었다.

이 5분 남짓한 수업 대화에는 ① 작게 나누어 질문하기 ② 짝과 상의하기 ③ 힌트 주기 ④ 오류 수정하기 ⑤ 기다려주기 ⑥ 맞장구치기 ⑦ 경청하기 ⑧ 칭찬하기 ⑨ 격려하기 ⑩ 유머 활용하기 등의 다양한 요소가 반영되어 있다.[25] 적재적소에 필요한 힌트를 주고 피드백하면서 사고를 한 단계씩 끌어올리되 학생의 대답으로 이야기를 완성해가는 작업에는 생각보다 많은 요소들이 개입된다.

이와 관련하여 윤상준은 수업 대화를 '특정한 주제에 대해 진지하게 주고받는 말'이라는 의미에서 수업 담화라고 표현하며 다음과 같이 분류했다.

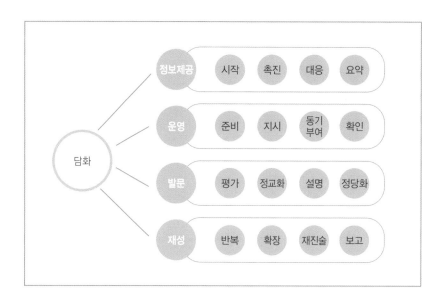

마지막에 나오는 재성(revoicing)은 학생의 담화 전체 또는 일부를 반복하는 것을 뜻하는데, 학생의 말을 그대로 반복하기도 하고, 새로운 정보를 추가하거나 다른 형태로 진술할 때 활용하는 것이다.[26]

이러한 수업 대화를 위해 교사는 수업에서 유연하고 따뜻하며, 편안하면서도 하나라도 깨닫는 지점이 있도록 자신의 대화법을 계속 정련해나가야 한다. 적실한 수업 대화는 곧 교사와 학생의 소통 비결이요, 교사의 전문성과 학생의 배움이 함께 성장하는 '평범하지만 빼어난' 비책이라고 할 수 있다.

1   공태영, 「역사용어에 관한 이론적 검토와 학습 방안」, 『역사교육논집』 23·24, 1990, 320쪽.

2   이문기, 「국사 교과서의 역사용어 연구의 필요성과 방향 문제」, 『역사교육논집』 35, 2005, 8쪽.

3   이순영, '텍스트 난도와 텍스트 선정에 관한 독자 요인 - 초·중·고등학교 독자들의 반응을 중심으로 한 시론', 『독서연구』 26, 2011, 63쪽.

4   이미미, '초등 사회 교과서 어휘 분석 및 개선 방안 연구', 『사회과교육』 55, 2016, 45~51쪽.

5   이문기, 앞의 논문, 12쪽.

6   『한국민족문화대백과사전』

7   편수 용어는 교육부기 검인정 교과서에 사용하도록 규정한 용어로서 이를 지키지 않으면 검인정을 통과할 수 없고, 추후에도 이 용어로 수정되어 교과서가 편찬된다.

8   '블루투스를 왜 블루투스라 부를까?', 『조선일보』, 2018년 4월 18일

9   윤지양, 「역사수업을 위한 교사 지식의 연구 동향과 과제」, 『역사교육논집』 61, 2016년 11월, 5쪽.

10 천은수, '어느 역사교사의 가르치기 위한 지식 연구', 『역사교육연구』 10, 2009.

11 윤지양, 앞의 논문, 37쪽.

12 양호환, '역사 교과 교육 이론의 가능성과 문제점 - 교수 내용 지식의 성격과 의미', 『역사교육』 53, 1993, 11쪽.

13 예시는 주로 『한국사 새로 보기 1, 2』 (전국역사교사모임, 우리교육, 1994)를 참고했다.

14 『거꾸로 읽는 세계사』 (유시민, 푸른나무, 1988)를 참고했다.

15 서울 구암고 교사 김종훈이 사초 모임 세미나 자료로 2018년에 제안한 연표다 (사초 모임은 2014년 신규 교사를 중심으로 전국역사교사모임 안에 조직된 수업 연구 모임이다).

16 '살아있는 역사 배움책' (전국역사교사모임, 2011)을 참고했다.

17 『대항해시대』 (주경철, 서울대학교출판부, 2008) 서문에 있는 내용이다.

18 『살아있는 세계사 교과서』 (전국역사교사모임, 휴머니스트, 2005)를 참고했다.

19 오산고 신후영, 대전외고 장성예, 오산중 이춘산 교사의 사례.

20 2020년 3월 19일 EBS에서 방영된 「부모 특강: 0.1%의 비밀」 중 조세핀 킴 하버드대 교수 강의를 참고했다.

21 칙 무어만 외, 『지혜로운 교사는 어떻게 말하는가』, 한문화, 2013, 16쪽.

22 역사교육연구소, 『역사의식 조사, 학생에게 미래를 묻다』, 휴머니스트, 2020.

23 윤종배, 「2010 역사의식 조사에 부쳐」, 『역사와 교육』, 역사교육연구소, 2012.

24 2011년 4월, 당시 서울 상경중에서의 수업을 일부 재구성했다.

25 2018년 6월에 열린 서울중등수업비평연구회 직무연수에서 공주교대 박태호 교수가 언급한 내용을 정리했다.

26 윤상준, 『수업 심리학을 만나다』, 맘에드림, 2018, 189쪽.

제3장

여름

수업 궁리, 넓고 깊게 하기

2018년부터 2년간 역사교육연구소와 전국역사교사모임은
'역사교사, 교육과정을 디자인하다'라는 행사를 가졌다.
여기서 주목할 부분은 행사 전체의 제목이다.
역사교사가 교육과정을 '구성'하자는 의지가 담긴 문구다.
그간 역사(교육) 연구자들이 주도적으로 만들고 국가의 권위를 실어
내리먹이기 방식으로 쥐어준 교육과정을 교사들이 재구성해서 수업하던
관행을 벗고자 했다. 세계사의 경우, 현장 교사의 고민이 매우 절박함에도
불구하고 교육과정 개선이 잘 안 되고 있다. 만성화된 위기의 세계사,
사각지대에 놓인 세계사를 살릴 방도는 없는지 다양한 모색이 필요하다.
교육과정과 교과서의 문제를 논할 때 견지해야 할 문제의식은
'역사다운 역사수업은 어떠해야 하는가'다. 배경—경과—결과—의의 형식의
관행적 접근을 벗어나 사료를 탐구하고 질문하며 다양한 생각을 나누고
꿈을 키우는 수업을 어떻게 구현할 수 있을까?

교사가 '구성'하는
교육과정으로!¹

교육과정은 왜 중요한가?

교육과정은 학교 교육 전반을 규정하며 실제 역사수업도 이에 따라 진행되고 있으므로 매우 중요하다. 초등학교의 경우, 통합사회라는 구성 원리로 역사 내용을 배치하느냐, 독자적인 역사 내용 체계를 갖추느냐에 따라 수업의 내용과 비중이 확연히 달라진다. 중학교의 예를 보더라도 2학년 역사에 주당 3시간, 3학년에 2시간으로 교육과정에서 설정된 것을 학교 사정에 따라 2학년 2시간, 3학년에 3시간을 재배치한 경우 문제가 생긴다. 3시간을 기준으로 만들어진 '역사 1' 교과서를 당연히 다 배우지 못하고 3학년에 올라가며, 세계사 내용은 자연스럽게 버려진다. 고등학교에서는 교육과정이 더욱 중요하다. 선택과목 개설 여부, 학년 배치, 시수 배정 등이 모두 내신과 입시에 직결되므로 교과 간에 첨예한 대립이 나타나기도 한다.

즉, 교육과정은 학교 교육, 특히 수업의 하드웨어와 소프트웨어를 다 진술하고 규정하므로 교육과정 여하에 따라 역사수업의 양상, 교사 운신의 폭, 재구성의 여지가 당연히 제약을 받을 수밖에 없다.

2015 개정 교육과정 시행을 전후하여 교육과정 재구성, 교육과정-수업-평가-기록의 일체화 등 교육과정의 변화 가능성이 많이 제기되고 있다. 참 반가운 일이다. 그동안은 국가 수준에서 하달된 교육과정이 교육 현장과 적잖은 거리감이 있었고, 다수의 교사가 교육과정에 대한 의식 없이 교과서를 바탕으로 수업해왔기 때문이다. 교육부나 교육청 단위의 각종 문서에서 교육과정 재구성을 논하고 있으니 교사가 전문성을 발휘하여 저마다의 교육과정을 실천할 수 있는 길이 열린 셈이다.

하지만 교육과정 재구성이라고 칭하는 활동을 면밀히 들여다보면 교과서 재구성에 가깝다.[2] 주어진 교과서 내용을 강조점과 수업 의도에 따라 추가, 축약, 삭제하거나 유사한 것끼리 통합하는 방식이 주를 이루며, 대개 교과서 수준에서 이루어지고 있다. 교육과정에 근거하되 문제의식을 확장하기 위해 성취기준을 재해석하고, 학년 단위, 교과 단위로 큰 틀에서 재조정하는 작업은 일부에 그치고 있다. 그 까닭은 국가 수준에서 결정되고 법적 권위를 갖는 교육과정 문서에 교사들이 임의로 손대기가 어렵기 때문이다.

이처럼 생각보다 제약이 많고, 교육과정 자체는 추상적이고 압축적인 문장으로 진술되어 있기 때문에 교육과정에 대해 깊이 있게 살펴보아야 재구성의 방도를 찾을 수 있다. 그 해법의 실마리는 기본 개념을 확인하는 데서 찾을 수 있을 것이다. 이를 위해 교육과정의 어떤 점을 읽어내야 하고, 어떤 방식으로 재구성하며, 이를 실제 수업 장면으로 녹여낼 수 있는지 짚어보려 한다.

교육과정에는 크게 세 가지 의미가 있다.

첫째, 敎育過程(process)이다. 학교에서 교육 목표를 달성하기 위해 다양한 교육 활동의 기준을 체계적으로 선정·조직하고, 이를 실행하는 과정과 성취한 결과를 포함하는 일련의 총체적 과정이다. 학교 교육이 진행되는 전 과정을 총론과 교과와 여타의 활동 영역을 포괄하여 진술하고 있다.

둘째, 敎育課程(curriculum)이다. 학교 수업의 기본 설계도로서 총론과 교과별 각론이 제시되어 있으며, 학습 범위와 위계(계열성)를 정하고 이를 학년에 배치하고, 시수를 배정하며, 단원을 설정하여 순차적으로 학습하게 하는 과정을 말한다. 초·중·고에서 언제 무엇을 얼마만큼의 시간을 들여 학습할 것인지를 밝혀놓고 있다.

셋째, 敎育科精(essence)이다. 교과의 정수를 담은 교과의 성격과 목표 아래 학년별, 과목별 내용 체계가 나와 있으며, 성취기준을 제시하여 이를 토대로 교수·학습과 평가가 이루어지도록 안내하는 과정을 뜻한다. 성취기준은 학생들이 교과를 통해 배워야 할 내용과 이를 통해 수업 후 할 수 있거나 할 수 있기를 기대하는 능력을 결합하여 나타낸 수업 활동의 기준이다.

앞서 거론한 교육과정-교수·학습-평가의 일체화 혹은 일관성을 갖추려면 교육과정 성취기준에 기반을 두고 교수·학습 및 평가가 이루어져야 하므로 성취기준 분석이 과정 중심 평가의 중요한 첫 단계가 된다. 또한 이를 통해 교육과정이 수업과 평가에까지 긴밀하게 연결되고, 구현되는 것이기도 하다.

▓▓ 교육과정을 읽는 문해력이란?

사전적으로 문해력(literacy)은 글을 읽고 쓸 줄 아는 능력이라고 정의되지만, 일반적으로 텍스트를 비판적, 구성적으로 독해하는 능력을 말한다. 상황의 본질을 인식하고 표현하는 역량으로 통용되며 문자 리터러시, 수식 리터러시, 이미지 리터러시 등 다양한 갈래들이 있다. 최근에는 미디어 리터러시가 대두되고 있다.

교육과정에 문해력을 적용한다면, 교사가 국가 수준의 교육과정을 비판적으로 해석하여 성취기준을 새로운 관점에서 재진술하고 그에 따라 수업을 구상할 수 있는 능력으로 볼 수 있다.[3] 원래 국가 수준의 교육과정은 전국 모든 학교에 획일적으로 적용될 수 없기 때문에 지역 교육청-학교-개별 교사의 수업 등의 단계를 거치며, 일정 부분의 변형 또는 재구성이 불가피하다.

중요한 지점은 단위 학교나 교사가 임의로, 혹은 편의적으로 교육과정을 손질하는 것이 아니라 교육과정의 취지와 의도를 살펴가며 학교 형편 혹은 학생들의 수준과 교실의 상황에 맞게 최적화하는 것이다. 교육과정을 충분히 검토하고, 교과서를 분석하여 교사가 자신의 교실에 맞는 배움책이나 활동지를 만들어내는 것이 전형적인 교육과정 재구성의 예라 하겠다. 이는 교사의 수업 전문성과 밀접하게 연관되는 문제이기도 하다.

교육과정 문해력을 논할 때, 대략 네 가지 스펙트럼을 염두에 둘 필요가 있다.

첫째, 교과서를 가르친다는 관점이다. 교과서를 가르치는 것 자체가 목적인 경우로, 교과서가 곧 교육과정이라는 생각에 따른 것이다. 이는 국정교과서 시절부터 역사 교과서는 교육과정을 충실히 따라야 했으며, 입시 위주의 수업이 펼쳐지면서 다른 수업 자료를 찾아보기보다는 교과서를 세밀하게 가르치는 데

주력해온 관행 탓도 적지 않다.[4]

　교육과정에 따라 교과서가 집필된 것은 맞지만, 교과서가 교육과정을 고스란히 담은 것은 아니다. 심지어 국정교과서 시절에도 초등의 경우, 교육과정과 실제 교과서는 상당 부분 달랐다. 검인정체제의 교과서는 대동소이하지만 집필자의 의도에 따라 서술 분량과 배치, 자료 활용 등에서 적잖은 차이를 보이고 있다. 일제 강점기 국내 민족운동을 서술한 부분을 비교해보면, 어느 출판사는 불과 10줄 안팎의 분량으로 소작쟁의, 노동쟁의를 간략히 진술하고 원산 총파업 사진 한 장을 더하여 한 페이지 안에 다 쓰고 있는 반면, 또 다른 출판사는 본문만 한 페이지 반을 넘겨가며 세밀하게 서술하기도 한다.

　교과서는 교육과정을 집필자들이 나름대로 해석하여 일정 부분 자율성을 발휘하여 만든 것이지 그 자체로 교육과정은 아니다. 8~9종에 이르는 교과서를 두루 살펴보지 않고 개별 학교에서 사용하는 교과서가 곧 교육과정이라고 생각해서 그대로 수업하는 교사는 전문가로 존중받기 어렵다. 마치 원유를 그대로 정유공장으로 전달, 저장하는 송유관에 비유되며 단순한 지식 전달자로 오해받기도 한다.[5]

　실제로 이들의 수업 양상은 교과서를 상세하게 해설하거나 본인의 관점과 다른 경우 이를 지적하거나 자신의 경험, 에피소드를 연결하는 경우가 많다.

　둘째, 교과서로 가르친다는 관점이다. 이는 교과서 해설 자체를 목적으로 삼는 위의 입장과 달리 교과서를 수단으로 활용하려는 것이다. 교육과정에 따라 집필된 교과서라는 인식을 전제로 교육과정의 문제의식과 의도를 근본적으로 살피고, 복수의 교과서를 두루 참고하면서 자기 학교에서 사용하는 교과서를 상대화시키고 비판적으로 읽어내는 작업을 먼저 수행하는 교사들에 해당된다.

　이들은 교과서를 성전이 아니라 수업에 쓸 상대적으로 중요한 교재로 본다.[6]

교과서 외에 자신이 제작한 활동지나 사료, 자료 등을 추가하면서 설명하거나 활동과 연계시키며 수업을 진행한다. 필요에 따라 교과서를 재구성하는 수업을 하는데, 수업 내용을 가감, 삭제, 추가하기도 하고, 애초부터 단원 순서를 재배치하여 진행하는 경우도 있으며, 유사 과목이나 주제를 묶어 통합하는 수업도 시도한다. 교육과정을 실현하기 위해 교과서를 유일한 텍스트가 아니라 유력한 텍스트로 보고 다양한 자료와 활동의 조합을 꾀하는 양상을 띤다.

셋째, 교과서를 사용하지 않겠다는 관점도 있다. 국정교과서 시절부터 검정교과서에 이르기까지 판에 박힌 교과서를 접하며 교과서에 대한 기대도 없고 가치를 거의 인정하지 않는 교사들이 이에 해당된다. 그들은 흔히 '교과서'적이라고 표현하는, 많은 부정적인 측면을 지적한다. 딱딱하고 건조하며 불친절한 서술과 제한된 분량에 많은 사실을 욱여넣으려 농축한 문장들이 대표적이고, 세계사의 경우 한 줄에 100년이라는 지적이 있을 만큼 맥락 없이 나열되어 있으니 그럴 만도 하다.

이 경우에 해당하는 교사들은 자신이 깊이 있게 공부하여 각종 논문과 단행본을 소화하고 대폭적으로 내용을 재구성한 뒤, 매 차시 활동지에 필요한 텍스트를 다 만든다. 학생들의 눈높이에서 이해될 수 있는 본문을 제시하면서 동시에 자신의 내러티브를 담은 교재를 만드는 것이니 지난한 과정이기는 하지만 '공부하는 교사'라는 점에서 상당히 모범적인 사례다.[7] 아쉽게도 이렇게 열심히 공부하여 교육과정을 뛰어넘는 교사가 많지 않은 것이 현실이다.

다만, 교육과정이 역사수업에 필요한 최소한의 기준점이라는 사실은 분명히 해야 한다. 수업 내용 선정에 타당성이 있어야 하며, 성취기준을 고려하여 어떤 식으로든 반영할 필요가 있는 것이다. 그렇지 않은 경우, 자칫 교사가 편의적으로 자신이 선호하는 내용을 선택했다는 오해를 받거나 토픽 위주의 주제 선별로 단원의 구성 원리와 무관하게 수업을 진행할 수 있으며, 한국사에 공을 들이다가 에너지가 소진되어 세계사를 상대적으로 소홀하게 다루는 등의 문제가 생길 수 있다.

넷째, 교과서로 배운다는 관점이다. 이 입장의 교사들은 교과서를 암기의 대상이 아니라 탐구의 출발점으로 보며, 다양한 활동을 결합하여 학생의 능동적 학습을 촉진하려고 한다. 당연히 교과서를 재구성해야 이런 수업이 가능하므로 두 번째로 소개한 '교과서로 가르친다'와 유사해 보이지만 학생의 배움을 더욱 강조한다는 점에서 차이가 있다.[8]

교과서로 가르치는 것이 교사가 주도하면서 학생들에게 길을 안내해주는 방식이라면, 교과서로 배우는 것은 애초부터 학생의 주도권을 상정하고 수업 내용에 대한 개인·모둠활동, 성찰적 글쓰기, 토의 및 토론, 역할극, 제작학습 등을 꾸준히 확대하려는 입장이다.

시수 대비 내용이 많은 역사과목의 처지에서 교과서로 배운다는 것을 어떻게 구현할 수 있을지는 고민이 따르지만, 수업에서 학생의 주도성을 점차적으로 넓혀갈 필요성은 자명하다. 이 대목에서 교사로서 안내할 것인가, 인내할 것인가 수시로 갈등할 것이며, 학생 활동으로 설정한 시간이 공백이 될지 여백이 될지는 두고 볼 일이다. 근본적으로는 교사가 역사 탐구의 길잡이로서 자신의 위상을 어떻게 설정하는가에 따라 비중이 달라질 것이다. 이때 교사 자신을 내비게이션에 비유해보면 어떨까? 언제든 학생들에게 복수의 다양한 경로를 안내하되 정답을 강요하지 않고, 해답의 가능성을 열어두며, 반드시 교사가 정한 경로로만 따라오게 만들지 않는 길잡이가 되는 것이다.

교과서로 가르친다와 교과서로 배운다를 구분 지어 설명했지만, 교육과정 재구성의 단초가 된다는 점에서 함께 노력할 지점이 많다. 주어진 교육과정을 보완하는 수준의 교과서 재구성이 아니라 다양한 모색과 적극적인 실천을 통해 경험을 축적함으로써 교육과정을 합리적으로 바꾸고 제도적으로 정비하는 작업은 일상적 수업의 혁신이라는 점에서도 매우 중요한 일이다.

▒▒ 교육과정 재구성, 어떻게 할까?

교육과정 재구성은 아무래도 교육과정 문서를 찾아 읽는 것부터 시작해야 할 것이다. 교육과정 문서는 국가교육과정 정보센터(ncic.go.kr)나 한국교육과정평가원(www.kice.re.kr)에 접속하여 내용을 파악하고, 문서를 내려받아 편집하여 사용할 수도 있다.[9]

우선적으로 할 일은 역사과목의 내용 체계 및 성취기준을 파악하는 것이다. 초·중·고의 전체적인 연결을 보면서 중학교의 경우, 초등에서 무엇을 배우고 학생들이 중학교에 오는지, 또 고등학교에서는 무엇을 어느 정도 배우는지 맥락을 파악하여 중학교 단계에 적정한 수업 내용을 추출하고 내용과 주제에 걸맞은 수업 방식을 고려할 필요가 있다. 교육과정을 좀 더 깊이 있게 이해하기 위해 기존의 교육과정도 살펴보면서 신구 교육과정의 공통점과 차이점을 파악하여 어떤 부분에 강조점이 있는지 견줄 필요도 있다.

다음으로 할 일은 교사가 역사수업의 주요 원칙을 세우는 것이다. 교육과정을 토대로 하되 교사 자신의 역사관, 교육관, 학생관을 반영하고, 학생의 눈높이를 고려하여 수업의 얼개를 짜는 것이 필요하다. 교육과정을 비판적으로 읽어내고, 자기 교실에 최적화된 수업을 도모하는 것이 바로 이 대목이다.

학생들이 나의 역사수업에 참여하면서 어떤 사람으로 성장하기를 바라는가,

어떤 내용을 어떻게 구성하여 수업에 녹여낼 것인가, 이를 뒷받침하기 위해 주로 사용하는 수업 방법은 어떤 것이어야 할까, 학생들이 수업 과정을 잘 쫓아오는지 확인하기 위해 어떤 평가를 도입해야 할까, 그에 적절한 피드백은 어떠해야 하며 이를 어떤 식으로 어느 정도 기록하여 학생의 성장을 표현할 것인가 등 고려 사항이 많다. 학년 초에 수업 내용, 진행, 평가를 포함한 수업 연간 계획을 잘 세우면 1년의 수업이 찬찬히 진행되듯, 교육과정을 잘 분석하여 자기 방식으로 정리해놓으면, 수업 운영의 폭이 훨씬 넓어지고 깊어질 수 있다.

고려시대를 대상으로 교육과정을 재구성한 사례를 살펴보자. 2015 개정 교육과정에 따르면, '(9) 고려의 성립과 변천' 단원은 "고려의 성립과 발전을 동아시아 국제 질서와 연관하여 다룬다. 거란, 여진, 몽골 등 북방민족의 성장과 고려의 정치 변화를 관련 지어 이해하는 한편, 대몽항쟁 이후 사회·문화의 변화 모습을 파악한다. 지배 세력의 성격 변화를 중심으로 고려 사회의 변화와 사회상을 파악한다"로 주요 흐름을 설명하고 있다. 그에 따른 성취기준은 다음과 같다.[10]

[9역09-01] 고려의 후삼국 통일과 체제 정비 과정을 통해 고려 지배 체제의 특징을 파악한다.

[9역09-02] 고려와 송, 거란, 여진과의 관계를 중심으로 대외 관계를 이해한다.

[9역09-03] 원 간섭기 고려 사회의 변화를 파악하고, 개혁 정책의 특징과 신진 사대부의 성장을 이해한다.

[9역09-04] 고려 시대 사회 모습과 문화의 특징을 유물이나 유적, 사례들에 기초하여 추론한다.

앞서 교육과정의 핵심은 성취기준이라고 했는데, 역사과목은 성취기준이 사실상 교과서의 중단원 구실을 한다. 고려시대는 대략 4~5개의 중단원으로 구성

될 것이며, 중단원 아래 학습 요소에 따라 소단원 혹은 주제들이 배치될 것으로 보인다. 9역09-01의 성취기준은 "고려의 후삼국 통일과 체제 정비 과정을 통해 고려 지배 체제의 특징을 파악한다"로 진술되어 있다. 학습 요소로는 "후삼국 통일, 통치 체제 정비, 무신 정권" 등이 제시되어 있다(아래 표 참조).

소주제	학습 요소
고려의 건국과 정치 변화	후삼국 통일, 통치 체제 정비, 무신 정권
고려의 대외 관계	고려의 대외 교류, 대외 항쟁
몽골의 간섭과 고려의 개혁	정동행성, 권문세족, 공민왕의 개혁, 신진 사대부
고려의 생활과 문화	가족 제도, 불교문화, 인쇄술, 성리학의 수용

이를 바탕으로 수업을 구상할 때, 최소 3차시에서 최대 5차시까지도 편성이 가능하다. 소주제를 한 차시에 하나씩 소화하면 3차시 만에 정리할 수 있고, 후삼국 통일을 1차시에 하고 통치 체제 정비를 태조·광종의 정책과 중앙 정치 조직·지방 행정으로 나누면 3차시가 될 것이며, 무신 정권에서 무신 정변, 민의 봉기를 학습한 후에 만적의 난 극화학습(수행평가)을 추가하면 5차시가 되는 식이다.

이는 한 중단원에 대한 재구성으로 그쳐서는 안 되고, 전체 연간 수업 계획을 세우면서 고려시대에 몇 차시를 배정할 것인지 구획을 정한 뒤 고려시대 안에서 어떤 주제에 중점을 두어 수업과 평가를 진행할지에 따라 치밀하게 구성해야 한다. 위의 경우는 만적의 난을 수행평가로 연계하여 진행하려는 것이고, 자주적 대외 관계에 대해 깊이 들여다보는 수업과 평가, 공민왕의 개혁이 실제로 반원 자주화의 전형이었는지 묻는 수업, 고려의 문화를 음미하고 다양하게 표현하는 수행평가 등 다양한 선택이 가능하다.

아래는 교육과정상에 제시된 기본 얼개부터 비판적으로 수정하여 나름의 체계를 갖춘 교육과정 재구성 안이다.[11] 통상적으로 8차시 정도를 기본으로 삼고, 특별 수업(만적의 난 극화학습)과 수행평가(고려 문화재 광고 만들기)를 추가하여 10차시 정도로 고려시대를 기획한 것이다.

고려시대 단원 구성표(차시별 계획)

	주제	소단원	수업 의도	내용 요소	자료	중심 질문
1	왕건 동상의 비밀	고려의 후삼국 통일	후삼국 통일의 의의 조명	후삼국 통일 왕건의 정책	왕건의 혼인 가문 도표, 호족 귀부 사료, 왕건 동상과 기림 행위	삼국 통일과 후삼국 통일의 차이점은?
2	최승로의 시무 28조	문벌 귀족 사회의 형성	6두품, 호족이 귀족으로 변하는 과정	광종의 개혁, 귀족의 삶의 조건	과거제, 노비안검법 사료 및 시무 28조, 귀족 가계	특권층의 형성은 당연한 것인가?
3	고려를 살린 두 사람	거란과 항쟁	민족주의, 영웅주의 탈피	거란과의 세 번의 대결	서희 협상 사료, 귀주 대첩 관련 지도	서희의 외교 협상을 어떻게 볼까?
4	가자, 서경으로	서경 천도 운동	내치와 연결된 외교적 판단	이자겸의 난, 묘청의 난	이자겸·김부식의 논리, 동아시아 형세도	고려의 외교, 최선의 선택은 무엇?
5	이 땅에 천민을 없애자	농민, 천민 봉기	고려 민의 저항 조명	무신 정변, 망소이·만적의 난	무신 정변 사료, 만적의 난 사료	오늘날에도 신분제는 존재하나?
5-1	만적의 난 극화학습					
6	몽골에 맞선 고려 사람들	대몽항쟁	대몽항쟁의 주체와 활약 파악	강화 천도, 민의 항쟁, 충주성 전투	처인부곡·충주성 전투 사료, 몽골에 끌려가는 참상, 황룡사 터 사진	내가 당시 충주성의 민이었다면 어떤 선택을 할 것인가?

7	개혁의 깃발, 그러나	공민왕의 개혁	공민왕 개혁의 배경과 실상 파악	권문세족의 횡포, 공민왕의 개혁	전민변정도감·공민왕의 개혁 관련 사료	공민왕의 개혁을 어떻게 볼까?
8	고려를 지키는 방법	신진 사대부의 선택	고려 말 사대부의 입장과 노선 이해	사대부의 성장, 신흥 무인 세력의 등장	당시 외교 관계 지도, 신진 사대부의 활동과 입장을 드러내는 자료	고려를 어떻게 바꿀 것인가?
8-1	수행평가: 고려 문화재 광고 만들기					

이렇게 재구성한 교육과정이 내용적으로 타당하고 차시 안배 면에서 적절한지 스스로 묻고 동료교사들과 검토해볼 필요가 있다. 자의적 내용 선택이나 주관적인 판단만으로 '자기 하고 싶은 대로' 재구성해서는 안 된다. 교육과정 재구성이란 성취기준을 실제 교수·학습 및 평가 상황에 적합하도록 조정하는 것이며, 성취기준을 보다 구체적이고 명료하게 정리하고, 통합하거나 순서를 바꿀수도 있다. 다만, 성취기준을 재진술할 경우, 성취기준의 내용 요소 일부가 임의로 삭제되지 않도록 유의할 필요는 있다. 참고로 세계사 내용을 재구성한 사례는 다음 절 세계사 수업 논의에 제시되어 있다.

교육과정의 '구성'이 필요한 까닭

교육과정 재구성이 당연한 것으로 여겨지고 있으며, 다양한 사례들이 소개되고, 확산되고 있는 점은 무척 고무적이다. 재구성의 돌파구를 열었던 1995년 박병섭의 '배움책'을 비롯해 1997년 김육훈의 '국사 수업 지도안', 2003년 전국역사교사모임의 '살아있는 한국사 배움책', 2007년 인천역사교사모임의 '특성화

고 학생을 위한 배움책', 2016년 김포 특성화고 교사들의 교재 개발 사례 등은 돋보이는 성과다.[12]

그러나 과연 이 정도 선에서 머물러야 하는가, 여전히 아쉬움이 남는다. 법적 효력 및 구속력을 갖는 교육과정이 하달되었을 때 교사는 일단 받아들이고 제한된 범위 안에서 소폭의 조정을 하는 수밖에 없는가, 하는 질문이 되겠다. 교육과정 개정 작업의 출발부터 발표에 이르기까지 역사교사가 주체적으로 참여하여 현장의 목소리를 충실히 담아내는 경우가 아직 많이 부족하며, 내용적으로도 온전히 정비된 체제라고 보기도 어렵기 때문이다.

하향식으로 '결정된' 교육과정에 토를 다는 방식이 아니라 아래로부터 현장의 고민과 제안이 축적되어 상향식으로 완성되는 것은 어떤가? 이 구상은 실질적으로 필요하고 현실적으로도 가능한 상상이다. 전국역사교사모임과 역사교육연구소는 이러한 지향을 밝히며, 2018년 4월부터 2019년 11월에 이르기까지 10회에 걸쳐 교육과정을 반성적으로 검토하는 행사를 가졌다. '역사교사, 교육과정을 디자인하다'라는 슬로건을 내걸고 약 2년에 걸쳐 역사과 교육과정, 교과서, 초·중·고의 학습 내용, 선택과목, 계열화 등의 영역을 두루 짚고 해법을 모색했다. 이 과정에서 역사과 교육과정의 재구성이 아니라 구성의 필요성을 절감하게 되었다.

표는 10회에 걸친 교육과정 프로젝트 행사의 구체적인 내용이다.[13]

	시기	주제	장소
1	2018년 4월 28일	**〈회고와 전망을 통해 본 역사과 교육과정〉** 2007 역사과 교육과정부터 2015 역사과 교육과정에 관한 연구들에서 제기된 여러 비판점들을 재검토	대한민국역사박물관
2	7월 14일	**〈교육과정과 교과서, 규제와 자율 사이에서〉** 국가주의적 역사 내러티브와 학생들의 역사 인식에 관한 문제 및 초등 교과서의 문제점 인식	역사문제연구소 관지헌
3	8월 11일	**〈민주 시민 교육의 관점에서 본 역사과 교육과정〉** 민주 시민 형성을 위한 역사 교과서 서술의 원리 역사적 감수성(공감, 혐오)의 중요성과 이를 구현하기 위한 방안 모색	부산대학교
4	10월 27일	**〈초등 역사 교육에 대한 새로운 상상을 펼치다〉** 초등 교육과정 및 교과서 현황, 초등 교육의 논쟁점 확인: 사회과 통합과 역사과의 정체성, 초등 역사 내용 구성안 등	역사문제연구소 관지헌
5	2019년 1월 11일	**〈동아시아사의 과거와 현재, 그리고 미래〉** 기존 동아시아사 서술에 대한 비판, 서술 범위 정리: 유목제국, 베트남 등, 한·중·일 삼국지에서 벗어난 폭넓은 관점 제기 등	광주 5·18 교육관
6	5월 25일	**〈세계사 교육과정, 연구와 실천으로 찾는 대안과 쟁점〉** 균형 잡힌 세계사 구성: 동서양사 외 제3세계 주목, 1945년 이후 세계사 서술, 세계사와 동아시아사의 차별성	대구 미래교육정보원
7	6월 29일	**〈전근대 한국사의 대안 내러티브 개발〉** 중앙 집권화 과정을 중심으로 한 전근대 정치사 내러티브의 극복 고려시대 민족주의 서사 및 조선 후기 내재적 발전론에 대한 성찰	역사문제연구소 관지헌
8	7월 26일	**〈한국 근현대사 교육과정 대안 찾기 - 평화의 관점에서〉** 1987년 이후 현대사 영역에 대한 서술 방안, 평화 교육 및 남북의 통일 노력에 대한 서술 고민	동양미래대학교
9	9월 28일	**〈다양한 역사과 선택과목을 상상하다〉** 역사 문해력 증진을 위한 역사하기의 가능성 신설 승인 인정교과 '한국 근현대사' 수업 운영 사례	한국교원대학교
10	11월 16일	**〈교사가 구성하는 교육과정, 쟁점과 전망〉** 교육과정 재구성을 넘어 역사교사가 구성하는 교육과정의 고민과 대안, 실천 방안 모색	울산광역시 교육청

이제 왜 교육과정 재구성이 아니라 구성이어야 하는지 따져보자.

첫째, 교육과정은 개인 간 타협과 봉합의 산물이다. 교육과정을 개정할 때, 한국교육과정평가원에서 분야별, 시대별 연구자들을 개발위원으로 부른다. 여러 학회에서 추천받은 인사들로 구성하여 언뜻 저마다 대표성을 갖는 것처럼 보인다. 하지만 다수의 인사는 해당 학회의 소속일 뿐 교육과정에 대한 관심과 이해가 깊은 사람들이 아니며, 대표성을 띤다고 하기에는 거의 학회 내부의 사전 논의 없이 참여한다.[14]

사정이 이렇다 보니 교육과정 개발 과정에 개인적인 생각을 피력하는 경우가 허다하다. 심지어 자기의 연구 영역이 교육과정에 더 많이 반영되기를 기대하며 강력히 그 필요성을 주장하기도 한다. 실제 교육과정 문구를 정리하는 작업에 들어가면 대개 현장 교사에게 작성을 맡기고 연구자들은 그다지 관심을 보이지 않는다. 이러니 교육과정이 수업 현장의 상황과 교사들의 요구를 충실히 반영하지 못한 채 연구자들이 개인적으로 참여하여 영역 다툼 끝에 애매하게 타협한 결과물이라는 비판을 듣게 되는 것이다.

둘째, 교육과정 전반의 일관성과 정교한 논리가 부족하다. 교육과정이 발표될 때마다 현장 교사의 반발과 적잖은 혼란이 초래되는 것은 변화된 내용이나 그 이유가 설득력이 떨어지거나 앞뒤가 안 맞는 경우가 있기 때문이다. 짧은 개발 기간 안에 구성원들이 합의를 쉽게 이루지 못하는 상황에서 '어떻게든' 만들어내다 보니 봉합한 부분이 눈에 띌 수밖에 없는 것이다.[15]

충실하게 논의하지 못한다면, 차라리 교육과정을 대강화하여 큰 틀에서 원칙적인 안내를 하거나 네거티브 입장에서 '해서는 안 될 것들' 위주로 진술하면 될 텐데, 교육과정은 지나치게 자세하다. 더욱이 실제 수업에 대한 고민과 안내보다는 시대별, 영역별로 꼭 다루어야 할 내용 위주의 지침서 노릇을 한다. 그러니 역사 교육 연구자나 교사보다도 내용학 연구자들의 입김이 세어질 수밖에 없으며, 그마저도 정합성이 떨어지는 배열이 되기 십상이다.

셋째, 총론과 역사과 각론의 불편한 관계도 문제다. 총론은 시대 흐름을 내다보는 거대 담론을 중심으로 고도로 추상화된 언어로 제시된다. 이에 비해 역사과의 각론은 구체적인 내용과 방법을 자기 완결적인 구성 논리로 진술하게 되는데, 총론과의 관계에서 적절한 균형을 잡지 못하고 있다. 한마디로 총론의 위력에 휘둘려서 교과의 논리가 제대로 진술되지 못하는 경우가 많다.[16]

이는 역사과뿐만 아니라 모든 교과에 해당되는 문제이기도 하다. 교육과정 개정 때마다 어젠다로 제시되는 총론의 논리에 각 교과의 각론도 꿰맞추는 경향이 심하다. 예컨대, 2015 개정 교육과정 총론에서 제시한 핵심역량과 역사과의 고유한 사고력은 어떤 관계인가. 진술된 역량들이 실제 적용 가능한지, 과연 타당한지 의구심이 드는 대목이 많다. 마치 총론에서 제시하는 것에 해당하는 역사과 역량을 일대일로 대응시키듯 다소 억지스러운 진술이 존재한다. 내부의 논의와 동의를 거치지 않은 '이식된' 총론의 영향력을 실제 수업에서는 거의 찾아보기 어렵다는 점에서 표피적인 논의와 수사에 가까운 억지 설정은 지양해야 할 것이다.[17]

이상의 논의를 정리하면 교육과정이 여러 가지 이유로 교실 수업에 디딤돌이 되기보다는 걸림돌이 되는 경우가 많다. 절차적으로 생략된 부분도 많고, 내용적으로도 빈틈이 많은 실정이다.

그렇다면 어떻게 이를 극복할 수 있을까? 그 해답은 바로 교사들이 교육과정을 구성하는 것이다.

📖 교육과정, 어떻게 '구성'할까?

역사교사는 국가 수준의 교육과정을 최종적으로 교실에서 구현하는 존재다. 각자의 소신과 역사 공부, 학생에 대한 이해를 바탕으로 해당 교실에 최적화된 수업을 진행함으로써 그 자신이 살아있는 교육과정이라고 할 수 있다. 이런 위상과 능력치를 지닌 교사들이 부실한 교육과정을 메우는 재구성에만 머물러 있을 수는 없다. 현장 경험과 학생들의 눈높이를 고려하여 아래로부터 교육과정을 구성하는 작업에 나서야 한다.

전국역사교사모임을 비롯한 역사교사 네트워크를 통해 다양한 수업 사례와 재구성 방안이 공유되고, 충분한 공감과 숙성이 이루어진 구성안을 가다듬고 공론의 장에 올려 교육과정의 얼개를 짜면, 절차적 정당성은 물론이거니와 내용적으로 다각적인 검토와 의견 수렴이 이루어져 적실한 교육과정이 만들어질 수 있다. 한국교육과정평가원 등의 기관과 협력하여 이 과정을 공식화하고 제도적으로 안착시킨다면 작업의 안정성과 효율성도 높일 수 있다.

한편으로 교육과정을 구성하는 작업 과정은 교사들의 전문성이 표출되는 것이기도 하고, 이 과정에서 교사들의 전문성이 신장되기도 한다. 교사의 전문성은 고립된 개인의 탁월함에서 비롯되는 것이 아니라 저마다의 교실에서 길어올린 문제의식과 고민을 공유하며, 교사들의 공동체 안에서 제안되고 논의되어 집단지성의 결과물로 정돈되는 과정에서 최대치로 발현된다.[18] 당연히 시간이 많이 걸리고 우여곡절도 겪을 것이나 그렇게 숙성되는 과정이 있어야 현장성과 대중성, 보편성과 다당성을 고루 갖춘 교육과정이 나올 수 있을 것이다.

구체적인 절차까지 제안한다면, 먼저 역사교사들의 다양한 목소리와 아이디어를 담는 작업이 있어야 할 것이다. 2018~2019년의 '역사교사, 교육과정을 디자인하다'가 그 대표적인 사례이며, 폭넓은 영역에서 풍부한 논의를 이끌어낸 바 있다. 문제는 그다음이다. 교사들끼리 만족하는 교육과정은 제도화되기 어렵다. 역사 교육 연구자들과 역사교사들이 결합하여 다시 심층적으로 교육과정의 기본 철학과 내용 체계를 들여다보고 신중하게 논의해야 한다.

이를 통해 역사 교육의 울타리 안에 있는 전문가들끼리 역사과 교육과정의 밑그림을 그려낼 수 있다. 역사과 교육과정의 근본정신 혹은 지향을 밝히고, 그에 따라 주요한 원칙을 정리하며, 초·중·고에 적합한 내용 체계, 계열성, 선택과목 등의 구체적인 영역들을 정비하여 교육과정의 논리적 정합성, 현장 적용성을 따지고, 모 학문인 역사학의 논의를 담보할 수 있는지 등을 면밀히 살펴 청사진을 만드는 작업이 필요한 것이다.

이후에 역사학 연구자들을 영역별, 시대별로 초대하여 역사 교육이라는 큰 그림 안에서 개별 영역과 시대가 어떤 식으로 결합하고 배치될 수 있을지 '조정'하는 단계를 거치도록 한다. 이를 위해 역사 교육 연구자와 역사교사는 영역별, 시대별로 쟁점이 되는 사항이나 거대 서사의 변화, 최신의 논의 등을 검토하여 역사학 연구자들의 학문적 논박에 대비할 필요가 있다. 역사라는 과목 자체가 원리나 법칙의 보편성 못지않게 개별 사실의 특수성도 강한 편이라 내용의 무게가 상당히 중요하지만, 사실과 지식에 좌우되어 역사 교육의 목적과 방향이 휘둘려서는 곤란하다는 것이 지금까지 교육과정 작업의 교훈이다.[19]

이 대목에서 놓치지 말아야 할 또 하나의 중요한 작업이 있다. 현장 적용성이나 교실 수업의 최적화를 논할 때 그 처도는 바로 학생이다. 그동안 학생을 시야에 넣는 수업을 구상했다면 이제 학생의 시선으로 수업을 바라보는 관점의 전환이 필요한 시점이다. 역사교사가 교육과정 개정의 주체가 되어야 하는 이유는 늘 학생과 함께 부대끼며 수업을 하기 때문이다. 아무리 연구자들과 협력하여 좋은 교육과정 안을 만들어도 학생들에 대한 의식과 고려가 부족하면 의미가 반감된다.

그렇다면 어떻게 학생들의 시선을 읽을 수 있을까? 그 실마리는 학생의 역사의식 조사에서 찾아볼 수 있다. 2010년부터 전국역사교사모임과 역사교육연구소는 다섯 차례에 걸쳐 '역사와 역사 공부에 대한 우리의 생각' 조사(약칭 역사의식조사)를 실시했다. 대한민국 역사 교육 사상 최초로 5,000명이 넘는 학생들을 대상으로 객관식 설문, 주관식 질문, 면접 질문 등을 통해 학생들의 생각과 삶을 읽어내고 이를 수업에 반영하고자 했다.

역사의식 조사를 통해 학생들이 역사를 왜 배워야 한다고 생각하는지, 어느 시기를 더 배우고 싶어 하는지, 어떤 인물과 사건, 문화유산에 관심이 있는지, 현재의 남북 관계나 사회 문제에 대해 어떤 생각을 품고 있는지, 역사 속 나를 어떤 존재로 여기는지 등에 대한 풍부한 답을 얻을 수 있었다. 영국 교육과정의 경우 학년별로 핵심 내용, 학습할 분량, 쓸 수 있는 용어, 개념 등이 명확하게 규정되어 있을 만큼 학생들을 자세히 파악하고 있다고 하는데, 우리의 역사의식 조사는 학생 이해의 첫걸음을 뗀 것으로 평가할 수 있다.[20]

문제는 엄청난 인적, 물적 지원이 필요한 방대한 조사와 데이터 분석을 민간에서 하고 있으며, 정작 교육부나 국가 기관에서는 학생에 대한 기본적인 파악도 없이 '어른들의' 내리먹이기 방식의 교육과정을 반복하고 있다는 사실이다. 교육과정 개정에서 최종 수용자인 학생을 고려해야 함은 학습자 중심의 수업 혁신을 주장해온 교육 당국의 논리와도 일치하는 부분이다. 따라서 앞으로의 교육과정 개정에는 학생들의 생각을 읽는 작업이 반드시 있어야 하며, 국가 기관에서 광범위하게 조사하고 전문적인 통계 분석 작업을 거쳐 전국의 역사교사들에게 학생 이해의 중요한 정보들을 제공할 필요가 있다.

마지막으로 교육과정 구성의 주체로서 교사의 존재와 역할을 강조하고자 한다. 프랑스의 교육학자 쉐바야르(Chevallard)에 따르면, 지식의 종류는 학문적 지식(학자들이 탐구한 지식), 가르칠 지식(교사들이 교수 변환한 지식), 가르친 지식(학생들이 학습한 지식)으로 나뉜다.[21]

학자들과 학생들 사이에 교사가 가교 역할을 해야 함을 상정하고 있다. 이를 우리나라 실정에 맞게 재정리하자면, 연구자들이 탐구한 지식, 결과적으로 교육과정에 담긴 지식, 교사들이 재구성한 지식, 학생들이 흥미롭게 배우는 지식으로 나눌 수 있다.

이러한 지식의 층위에서 연구자들이 학생들을 직접 만나 지식을 전할 일은 거의 없고, 있다 하더라도 학생들과의 소통에 문제가 있을 것이다. 또 연구자들의 지식이 모두 교육과정에 담기는 것도 아니므로 실제로 중요한 지식은 교사가 학문적 배경을 이해하면서 교육과정을 독해하여 자신의 교실과 학생의 이해 수준에 맞게 정리한 것일 수밖에 없다. 네 가지 층위의 지식을 두루 조망하고 매개하며, 직접적으로 학생들에게 탐구하게 하는 교사가 교육과정 개정에서 핵심적인 역할을 해야 하는 것이다.

이미 2007 개정 교육과정 개발에서 교사들의 역량을 입증한 바 있다. 1990년대 다양한 배움책을 2002년 한국사, 2005년 세계사 대안교과서로 한 차원 높이고, 그에 걸맞은 교육과정 체계를 준비하여 교사들이 교육과정 개정에 주도적으로 나선 경험이 있다.[22] 2007 개정 교육과정은 기존의 고리타분한 판도를 바꾸고, 내용과 구성면에서 참신성을 갖췄다는 평가를 받았으며, 2009 개정 교육과정과 2015 개정 교육과정에서 다소 굴절되었으나 여전히 생명력을 유지하고 있다.

오랜 시간 교사는 교육과정의 소비자, 내용 전달자, 심지어는 지식 소매상 같은 역할을 요구받았다. 하지만 창의성을 비롯한 미래 역량을 요구받는 시대의 교사는 자신이 창의적으로 교육과정을 구성하는 기획자로 변신해야 한다.[23] 치열한 고민과 치밀한 궁리로 정련된 수업을 하고 이러한 경험을 바탕으로 교육 과정을 재구성하며, 창의적으로 구성하여 능동적으로 교육과정을 입안하는 역할을 해야 한다.

교사는 프로슈머(pro-sumer)의 입장에서 교육과정을 생산하고 소비하며, 수업의 디자이너로서 수업의 내용과 방식을 정교하게 결합하여 학생들의 배움을 촉진해야 한다.[24] 또 교사는 학교 교육 전반의 기획자로서 교육적 시공간을 창출하고 수업 장면을 설정하는 역할도 해야 한다. 이러한 위상을 지닌 교사가 교육 과정을 운영하는 전문가로서 교육과정을 구성하는 일에 나서는 것이 당연하지 않은가?

이를 위해 현장 교사들이 역사를 역사답게 가르치려고 더 공부하고, 수업을 궁리하며, 학생들의 생각과 삶을 품어내는 작업을 해야 할 것이다. 이를 통해 축적된 경험과 교육적 상상력이 충실한 교육과정을 만드는 원천이 되기 때문이다. 따라서 교육과정을 구성하는 것은 교사들에게 큰 기회이자 과제이며, 동시에 전문가로서 자신의 상을 재정립하는 과정이 될 것이다.

세계사 수업의
해법을 찾아서[25]

세계사 교육의 현주소와 목적

본격적인 세계사 수업 논의에 앞서 몇 가지 질문에 답해보자.

- 대학 다닐 때 수강한 세계사 과목은 몇 개인가?
- 교직에 나와서 세계사를 가르친 기간은 얼마나 되는가?
- 중학교 교사의 경우 세계사 영역까지 교과서를 모두 가르친 경험이 있는가?
- 고등학교 교사의 경우 2019년 기준 전국에서 세계사를 가르치는 고등학교가 몇 개인
  지 아는가?

위 질문에 바로 대답하기 힘들 정도로 역사교사조차도 세계사가 낯설다. 그

러니 학생들의 반응도 미루어 짐작이 된다. "학년 초에는 역사가 기다려지고 재미가 있었지만, 요즘은 지루하기만 한 것 같아요.", "한국사보다 어려운 세계사 때문에 집중이 잘 안 돼요.", "2학기 들어 세계사를 배우니 내용도 많고, 연결도 잘 안 되고… 그만큼 선생님께서 시간에 쫓겨 충분한 설명을 못 하시는 것 같아요."[26]

그나마 중학교는 같은 역사 교과서 안에 세계사가 있으니(09개정 교육과정 기준) 어떻게든 가르치려 하고, 학생들도 듣게 되어 있지만, 고등학교에서 세계사는 선택과목이므로 외면받기 일쑤다. 실제로 2019년 상반기 서울시 소재 일반계 고등학교의 홈페이지에 게시되어 있는 학교 교육계획서와 교육과정 편제표를 분석한 결과 세계사 선택 비율은 20퍼센트 미만으로 나타났다. 대학수학능력시험에서 5년간 세계사 과목 응시율은 2퍼센트를 넘지 못했다.[27]

왜 이렇게 되었을까? 겉으로 드러난 이유는 '세계사란 놈'은 복잡함의 대명사이며 암기의 끝판왕이므로 기피 1순위라는 것이다. 실제로 그러한가? 그럼에도 세계사를 배워야 하는 이유가 있을까? 있다면, 세계사 수업은 어디서부터 시작해야 하나?

어느 시점부터 역사는 암기과목의 꽃으로 불렸다. 입시와 주입식 교육이 불러온 슬픈 칭호다. 그런데 곰곰이 생각해보면 과연 역사만 암기과목일까? 영어 단어를 외우지 않고 문장을 해석할 수 있으며, 수학 공식을 기억하지 않고 신속 정확한 문제 풀이가 가능한가? 심지어 역사보다 더 맥락 없이 외워야 하는 길이나 무게 등의 수치가 있는 과학과목은 어떤가? 암기할 분량이 상대적으로 많다는 점을 인정하더라도 역사과목의 어려움은 입시와 실용성의 문제가 더 근본적인 원인이다. 하나라도 더 맞혀 점수를 따야 하는 입시에서 세계사는 불리한 과목이다. 당장 써먹을 수 없는 먼 나라 이야기라는 점에서도 세계사는 학생들에게 호소력이 약하다.

그렇다고 입시제도와 사회 분위기 탓만 하면서 손놓고 있을 수는 없다. 세계사를 왜 배워야 하는지 역사교사 자신도 근본적으로 따져 물으며, 어디서부터 시작해야 하는지 짚어보아야 한다.

먼저 세계사 교육의 목표부터 읽어보자. 2009 개정 교육과정에 따르면, 중학교 역사 중 세계사 영역은 오늘날 사회가 직면한 문제들의 역사적 배경과 상호 관련성을 파악하여 현대 세계와 우리나라에 대한 이해를 확대하고, 시간과 공간 속에서 달라지는 인간의 삶에 대한 이해를 기초로 다른 문화와 전통을 존중하는 태도를 기르는 것을 목표로 한다. 고등학교 세계사는 균형 잡힌 세계사의 인식과 세계가 어떻게, 그리고 왜 오늘날과 같은 상태에 이르게 되었는지, 그리고 자신이 속한 지역 세계는 물론 속하지 않은 지역 세계의 삶의 방식과 가치도 존중하는 다문화주의적 태도를 기르는 것을 목표로 하고 있다. 요컨대 세계화 시대를 살아갈 세계 시민으로서 다른 나라에 대한 최소한의 이해를 통해 다양성 존중, 배려, 공존의 미덕을 갖추자는 의미로 읽힌다.

이를 역사의 관점에서 다시 읽어보면, 세계사 교육은 역사를 온전히 이해하기 위한 노력이라고 할 수 있다. 한국인이 보는 세계사, 세계 속의 한국사를 균형 있게 살펴 폐쇄적 민족주의와 유럽 중심주의를 극복하고, 역사를 제대로 알 수 있는 지름길로 삼는 것이다. 탐구라는 면에서 세계사는 한국사보다 훨씬 다양한 사건과 문화를 통해 다양한 사고를 하게 만들고, 다양한 자료를 활용하여 역사적 사실과 의미를 탐구하는 과정에서 역사적 사고력이 신장되는 기회를 제공한다.

아울러 현실과의 연결성도 내포하고 있다. 21세기 초연결사회에서 사회적 이슈의 연원을 파악하고, 국제 이슈나 해외 토픽을 이해하며, 우리 사회로 연결되는 사안의 원인을 파악하는 일들도 세계사와 밀접한 연관이 있다. 2019년 제주도에 입국한 시리아인의 난민 신청, 각 지역에서 열고자 했던 할랄 음식점에 대한 한국인의 찬반 논쟁 등은 역설적으로 세계사 교육의 필요성을 일깨워 준다.

역사 교육이라는 학문의 지평에서는 세계사 교육의 필요성을 어떻게 설명하고 있을까? 세계사에서는 때로 인물들의 이야기를, 때로는 구조적 분석을, 그리고 때로는 역사적 패턴을 큰 그림으로 분석할 수 있게 사회, 세계, 인간을 여러 렌즈로 볼 수 있는 기회를 주어야 한다. 한국사 단위에서 줄 수 없는 역사적 간접 경험을 해볼 수 있게, 한국사에서 보이는 과거의 문제해결 방식 이외에 다른 방식들에 노출될 수 있게, 다른 역사적 패턴들을 비교해볼 수 있게 해야 한다. 역사 학습에서 학생들에게 익숙한 단위는 국가다. 그러나 다른 과목과 실생활에서는 이미 국가 단위를 넘나들면서 사고하고 행위하고 새로운 공간, 장소 개념을 만들고 있다. 혹시 역사가 19세기 말, 20세기 초의 세계관과 문제의식으로 역사를 읽게 하지는 않는지 성찰할 필요가 있다. 다층적, 다면적으로 역사를 분석할 기회를 주어야 한다. 우리가 당면한 문제를 분석하고 해결하기 위해서는 세계를 여러 층위의 정치, 경제, 문화, 생활 단위로 보면서 문제를 확인하고 분석하며 해결해야 한다.[28]

달리 표현하면, 세계사는 '인간의 삶을 전반적으로 이해하고 통찰하는 역사'로, 인류의 과거 경험 속에서 학생들이 삶과 관련된 문제들을 생각해보는 역사 학습이 가능하다는 기대라고 할 수 있다.

▓ 세계사 수업 고민의 내력

세계사는 세계 주요 국가의 역사가 아니다. 세계 각 지역의 역사를 모두 합한 것도 아니다. 세계사의 주요 흐름과 의미 있는 변화를 보여주는 사실로 구성된 이야기이자 서로 다른 시간과 공간 속에 살아간 인간의 모습을 담은 것이다.

그렇다면 '의미 있는 사실'이 되는 중요성의 근거는 무엇인가? 예전에는 세계사 교과서라고 하면 강대국, 선진국 위주의 역사 전개가 대부분이었다. 현재 국제 질서를 주름잡는 유럽의 역사가 중심이 되고 동양사의 맹주 중국이 부중심으로 등장하는 방식이다. 한편으로 다양한 지역과 국가의 숨겨진 역사, 가려진 역사를 제시하여 폭넓게 세계를 조망하려는 노력이 뒤따랐다. 전자를 따르면 강대국이 어떻게 성공했는지를 본다는 점에서 결과론적이며 우리의 시야를 좁히는 경향이 있다. 후자의 관점으로 여러 나라와 지역을 아우르다 보면, 계통과 맥락을 잡기 어려운 탓에 이른바 망라주의라는 비판에 시달렸다. 유럽과 중국 외에 다양한 지역을 포괄하고 균형 잡힌 역사상을 추구했으나 너무 내용이 많고 갈피를 잡기 어렵다는 지적을 받은 것이다.

학생들이 배우는 세계사이니만큼 중요성의 기준은 역시 학생의 수준, 필요, 관심이 될 것이다. 그런데 이에 대한 조사 데이터가 별반 없기 때문에 학생들과 부대끼며 세계사를 가르치는 역사교사를 대상으로 한 설문 조사에서 간접적인 기준을 빌려올 수밖에 없다. 학생들이 반드시 알아야 한다고 교사들이 손꼽은 것은 세계대전, 산업혁명, 시민혁명, 제국주의, 냉전 등이었다. 교사들은 그 밖에도 4대 문명, 3대 종교, 민주주의, 신항로 개척, 이슬람 문명 등도 중요하다고 여기고 있었다. 학생들이 살아가는 현대 사회를 알기 위해서 현재에도 영향을 미치는 사건과 인물에 관심이 많았고, 자연스럽게 근현대 사건이 많았다.[29]

표면적으로는 여전히 유럽사가 많아 보이지만 내면의 내러티브는 좀 다르다. 인권, 평화, 민주주의의 역사라는 관점에서 세계사를 재구성하려는 노력이 깔려 있다. 예컨대 프랑스 혁명에서 끝내지 않고 아이티 독립 혁명과 연계하여 진정한 인권의 의미는 무엇인가 묻는다거나 전쟁사를 학습하면서 승패를 흥미롭게 설명하는 데 그치지 않고 평화의 관점에서 무엇을 되새겨야 하는지 묻고, 오리엔탈리즘을 넘어 어떻게 식민지 국가의 역사를 이해할까 고려하는 수업이 진행되고 있다.

자연스럽게 세계사의 범위도 달라지고 있다. 기존의 동양사, 서양사+'나머지'라는 근대 일본에서 유래한 세계사 편제의 구습에서 벗어나 역사·문화적으로 유사성을 가진 지역 세계로 구분하여 설명하는 것이다. 지역 세계 내부와 개별 국가, 그리고 지역 세계 간의 교류와 협력, 갈등을 다루면서 동아시아, 서아시아, 인도-동남아시아, 유럽, 미국-아메리카 등 지역사(권역)를 살피는 것이다.

수업의 관점도 새로운 문제의식을 기반으로 삼고 있다. 현재의 세계 질서는 어떻게 구축되었으며 그것은 정당한가, 앞으로는 어떻게 나아가야 하는가에 대한 질문과 대답으로 구성하려 한다. 현실의 부당함을 인정하고 강대국의 논리를 순순히 받아들이는 것이 세계사 교육의 목표가 아니기 때문이다. '존재했던 지배와 전쟁 이야기'를 자세히 되풀이하지 않고, '존재해야 했던, 혹은 소수로서 존재했던 평화를 위한 몸부림'을 적극적으로 발굴하고 다시 살펴보는 노력을 기울이고 있다.[30] 이것은 과거 군사 독재 시절의 민주화 운동가들을 새롭게 조명하고 그들에게 마음의 찬사를 보내는 것과 같은 이치다.

이를 통해 학생, 청소년의 눈으로 세계를 이해하고 현대 사회에 대한 자기 의견을 만드는 데 기여하는 세계사 교육을 추구해야 한다. 학생들이 현재의 세계가 형성되기까지 각 지역의 역사적 경험을 이해하며, 현대 세계의 성격과 과제를 인식하고, 세계사 속의 자신을 발견하여 국제 이해와 협력적인 자세를 갖도록 해줘야 한다. 교사들은 세계사 속 인류의 성취를 가르치되 평화로운 미래를 지향하는 민주 시민을 기르는 데 역점을 두어야 한다.

그런데 수업 고민의 내력에 한 가지 중요한 요소를 더 보태야 세계사 교육의 해법에 이를 수 있다. 바로 수업을 함께하는 학생들의 난맥상이다. 학생들은 일반적으로 시간(시대) 관념이 부족하다. 10년 전이나 100년 전이나 1,000년 전이나 그냥 다 옛날이다. 지금 겪어볼 수 없는 옛날이야기로 받아들인다. 공간 인식 또한 부족하다. 가족 단위의 해외여행, 체험학습 경험에도 불구하고 세계 각국의 위치를 잘 파악하지 못한다.

세계사 수업, 어디서부터 시작해야 할까

이처럼 세계사 수업을 고민하는 과정에서 한시도 놓치지 말아야 할 부분은 학생의 눈높이다. 복잡하고 어렵다는 선입견이 가득하기 때문에 더 주의를 기울여야 한다. 구성 초기 단계부터 청소년의 역사라는 관점에서 소재를 발굴하고, 학생들이 과거의 역사를 지금-여기-나의 문제로 느낄 수 있도록 청소년이 주인공이거나 청소년과 관련된 사실을 반드시 포함하도록 권고하면 어떨까. 예컨대 수메르 어느 학생의 일기, 스파르타 청소년의 일상, 인도 소년의 성인식, 중세 유럽의 기사 서임식, 예니체리가 되는 과정, 산업혁명기 공장 소녀들의 인터뷰, 근대를 배우기 위해 파견된 유학생, 전쟁에 이용된 나치의 아이들 등 소재는 다양하게 활용할 수 있을 것이다.

학생들의 이해를 돕기 위해 같은 시기 한국사와 세계사의 전개 과정을 수시로 환기시키는 내용이나 봉건제도처럼 동서양의 공통점과 차이점을 찾아보는 내용을 추가하는 것도 괜찮다. 시민혁명처럼 복합적인 장면을 이해할 수 있도록 다른 교과(사회, 윤리)와의 융합을 시도할 수 있는 여지도 열어놓을 필요가 있다.

또 독서량이 부족한 학생들이 힘들어하는 어려운 어휘나 개념을 친절하게 풀어주는 노력도 곁들여야 한다. 다수의 학생이 교과서나 활동지의 텍스트를 읽고 기본적인 내용 파악을 할 수 있어야 수업의 시작이 가능하기 때문이다.

학생 눈높이에 맞춘 수업 방법도 고민해야 한다. 시간 개념 못지않게 부족한 공간 개념을 잡아주고, 현실에 존재하는 지역이나 국가를 구체적으로 떠올릴 수 있도록 지도를 활용하는 것도 필요하다. 코팅된 백지도를 이용하여 학생들이 해당 국가나 사건이 일어난 곳을 표시하며 설명하게 한다거나, 아래와 같이 삼각형 모양의 단순화된 지도를 활용하여 손쉽게 대략적인 위치를 알려주는 방법도 있다.

문자 텍스트보다 시각적인 자극에 더 민감한 학생들의 상황을 고려하여 일목요연하게 정리해줄 필요도 있다. 많은 사실들과 사실의 관계를 정리하기 위해서 마인드맵으로 시대, 지역, 분야, 영역 등을 갈래지어 사실 간의 관계나 비교를 시각적으로 제공해주는 방안도 있고, 다양한 감각을 활용한다는 차원에서 「영

웅 교향곡」(음악), 「게르니카」(미술) 등을 소재로 교과 간 융합 수업도 생각해볼 수 있다.

다양한 수업과 연동된 수행평가도 고려해야 한다. 초보적으로는 어떤 나라 역사(지리적 위치, 문화, 인물, 음식, 유적지 등)에 대한 조사 발표로 접근할 수 있고, 여러 나라나 대륙을 포괄하여 한꺼번에 다루는 여행계획서 작성도 가능하다. 다양한 지역의 동시다발적인 역사 전개를 파악할 수 있도록 세계 현대사 프로젝트 학습이라는 과제를 통해 학생들이 지역이나 주제를 분담하여 각자 발표하거나 서로 공유하고 교사가 피드백하는 방안도 있다.

이에 따라 수업 운영도 교과서 진도대로만 나가지 않고, 주당 3시간 중 2시간은 내용 학습(강의+간단한 평가), 1시간은 수행평가나 논술 쓰기를 시도할 수 있다. 당분간 중학교 '역사 1'도 주당 3시간, 고교 세계사도 주당 3시간 이상은 수업이 가능하므로 융통성을 발휘할 여지가 있는 것이다. 때로는 한 달간 강의를 해서 충분히 진도를 소화해놓고 다음 한 달간 다양하고 긴 호흡의 수행평가를 실시할 수도 있고, 한 달이 다소 길고 부담스럽다면 격주로 강의와 수행평가를 번갈아 시도하는 것도 가능하기 때문에 교사의 아이디어와 학교 여건에 따라 다양한 변주가 가능할 것이다.

간혹 세계사 교사 연수에서 역사교사들이 저마다 내놓은 교수 내용 지식을 살펴보면, 다양한 방법과 내용을 활용하기 때문에 그것을 공유하는 것만으로도 충분히 의미 있는 경우가 많다. 연표로 연대기를 잡아주거나 동서양 지역사를 비교하는 방법, 용어 및 개념 사전을 학생 스스로 정리하게 한 뒤 학생들이 서로 공유하게 하는 방법, 하브루타(친구 가르치기)를 하도록 한 다음 학생들이 잘 모르는 것에 대해 교사가 맥락을 잡아주는 방법, 다양한 지역의 문화재나 유적을 활용하여 시각적 자료로 직관적인 이해를 돕는 방법 등이 있었다. 교수 내용 지

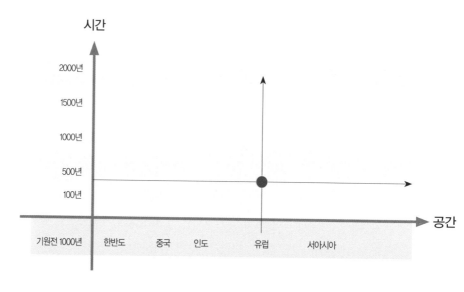

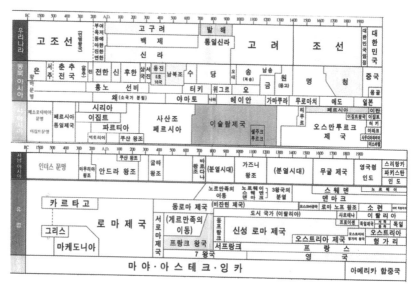

식이라는 말 그대로 가르칠 내용과 학생의 수준이 반영된 풍부한 노하우가 있으니 이를 잘 챙겨보는 것도 소중한 작업이다.

많은 내용이 담긴 세계사를 일목요연하게 정리해주는 장치도 여러 가지가 있다. 왼쪽과 같이 세계사의 시간과 공간을 좌표축으로 만들어 매 시간 어느 시대, 어느 지역을 공부하는지 짚어가는 방법, 연표를 만들어 학습할 곳을 찾아보고 동시대 다른 지역의 상황을 눈에 담게 하는 방법, 백지도에 학습한 지역의 역사를 간단히 적는 방법도 있다.[31]

다채로운 수업 방법을 배우고 교수 내용 지식을 나누는 것도 중요하지만, 세계사 교사 연수를 통해 반드시 확인해야 할 것은 역사교사로서의 정체성이다. 중학교 세계사는 사각지대에 놓여 있고, 고등학교 세계사는 고사 직전이라는 문제의식을 공유하며, 교사 자신은 '국사'교사가 아니라 '역사'교사라는 사실을 자각하는 것이 필요하다. 이러한 바탕 위에 중학교 세계사가 인생의 마지막 세계사가 되지 않도록 절치부심하는 공감대를 마련해야 할 것이다.

▥ 세계사 교육과정 개정의 맥락

지금까지 논해온 세계사 교육의 부실함은 교사나 학생의 인식 탓이라기보다 교육과정의 문제로 봐야 한다. 수업의 기본이 되는 교과서의 문제는 근원적으로 교육과정의 문제에서 비롯되기 때문이다. 그런데 교육과정의 변천 과정에서 세계사에 처음부터 소홀했던 것은 아니다. 역사과 교육과정 편제를 보면, 해방 후 교수요목 시기부터 세계사는 존재했고(먼 나라 생활), 2차와 4차 교육과정 시기에는 세계사가 고교 필수과목이었던 적도 있었다.

반면에 3차 교육과정부터 중학교 세계사는 사회의 한 영역으로 흡수되어 위상이 격하되었다. 위상만이 아니라 실제 수업에서도 문제가 발생했다. 역사 전공자가 주로 '국사'를 가르치고, 일반사회나 지리 전공자가 세계사를 맡으면서 수많은 사실에 대한 맥락 없는 나열적 전달이 반복되었고, 학생들의 흥미와 관심이 멀어지는 결과를 초래했다.

그런 의미에서 2007 개정 교육과정은 획기적인 변화를 불러왔다. 중학교에서 역사과목이 독립됨으로써 세계사 내용이 중학교 역사 안으로 들어와 한국사와 함께 다룰 수 있게 되었고, 고등학교에서는 고1 과정에 '역사'가 개설되어 근현대를 배경으로 한국사와 세계사를 통합적으로 구성할 수 있게 되었다. 여기에는 현장감 있는 교육과정을 꾸리기 위한 역사교사들의 노력이 전제되어 있었다. 전국역사교사모임에서 펴낸 『살아있는 세계사 교과서』의 편제와 단원 구성이 상당히 참고가 되었다. 실제로 그 책의 집필진 일부가 새로운 교육과정의 밑그림을 그리는 데 참여하기도 했다.

2007 개정 교육과정은 하드웨어만 바꾼 게 아니었다. 유럽 중심, 중국 부중심의 세계사를 비판하면서 다양한 지역의 역사와 문화를 포괄하되 교류와 공존의 관점을 중시했고, '한국인의 눈으로 보는 세계사'를 표방했다. 이에 대한 역사교육계의 반응은 다양했다. 유럽 중심, 중국 부중심의 세계사를 극복하려는 문제의식에 대한 반가움, 균형 잡힌 시각으로 역사를 해석할 수 있으리라는 기대 등이 있었다. 반면 학습 내용이 늘어난 것에 따른 현장 교사들의 당혹감이 적지 않았고, 망라주의보다는 기존의 세계사가 차라리 낫다고 생각한 연구자들도 있었다. 급기야 2015 개정 교육과정 논의 때 일부 연구자들은 '유럽 중심주의 극복이 사실상 시기상조'라는 거부감을 표출했다.[32]

논란이 있는 교육과정일수록 학교 현장의 반응이 가장 중요한데, 2007 개정 교육과정부터 새로운 관점의 세계사가 도입되었지만 연착륙이 쉽지 않았다. 중학교의 경우, 한국사 위주의 수업 관행 때문에 한국사를 먼저 가르치다 진도에 쫓겨 결국 유럽사만 가르치고 끝났으며, 고등학교에서도 상호 교류를 강조한 것이 잡다한 내용을 망라하여 더 복잡해진 세계사 이상의 의미를 갖지 못했다. 이는 그동안 교사들이 받아온 유럽, 중국 위주 세계사 교육의 한계에서 비롯된 것이기도 하다.

역사 교과서 국정화 소동을 거친 이후 다시 고시된 2015 개정 교육과정에서는 세계사의 위기를 극복하기 위해 중학교 '역사 1'에서는 세계사만 다루고, '역사 2'에서는 한국사만 배우도록 했다. 파격적인 것은 주당 3시간인 '역사 1' 과정에 세계사를 배정하고, 한국사는 '역사 2'에서 주당 2시간에 소화하도록 했다는 점이다. 상대적으로 세계사를 자세하게 다루고, 한국사 특히 근현대사는 한 단원에 축약했다. 물론 고등학교 한국사에서 근현대사 위주로 학습하여 중학교-전근대, 고등학교-근현대 한국사로 연결되도록 했다.

이런 시도의 근저에는 중학교 교과서에 한국사와 세계사가 함께 실려 있지만 한국사만 가르치고 진도를 끝내는 관행을 바꾸려는 생각과 '사실상 처음이자 마지막으로 배우는 세계사'를 중학교에서나마 충실히 가르치려는 의도가 서려 있다. 나아가 중학교에서 세계사에 흥미를 느낀 학생들이 고등학교에 가서 세계사를 선택하도록 유도하여 세계사 교육을 소생시키려는 의지가 담겨 있다.

하지만 파격적인 시도가 파행적인 결과를 낳을 수도 있다. 세계사의 강화만이 아니라 한국사와의 연계와 균형, 통합을 통한 역사 교육의 정상화라는 큰 틀의 해법이 필요하기 때문이다. 현실적으로는 중학교 역사교사들이 그동안 실천해온 '역사'과목다운 통합 노력이 원천적으로 차단되었다는 점도 문제다. 세계사를 먼저 가르치고 한국사를 가르치거나, '세계사 한 단원 → 한국사 한 단원'

이런 식으로 가르치거나, 교류나 전쟁 등의 일부 내용을 한국사 혹은 세계사에서 가져오는 등 다양한 차원의 통합 노력이 있었으나 교과서가 분책이 되면서 이런 시도가 어려워졌다. 초·중·고 가운데 '역사'라는 과목명과 일치하는 '역사' 교과서가 있는 것은 중학교가 유일한데, 이제는 그런 의미조차 찾을 수가 없게 된 것이다.[33]

세계사 수업의 구성 및 재구성 사례

교육과정이 크게 요동치는 상황에서도 긍정적인 신호가 있다면, 역사교사들의 교육과정 재구성 노력이 활발하게 전개되었다는 점이다. 일반적으로 교육과정 재구성의 수준은 크게 세 가지로 볼 수 있다. 교과서 재구성, 교육과정 재구성, 교육과정 구성 등이다. 교과서 재구성은 다시 단원 간 재구성으로 단원 재배치, 순서 변경, 내용의 추가 및 삭제를 시도하는 것과 단원 내 재구성으로 주제의 비중을 따져 시수를 안배하면서 한 차시 정도 더 늘리거나 줄이는 것으로 나뉜다. 단원을 손대지 않고 한 차시 내에서 재구성하여 기-승-전-결의 비중에 변화를 주거나 과정 중심 평가와 연계하는 것도 포함된다.

예컨대, 2009 개정 교육과정의 중학교 '역사 1'을 가르치면서 교과서 단원대로 진도를 나가지 않고, 한·중·일의 역사를 서로 연계하여 이해하는 것도 가능하고, 인도·동남아시아, 이슬람, 서유럽순으로 전근대사를 지역의 연대기로 재배치할 수도 있다. 단원마다 각 지역의 역사가 백화점식으로 나열되는 것을 지양하고, 최소한의 계통성을 확보하는 방안이 되겠다. 좀 더 적극적으로 한·중·일의 역사를 묶어 동아시아사의 모태로 구성하거나 나당전쟁, 대몽항쟁 등을 한국사와 긴밀히 연계하여 수업하는 것도 가능하다. 2009 개정 교육과정의 중학교 '역사 2'의 경우는 세계사적 전개와 한국사의 변화를 동시에 살피기 위해 세계사 한 단원과 한국사 한 단원씩을 번갈아 수업한 사례도 있었다. 예컨대 제국주의의 등장을 먼저 가르치고, 조선의 개항을 다루는 방식이다.[34]

고등학교에서는 수능에서 세계사 선택률이 낮다는 사실이 실망의 요인이 아니라 과감한 시도를 할 수 있는 여건으로 보고 새로운 모색을 하기도 했다. 교과서 순서대로 많은 내용을 소화하거나 암기하게 만들지 않고, 시험에 나올 만한 내용을 먼저 계통적으로 정리해준 다음, 주제 중심의 탐구 활동을 시도한 것이다. 시대와 주제를 씨줄, 날줄로 엮어 해당 시대에서 깊이 있게 들여다볼 만한 주제를 열심히 공부하는 것이다. 이 과정에서 주제와 관련된 문제의식을 견지하되 한국사와 세계사의 통합적 이해를 꾀할 수도 있고, 역사적 사실에 대한 다각적 탐구를 도모할 수도 있고, 학생들이 살아가는 현실과 연결하여 해법을 모색할 수도 있을 것이다. 이를 통해 학생들이 자기 생각 만들기에 주력하고, 인권과 평화의 감수성을 키우기 위해 노력한다면 세계사는 교사나 학생에게 매우 의미 있는 역사 공부의 기제가 될 수 있다.

교육과정 재구성과 관련하여 역사교사들 대상의 설문을 찾아보면, 중·고 공히 시기별로 중요한 사건이나 주제를 중심으로 구성해야 한다는 의견이 가장 높았고, 전근대는 지역별, 근현대는 시기별로 가야 한다는 의견이 뒤를 이었다. 계열성에 대해서는 내용의 수준을 다르게 하거나 내용 조직을 다르게 하거나 다루는 범위에 차이를 두는 것이 좋다는 의견이었다. 특히 고등학교는 주제 중심의 구성을 선호했으며, 한국사와의 통합적 구성을 바라는 의견도 있었다.[35]

이 대목에서 한국사에 비해 수업 실천 사례가 드물지만, 2017~2020년에 나온 젊은 교사들의 세계사 수업 재구성의 성과를 함께 음미해볼 필요가 있다. 역사 초보 교사라는 의미의 '사초'팀과 역사연구모임의 약칭 '사연'팀이 각각 전국 역사교사모임의 공동 수업 연구 프로젝트에 응모한 결과물이다.

사초팀은 '인권, 평화, 민주주의'라는 선명한 주제의식을 토대로 세계사 교육 과정의 '구성'을 제안한 안목이 돋보인다. 흔히 세계사 수업은 복잡하고 다양한 요소와 내용을 챙기려다 보면 사실의 바다에서 길을 잃기 쉬운데, 젊은 교사들이니만큼 과감하게 내용을 간추리고 문제의식을 부각시키고자 했다.

〈예시〉 주제의식이 뚜렷한 사초의 '사초로 보는 세계사' 목차[36]

주제 1. 고대 그리스 아테네 민주 정치 다시 읽기
주제 2. 유럽의 중세 도시와 자치권
주제 3. 십자군 전쟁과 평화의 길
주제 4. 이단과 신앙의 자유, 그리고 인권
주제 5. 산업혁명의 그림자, 영국 아동 노동의 잔혹사
주제 6. 프랑스 혁명과 근대 인권
주제 7. 그/녀의 꿈이 투표용지에 담기기까지
주제 8. 제국주의와 인종주의
주제 9. 평화를 위한 노력
주제 10. 전쟁과 제노사이드
주제 11. 미국의 흑백 차별, 부당한 편견에 저항하다
주제 12. 역사적 맥락에서 '세계 인권 선언' 다시 보기
주제 13. 난민 문제의 해결과 평화의 길

한편, 사연팀은 2015 개정 교육과정을 나름대로 분석하여 검정교과서가 발

행되기 전부터 자체적으로 공부하고 고민한 결과를 바탕으로 제작한 근사한 수업 구상을 내놓았다. 당시 세계사 교육과정을 재구성하면서 스스로에게 던진 성찰적 질문은 향후 교육과정과 수업 구상을 다질 때 시사점이 될 수 있을 것이다.

1. 교육과정 성취기준을 담보하는 핵심 질문인가?

   - 추가, 확대 외 누락, 삭제된 부분은 없는가?

2. 핵심 질문이 단원이나 시대의 흐름을 잘 보여주거나 주요 내용을 포괄하고 있는가?

   - 단원이나 시대를 대표하거나 관통하는 질문의 필요성

3. 같은 단원의 핵심 발문끼리 나름의 연계성이 있는가?

   - 단원 전체의 짜임새와 맥락상 일관성의 여부

4. 단원 내에 통합 또는 분리·확대, 위치를 변경할 내용은 없는가?

   - 단원 내 중복, 단원 간 중복 점검, 확대하여 집중 조명할 질문의 여부

5. 현재와 다른 관점 또는 방식의 질문은 가능한가?

   - 현재의 질문에서 확장, 변형할 가능성의 여부

6. 문제의식과 내용 요소를 뒷받침하는 자료가 있는가?

   - 수업의 핵심을 설명하는 사료, 사진, 그림 등의 확보

7. 주요 수업 내용과 자료에 대해 적확한 질문을 던지고 있는가?

   - 기존 자료와 같은 질문의 재인용 또는 다른 접근법과 질문

8. 자료를 기반으로 하는 활동이 실천 가능한가?

   - 재미있으나 내용을 많이 담지 못하거나, 한 차시에 끝낼 수 없거나

9. 특별 코너: 여성사는 어떻게 실현할 것인가?

10. 기타

〈예시〉 다양한 자료와 질문을 엮은 사연의 '역사수업 연구'[37]

VI. 현대 세계의 전개와 과제

차시	주제명	핵심 발문	내용 요소
1	냉전의 형성과 냉전 속의 열전	냉전은 무엇이고, 어떻게 시작되었을까?	냉전, 트루먼 독트린, 베를린 봉쇄, 열전(6·25, 베트남 전쟁)
2	제3세계의 형성과 냉전의 완화	제3세계는 어떻게 형성되었고, 냉전 체제가 완화된 계기는 무엇인가?	아시아·아프리카의 새로운 국가 건설, 제3세계, 닉슨 독트린, 서독의 동방정책.
3	사회주의권의 붕괴와 경제 개방	소련은 왜 개혁·개방정책을 펼쳤을까?	소련의 개혁·개방, 독일의 통일과 동유럽 사회주의의 붕괴, 중국의 변화
4	유럽연합과 신자유주의 경제체제(경제의 세계화)	냉전의 종식이 국제 사회와 자본주의에 미친 영향은 무엇일까?	유럽연합, 세계화, 1970년대 오일쇼크, 신자유주의
5	탈권위주의 운동과 대중문화 발달	68혁명과 대중문화가 민주화에 끼친 영향은 무엇일까?	68혁명, 민권운동, 여성운동, 대중문화
6	21세기 인류의 과제	오늘날 세계가 평화롭게 공존하기 위해 어떤 노력이 필요할까?	반전 평화, 난민 문제

주제명: 탈권위주의 운동과 대중문화 발달

1) 교육과정(교과서)의 관련 단원

구분	관련 단원
중학교	VI. 현대 세계의 전개와 과제 3. 탈권위주의 운동과 대중문화 발달
고등학교 세계사	VI. 현대 세계의 변화 3. 과학 기술의 발달과 세계화

2) 주제 설정 배경: 이 주제의 핵심 발문은 '68혁명과 대중문화가 민주화에 끼친 영향은 무엇일까?'다. 우리는 'Ⅵ. 현대 세계의 전개와 과제 3. 탈권위주의 운동과 대중문화 발달' 단원을 '이념의 시대에서 자본의 시대로'라는 큰 맥락에서 내용을 구성했고, 단원 전체의 짜임새와 2015 개정 교육과정의 성취기준인 "[9역06-03] 20세기 후반의 탈권위주의 운동과 대중문화의 발달을 구체적인 사건들과 인물들을 사례로 탐구한다"를 참고해 핵심 발문을 정했다. 1960년대 이후 세계 각 지역에서 전개된 민주화 운동의 흐름 속에 새로운 세대가 등장했고 그들이 68혁명을 일으켜 당시 민권운동, 여성운동 등 사회운동에 영향을 준 점에 대해 살펴보고 이 시기에 발달한 탈권위주의 운동의 특징을 보여주는 대중문화의 사례를 학생들이 직접 탐구해보도록 주제를 설정했다. 기존의 2009 개정 교육과정에서는 다루지 않았던 내용인 만큼 2015 개정 교육과정의 교과서를 많이 참고했다.

3) 활동의 주안점 & 유의점: 탈권위주의 운동의 내용을 구성할 때 민권운동의 사례로 로자 파크스, 마틴 루서 킹 목사를 들었고 여성운동의 경우 베티 프리단이라는 학생들에게 낯선 인물에 초점을 맞춰 자료집을 만들었다. 대중문화의 발전 부분은 실제로 학생들에게 당시의 노래나 영상을 보여주고 노래 가사를 통해 시대상을 분석해보는 활동으로 구성했다. 마지막으로 대중매체와 대중문화가 민주화 운동에 어떤 영향을 끼치는지와 관련해 학생들이 스스로 생각해보도록 하는 활동을 구성했다.

4) 참고 문헌 & 자료
  2015 개정 교육과정 『고등학교 세계사』 4종, 2018.
  2015 개정 교육과정 『중학교 역사』 6종, 2020.
  전국역사교사모임, 『살아있는 세계사 교과서』, 휴머니스트, 2011.
  김대근, 『세계사, 왜?』, 봄풀, 2015.
  차윤석 외, 『교양으로 읽는 용선생 세계사』, 사회평론
  학습백과 ZUM
  '정보화는 민주주의 발전에 긍정적인가', 『매일경제』, 2007년 10월 12일
  (https://www.mk.co.kr/news/society/view/2007/10/552943/)
  '자유와 평화를 외친 히피 그리고 비틀즈의 의미', '무비 소사이어티 매거진', 2018년
  1월 25일(https://brunch.co.kr/@videsign20/9)

5) 활동 과제
※ 아래 자료를 보고 제시된 활동을 해보자.

1. 탈권위주의 운동

〈자료 가〉 새로운 세대의 등장

제2차 세계대전이 끝난 후, 서양 세계는 놀라운 경제 성장을 이루었고 베이비붐으로 인구도 급격히 증가했다. 전쟁을 겪은 부모 세대는 자식들이 풍요롭게 살기를 희망하여 자식 교육에 많은 투자를 했고, 이로 인해 대학 교육이 크게 확대되었다. 청년들은 대중매체의 발전에 힘입어 대중문화를 소비하면서 규율과 통제에서 벗어난 그들만의 자유분방한 청년 문화를 형성했다. 청년 문화의 상징으로 장발과 청바지, 팝송(로큰롤) 등이 유행했다. 이들 젊은 세대는 평화와 번영을 중요한 권리로 여기며 전쟁과 대결에 반대했고 베트남 전쟁 반대운동을 계기로 자신들의 요구를 폭발시켰으며 기성세대가 만든 권위주의적 질서, 억압과 관습, 체제에 맞서 저항하는 (㉠)을 일으켰다.

◀ 히피 문화: 1960, 1970년대 미국 청년층 사이에서는 전쟁과 물질주의를 비판하고 탈사회적 행동을 하는 히피 문화가 유행했다.

〈자료 나〉 68혁명: 금지하는 것을 금지하라

1968년 봄, 파리 근교의 낭테르대학교 학생들이 파업을 일으켰다. 학내 문제로 시작된 이 시위는 곧 기성세대와 국가 권력에 저항하는 혁명으로 발전했다. 68혁명을 통해 청년들은 전쟁과 핵무기 개발에 반대하고 시민의 인권 보장, 정치적 자유의 확대와 언론의 공정한 보도, 노동자의 임금 인상과 노동 시간 단축 등을 요구했다. 심지어 결혼 제도를 없애라, 마약을 허용하라는 요구 등 완전한 자유 보장을 추구했다. 이른바 68혁명은 독일과 미국, 멀리 일본까지 세계 곳곳으로 퍼져 나갔고 냉전의 양 진영에서 어느 정도 민주화를 이끌어내는 성과를 거두기도 했다. 이후 68혁명의 이념은 미국에서는 흑인 차별에 저항하는 민권운동과 여성에게 평등한 권리를 달라는 여성운동, 환경운동 등 다양한 사회운동으로 확산되었다.

---

1) ㉠에 들어갈 용어로, 전후 경제 호황을 겪으며 성장한 새로운 세대가 기성세대의 가치관에 저항했던 운동을 무엇이라 부르는지 쓰시오.

- 탈권위주의 운동

2) 〈자료 가〉를 읽고 새로운 세대가 형성한 청년 문화의 특징을 쓰시오.

- 대중매체의 발전에 힘입어 대중문화를 소비하면서 규율과 통제에서 벗어난 그들만의 자유분방한 청년 문화를 형성했다. 청년 문화의 상징으로 장발과 청바지, 팝송(로큰롤) 등이 유행했다.

3) 〈자료 가〉의 사진 속 히피 문화에서 장발과 청바지가 상징하는 의미가 무엇인지 생각해 보시오.

- 장발: 짧은 머리를 강요하는 군대 거부, 청바지: 평등(사회적 지위의 차이가 드러나지 않음)

4) 〈자료 나〉를 읽고 1968년 프랑스에서 일어난 체제 저항운동을 무엇이라 부르는지 쓰시오.

- 68혁명

5) 〈자료 나〉 속 대학생들이 주장하고자 한 것이 무엇인지 쓰시오.

- 완전한 자유 보장

6) 〈자료 나〉를 읽고 68혁명이 끼친 영향을 쓰시오.

- 냉전의 양 진영에서 어느 정도 민주화를 이끌어냄. 민권운동, 여성운동, 반전운동, 환경 운동 등

7) 권위주의가 무엇인지 생각해보고 학생들의 입장에서 무엇에 반대하고 싶은지 답해보시오.

- 자유 서술

2. 다양한 사회운동
(이하 줄임)

역사다운
역사수업을 위하여

📚 자료의 발굴과 검색

역사의 특성에 맞는 역사수업을 위한 해법의 요체는 좋은 자료에 질문을 잘 던지는 것이다. 역사 공부는 자료 분석을 통한 근거 있는 해석, 그를 연결한 나름의 스토리텔링이 핵심이므로 유의미한 자료의 발굴은 그 출발점이요, 매력적인 질문은 적극적 탐구의 동력이 된다.

2011년 미국 스탠퍼드대의 샘 와인버그는 『역사가처럼 읽기』라는 책을 펴냈다. 미국사의 여러 주제를 중심 질문과 다양한 자료로 탐구하는 수업 자료이자 교사용 지도서 성격의 책이다. 제목 그대로 학생들이 역사가처럼 자료를 읽을 수만 있다면 더할 나위 없이 좋은 역사수업이 될 수 있을 것이다.

그에 따르면, 교사가 일일이 수업 내용을 설명하지 말고, 자료를 충분히 주면

로자 파크스(1913~2005)는 버스에서 백인에게 자리를 양보하지 않아 체포되었다.
이 사건은 몽고메리 버스 보이콧운동의 계기가 되었다.

서 중심 질문을 잘 던지는 것이 중요하다.[38]

중심 질문은 하나의 주제나 시대를 관통하는 묵직한 문제 제기이면서 학생들에게는 매우 흥미로운 물음이다. 사학사적으로 의미 있으면서 역사적 사고를 불러일으킬 수 있는 질문을 뜻한다. 예컨대 미국 흑인 민권운동을 촉발시킨 로자 파크스의 행적을 제시하면서 '로자 파크스는 그날 버스의 어느 자리에 앉았을까'를 묻는다. 거대한 사건이니만큼 거창한 질문을 할 것 같지만, 어찌 보면 무척 단순한 질문을 던지는 것이다. 하지만 이 질문은 사건 전체를 관통하는 문제의식을 담고 있다. 만만하되 끌리는 질문은 학생들의 호기심을 불러일으키고, 파크스의 좌석 위치를 파악하는 과정에서 자료와 정보를 접할수록 여러 편견을 걷어내고 학생들이 자기 나름의 해석을 할 수 있게 수업이 디자인된다.

와인버그는 자료를 읽을 때, 역사가처럼 읽기를 강조한다. 먼저 자료의 출처를 확인하게 한다. 육하원칙에 따라 자료를 쓴 작가의 입장, 시대적 배경, 공간적 한계, 자료에 담긴 의도 등을 따져보고 믿을 만한 자료인지를 묻는다. 이어 맥락화를 시도한다. 맥락화란 자료가 어떤 시공간 속에 존재했는지 살펴보면서 무중력 상태의 자료가 아니라 당대의 흐름 속에서 제대로 의미가 파악되도록 탐구하는 것이다. 구체적으로는 맥락화를 당대의 정치·사회·문화적 환경 속에서 생산자, 수집가, 역사가의 처지를 고려하여 텍스트를 분석하고 해석하는 것으로 보기도 한다.[39]

물론 이 과정을 학생들이 온전히 수행하기는 어렵다. 심지어 역사교사들도 대학 시절에 충실히 이 과정을 경험하고 자신 있게 자료를 탐구한 사례가 많지 않다. 그럼에도 '깔끔하게 정리된 결론'으로 역사 지식을 전수하는 강사가 아니라 '탐구하고 논쟁하는 과정'에서 역사의식을 일깨우는 교사가 되고자 한다면, 일단 역사가처럼 읽기를 시도해야 한다. 자료를 대면하여 이모저모 살펴보면서 사실을 정확히 파악하고, 사실과 사실 사이의 관계나 주요한 맥락을 분석하여 자신의 입장을 정리해보도록 학생들에게 안내해주어야 한다. 이를 통해 증거에 입각한 자신의 이야기를 설득력 있게, 상식에 맞게 주장하면서 역사의식은 고양될 수 있으니 역사가처럼 읽기는 포기할 수 없는 일이다.

역사가처럼 읽기의 출발점 역시 자료의 발굴이다. 학생들을 위한 수업 자료는 크게 세 가지 방식으로 확보할 수 있다. 첫째는 역사 교과서다. 이미 학생들이 지니고 있는 교과서의 본문, 사료, 시각적 이미지 등은 가장 손쉽게 접할 수 있는 자료다. 교사 입장에서는 수업 중 적절한 시점에 학생들이 보게 할 수 있고, 개중에 주목할 자료는 비중 있게 언급하거나 활동지나 파워포인트에 담아 집중 탐구하게 할 수도 있다. 교과서 선정 때 모아둔 여러 출판사의 교과서를 수시로 참고하여 사료를 뽑고 질문을 참고하는 것이 좋다.

둘째는 역사 교양서나 검색 포털, 유튜브 등이다. 교과서보다 더 친절하고 자세한 설명이 담긴 역사 교양서는 학생 눈높이를 고려한 자료로 활용도가 높다. 유튜브나 검색 포털도 독서보다 검색에 더 익숙한 학생들에게 접근성 높은 자료 창고가 된다. 자료 검색은 수행평가 때 많이 하는데, 자료에 따라서는 부정확한 정보나 주관적 해석에 따른 편집 등의 우려가 있으므로 교사가 살펴보고 걸러주어야 한다. 역사 교양서 가운데 사료를 잘 녹여내거나 쉽게 풀어 쓴 책자는 참 요긴하다. 예컨대 『쇄미록』은 임진왜란 전후 10년간의 상황을 양반의 시선으로 세밀하게 묘사하고 있어 수업 자료로 활용하기 좋다.[40]

셋째는 교사의 노력을 필요로 하는 자료들이다. 논문이나 사료 검색 사이트 자료, 박물관 도록, 역사 관련 또는 역사를 배경으로 한 영화, 해외여행 사진, 텔레비전 역사 관련 프로그램의 희귀 영상 등이 있다. 논문에 살짝 언급된 자료를 찾아내거나 사료 검색 사이트에서 적확한 사료의 번역본을 내려받거나 시대상이나 예술성이 한눈에 느껴지는 박물관 도록, 텔레비전의 좋은 영상을 편집하는 것은 원석을 교사의 수업 의도에 맞게 가공하여 보석으로 만드는 보람이 있다.

교사들이 좋은 자료를 찾는 수고를 덜어주기 위해 활용도가 높고 공신력이 있는 자료 창고를 몇 군데 소개한다. 수업 자료 찾기에 독보적인 사이트는 국사편찬위원회가 제작, 운영하는 우리역사넷이다. 크게 4개의 영역과 하위 영역 자료들을 제시하고 있는데, '교과서 속의 우리 역사'에는 개화기부터 역대 역사 교과서가 실려 있어 시대별로 어떤 역사 교육이 이루어졌는지 살펴볼 수 있다. '교양 우리 역사'에서 주목할 영역은 '사료로 본 한국사'다. 삼국시대 이전 시기부터 현대에 이르기까지 주요 사료를 망라하고 있다. 먼저 한글로 번역된 사료를 제시하고 원문을 함께 제공하며, 해당 시대 연구자의 해설과 참고 자료도 소개하고 있으니 역사가처럼 읽기를 시도할 몇 가지 단서를 찾아볼 수 있다

'영상·이미지 속 우리 역사'에는 교과서 속의 이미지 자료, 책을 소개하는 영상, 근현대사 관련 사진, 영상 자료 등이 탑재되어 있고, 로그인 없이 다 볼 수 있다. '우리 역사 나침반'에는 오늘의 역사(연표)가 있어 그날그날의 주요한 역

사적 사건을 살펴볼 수 있고, 교과서 용어 해설이 실려 있어 학생들로 하여금 찾아보게 안내해줄 수도 있다. 이처럼 우리역사넷은 접근성이 좋고, 자료의 질이 높으며, 다양한 분야의 방대한 자료를 갖추고 있어 교사들은 물론, 학생들이 수행평가를 할 때도 큰 도움을 받게 되는 자료의 보고다.

좀 더 심층적으로 사료를 탐구하고자 한다면 국사편찬위원회 한국사데이터베이스에 엄청난 자료들이 탑재되어 있다. 한국사 관련 통사부터 시대별로 주요한 실록과 저작, 문집 등의 자료들이 집대성되어 있다. 실록의 경우, 역대 왕들의 행적을 날짜별로도 검색할 수 있어 사료에 대한 접근성이 한층 높다.

여기에는 흥미로운 사진도 많다. 일제 강점기의 감시 대상 인물 카드 영역에는 한용운의 희귀 사진이 있다. 일제에 의해 수감된 한용운의 머그샷이다. 그는 사진 찍기를 싫어해서 남아 있는 사진이 거의 없는데, 바로 여기서 그를 만날 수 있다. 그런데 표정은 몹시 일그러져 있다. 평소 아름다운 시를 쓰는 작가 이미지의 한용운이 아니라 독립운동가 한용운의 강렬한 저항 의지가 엿보이는 모습이다.

한용운의 서대문형무소 수감 사진

당대의 상황을 보여주는 또 하나의 사료인 신문을 열람할 수 있는 곳도 많이 있다. 국립중앙도서관 대한민국 신문 아카이브에는 기사에 대한 해제가 다수 달려 있으며, 네이버 뉴스 라이브러리는 신문별, 날짜별로 검색이 가능하므로 이를 활용해 역사신문 만들기 수행평가를 실시할 수 있다. 국가보훈처 공훈전자사료관, 독립기념관 한국독립운동정보시스템에서는 신문 외에도 특화된 자료로 당대의 손 편지, 일제 강점기 수형인 명부 등을 열람할 수 있다. 이를 활용해 역사탐구대회를 열거나 내가 닮고 싶은 독립운동가의 공훈록 작성하기 등의 수행평가도 시도해볼 수 있다.

영상 자료는 e영상역사관에 공적인 영상이 많이 탑재되어 있는데, 저작권 문제 없이 활용할 수 있다. 대한뉴스, 대통령 기록 영상, 테마 영상 등은 5~10분 정도 길이어서 수업에 활용하기 좋다. 독립운동가에 관해서는 2019년 3·1운동 100주년에 즈음하여 대한민국역사박물관에서 만든 「나의 독립 영웅」 100인 영상이 있다. 5분짜리 영상에 시대상과 독립운동가의 삶이 잘 녹아 있다. 특히 석주 이상룡 편은 문재인 대통령이 직접 해설자로 나서 화제가 되기도 했다.

사진 및 이미지 자료는 국립중앙박물관에서 운영하는 e뮤지엄에서 찾을 수 있다. 전국의 박물관 소장품을 망라하여 200만 점 가까운 자료를 제공하고 있으며, 소장처, 유물의 재질, 시대 등 다양한 방식으로 검색할 수 있어 활용도가 높다. 교양 서적으로는 유홍준의 『나의 문화유산 답사기』, 『화인열전』 등에서 유물, 유적에 얽힌 자세한 이야기를 들을 수 있다. 근현대사에 관련된 책자 중에는 역사교사 출신인 박건호의 『컬렉터: 역사를 수집하다』도 발로 뛰며 손수 수집한 자료를 통해 시대 속 개인의 삶을 생생하게 그려내고 있어 주목할 만하다.[41]

단, 영상이나 이미지를 활용할 때 앵글과 작가의 시선, 착시에 주의해야 한다. 아래 사진은 아우슈비츠 수용소를 찍은 것이다. 수용소 밖의 모습으로 여러 곳

아우슈비츠 수용소 내부 선로

에서 유대인을 실어 와 수용한 것처럼 보이지만, 사실 수용소 안에서 찍은 사진으로 유대인을 빨리 여러 막사로 수용하기 위해 선로를 여러 개 둔 것이다.[42] 이처럼 영상이나 이미지는 오해하기 쉽고, 잘못 판단할 수 있으니 교사가 수업 자료를 선정할 때 신중을 기해야 한다. 때로는 학생들에게 질문하여 어느 쪽에서 찍은 사진인지 추측해보게 하면서 생각을 확장시키는 데 활용할 수도 있다.

김홍도의 「자리 짜기」

비슷한 예로 김홍도의 「자리 짜기」가 있다. 흔히 몰락 양반이 자리 짜는 기술을 배워 생계를 꾸려나가는 사례로 제시하지만, 과연 그럴까?[43]

부농으로서 공명첩을 산 상민 출신의 양반이 가만히 있기 무료하니까 옛날 일을 생각하며, 쉬엄쉬엄 부인을 거드는 것은 아닐까? 그림 뒤편의 자식은 공부를 시켜 양반의 체면을 유지하게 하면서 말이다. 이처럼 이미지 자료일수록 직관에 의존하기 쉬우므로 잘 가려 써야 한다.

🏛 자료의 특성에 따른 변환

역사수업에 활용되는 자료 가운데 가장 중요한 것은 역시 문자 사료가 되겠다. 좋은 사료를 구한 다음에 고민할 부분은 사료의 변환이다. 시대상의 단면이나 사건의 본질을 알려주는 사료라 하더라도 학생들에게 가독성 있게, 설득력 있게 제시되지 않으면 의미가 반감될 수밖에 없다. 비교적 짧고 단순한 내용의 사료는 그대로 제시해도 되지만, 분량이 많거나 내용이 복잡하거나 다양한 인물이 등장하거나 첨예한 논리적 대립이 있는 경우, 학생들이 금세 파악하기 어려우므로 내용 구성과 제시 방식에 있어 약간의 손질이 필요하다.

그간의 경험으로 볼 때, 학생들의 반응이 괜찮고, 비교적 이해도 잘 했던 방식은 원문의 취지를 훼손하지 않는 범위 내에서 사료의 진술 형태를 바꾸는 것이다. 사료의 분량이 많고 문장이 긴 경우, 사건의 주역에 대한 가상 인터뷰로 몇 대목씩 나누어 제시하면 가독성이 높아진다. 복잡한 사건을 다룰 때는 역사신문이나 뉴스 형식으로 육하원칙을 갖춰 상황을 객관화해 보여주는 것도 좋다.

실제 인물 또는 가상의 인물이 사건을 설명하는 셀프 카메라나 일기 형태로 상황을 소개하면 약간의 감정이입을 유도할 수 있다. 내용이 복잡하거나 등장 인물이 많으면 극화학습의 대본처럼 구성하여 전체적인 흐름과 개인 및 집단의 입장이 잘 드러나게 할 수도 있다. 논리적 대립이 있는 경우는 모의재판이나 모의국회 형식으로 양측의 입장이 명확하게 드러나도록 재구성하는 것도 괜찮은 방식이다.

사료를 시각화하는 것도 학생들이 좋아하는 방식이다. 수업 내용과 관련된 초등학생 역사 만화의 일부를 스캔하여 보여주거나, 캐릭터를 빌려 와 말풍선에 주요 내용을 담으면 학생들이 흥미로워한다. 경우에 따라서는 다음과 같이 사료의 내용을 시각 이미지로 바꿔 보여줄 수도 있다.[44]

사료 2	원나라에서 태자와 신하를 보내 영안왕대부인(기황후의 어머니)을 위한 잔치를 열었다. 노국대장공주와 원나라 태자는 북쪽에 앉고, 공민왕은 서쪽에, 영안왕대부인은 동쪽에 앉았다. 공민왕이 술을 부어 먼저 무릎을 꿇고 태자에게 드리니 태자가 서서 마시고, 태자가 술을 부어 대부인에게 드리고 다음에 공민왕과 노국대장공주에게 드렸다.
2번 발문	1) 네 사람(원 태자, 공민왕, 노국대장공주, 영안왕대부인)의 자리를 표시해보자. (북) (서)　　　　　　　　　　　　　　　　　(동) (남) 2) 네 사람 중 공민왕의 서열은 (높은, 낮은) 편이다. 3) 공민왕은 2)의 상황에 대해 (만족, 불만족)했을 것이다. 4) 공민왕은 이후 _____을/를 계획했을 것이다.

사료의 내용을 연표로 만들거나 그래프로 제시하거나 그림으로 표현하고 때로는 사료의 내용을 담은 영상을 연결하여 잠깐 보여줄 수도 있으며, 뉴스 리포트나 대중 연설 등 학생들이 직접 해보는 역할극 방식도 주목도를 한껏 높일 수

있다. 이때 원 사료를 학생들이 직접 자신의 대사로 바꾸어 말하게 하면, 그 자체가 사료학습의 효과를 갖기도 한다.

극화 대본: 홍경래의 난 모의 과정

홍경래: 오늘 여러분들을 모이게 한 것은 거사 준비 상황을 점검하고 구체적인 거사 계획을 확정하기 위해서입니다.

김창시: 올해 전국적인 가뭄으로 굶어 죽는 사람이 헤아릴 수 없이 많습니다. 그중 평안도가 가장 심합니다. 떠도는 농민들도 어느 때보다 많아 나라 안이 어수선합니다. 올해 안에 거사하는 것이 좋을 듯합니다.

이희저: 광산 개발과 대외 무역을 막은 정부 조치로 상인과 광산업자들의 불만도 어느 때보다 높습니다. 게다가 이들 부유층에 수령의 세금 수탈이 집중되자 늘어만 가는 세금을 감당하지 못해 아우성입니다. 이들만 포섭하면 든든한 자금줄이 될 것입니다.

홍경래: 이 동지가 그 일을 맡아주십시오. 그리고 우 동지는 금광을 연다고 소문을 내어 사람들을 불러 모으세요. '가난하거나 굶주린 자들은 오라'고 하면 떠도는 농민들이 몰려올 것입니다.

우군칙: 사람들을 끌어 모으는 대로 돈을 들여 총포 쏘는 것부터 훈련을 시킬까 합니다.

홍경래: 이 동지께서는 다복동의 무기, 군복, 군량미, 군마를 다시 한번 점검해주세요. 그리고 김 동지께서는 봉기를 호소하는 격문을 작성해보세요. 그리고 우 동지께서는 지난번 봉기 때 각 성에서 호응할 세력들을 포섭하라고 부탁드렸던 것 어떻게 됐나요?

우군칙: 평안도에 대한 차별을 부각시켜 그들의 울분을 자극한 것이 먹혀들고 있습니다. 모두 봉기 날짜만 기다리고 있습니다.

홍경래: 거사 날은 12월 20일로 하겠습니다. 이날은 역사가 바뀌는 날이 될 것입니다. 동지들! 최선을 다해주십시오. 우리의 최후 진지는 정주성이 될 것이오.

리포터: 먼저 오늘 생신을 맞이하신 것 축하드립니다.

이자겸: 예, 고맙습니다.

리포터: 역시 대단한 가문의 권력자께서 치르는 잔치라서 그런지 하객도 많고 음식도 푸짐하군요.

이자겸: 뭘, 변변치 않은 걸 가지고….

리포터: 제가 취재한 바에 따르면, 어르신의 곳간에는 여기저기서 들어온 곡식이 넘쳐나고, 고기가 남아돌아서 썩을 지경이라는데요.

이자겸: 기자 양반, 그건 우리 집만 그런 게 아닙니다. 알다시피 고려는 귀족의 세상이 아닙니까? 대부분의 귀족 가문이 높은 벼슬과 넓은 땅에 온갖 특권을 누리고 살면서도 재산에 더 욕심을 내는지라, 더러 뇌물도 받고, 또 출세를 위해 갖다 바치기도 하고, 만만한 농민들을 윽박질러서 땅을 슬쩍 차지하고, 나아가 부귀영화를 오래도록 누리기 위해 왕에게 딸을 시집보내서 권세를 얻으려고 하고 있습니다.

리포터: 그렇지만 어르신네 가문은 좀 유별나다고 들었는데요?

이자겸: 그야 우리 집안을 부러워하는 사람들이 지어낸 얘기고… 사실 우리 집안에서는 겨우 7대 80여 년간에 걸쳐 왕비를 배출했을 뿐입니다. 특히 나는 예종에게 큰딸을, 인종에게는 셋째와 넷째 딸을 시집보내서 좀 돋보이는 거겠죠.

리포터: 그럼 지금 인종 임금님은 어르신의 사위이자, 외손자인 셈이군요? 그런데 떠도는 소문에 따르면 어르신께서 대권(?)을 꿈꾸고 계시다는데 우리 시청자들을 위해서 속생각을 좀 말씀해주시죠?

이자겸: 그건 이 자리에서 이야기할 수 없는 문제이고, 수업 시간에 선생님 설명을 열심히 들은 학생들은 이미 답을 알고 있기 때문에 언급을 회피하겠습니다.

리포터: 예, 인터뷰에 응해주셔서 감사합니다. 이상 인천에서 성장한 인주 이씨(경원 이씨)의 저택에서 리포터 ○○○이었습니다.

박시백의 『조선왕조실록』 중 요동 정벌에 대한 논쟁

사진 자료 중에서도 교사의 해외여행 장면을 활용하는 것은 매우 효율적이다. 유물, 유적 앞에 선 교사의 모습을 통해 학생들은 시공간을 뛰어넘어 해당 시대에 접속한다. 교사의 키에 비추어 유물, 유적의 크기를 짐작할 수 있고, 그때 있었던 에피소드를 소개하면 집중도도 높아진다. 무엇보다도 친숙한 선생님

자금성 월대와 사람의 크기 비교

한말 의병의 모습(전체-배경 → 부분-주목)

을 매개로 과거와 현재의 연결이 자연스러워지면서 학생들의 다양하고 구체적인 생각을 끌어낼 수 있다.

한말 의병 사진 한 장으로도 사진 속 인물들의 나이, 직업, 성격 등을 추리하고, 당대의 의병 활동을 설명할 수 있다. 이때 소년 의병을 주인공으로 삼아 사진을 부분에서 전체로 확대하거나 전체에서 소년 부분으로 좁혀가며 감정이입적 이해를 도모할 수도 있다. '그의 굳게 다문 입술은 조선의 암담한 현실이요, 그의 당찬 눈빛은 조선의 미래였다'라고 한마디 보태주면 감동은 배가 되고, 학생들의 몰입도도 더 높아질 수 있다.

이 밖에 노래나 음악을 수업 자료로 활용하는 것도 좋다. 「경복궁 타령」의 노랫말을 소개하면서 흥선대원군이 경복궁을 중건할 때 백성들의 불만이 적지 않았음을 읽을 수 있다. "짜증은 내어서 무엇하나 닐니리야 니나노"를 외치는 「태평가」를 들으며 일제가 1920년대 조선에 이 민요를 권장한 의도를 파악하는 것도 가능하다. 프랑스의 「라 마르세예즈」의 노랫말로 한껏 고양된 혁명적 상황과 대불 동맹에 맞서 고조된 긴장감을 느낄 수 있으며, 차이콥스키가 작곡한 「1812

장엄 서곡」을 통해 유럽 최강 나폴레옹 군대를 물리친 러시아의 자부심을 느낄 수 있다. 수업 내용과 암기 사항을 재구성하여 노래 가사 바꿔 부르기(노. 가. 바) 를 할 수 있으며, 「독립군가」를 4절까지 들려주고 가사를 보여준 뒤, 당시 분위 기에 맞게 「독립군가」 5절 만들기를 시켜보는 것도 사실에 입각하여 자기의 생 각을 표현하는 의미 있는 활동이 된다.

「독립군가」 악보

░░ 질문, 묻는 만큼 보이는

1990년대 유홍준이 『나의 문화유산 답사기』에서 "아는 만큼 보인다"고 설파한 뒤로 우리 문화에 대한 관심은 폭발적으로 늘어났으며, 사회 각 영역에서도 아는 만큼 보이니 안목을 높이자는 이야기가 유행했다. 그런데 이에 대해 이런 질문도 가능하다. 지식이 없으면 안목도 안 생기니, 모르면 계속 못 보나? 물론 그럴 가능성이 크다. 하지만 계속 못 봐서야 되겠나. 그래서 나온 화두는 '묻는 만큼 보인다'다.[45]

비록 다 알지 못하지만 궁금해하면서 질문하고 하나씩 답을 찾아가는 과정에서 우리는 온전한 배움에 이를 수 있다. 그런 점에서 질문은 배움의 출발점이다. 아무리 좋은 자료가 있어도 제대로 묻지도 따지지도 않는다면 자료는 무용지물이며, 발전과 성장을 기대하기 어렵다. 애초부터 다 아는 사람은 없고, 다 아는 것이 가능하지도 않으며, 그가 아는 것이 모두 참이라는 보장도 없다. 특히 역사는 늘 잠정적이고 상대적인 진실을 다룬다. 시대를 풍미한 통설만 있고 영원한 정설은 존재할 수 없는 해석의 학문이다. 당연해 보이는 통설에 질문을 던지며 새로운 해석, 확장된 안목, 치밀한 입증 등으로 학문이 발전하는 것이다. 학생들 또한 이 과정을 일부라도 경험할 필요가 있다.

이와 관련하여 질문하는 능력을 강조한 아인슈타인의 사례는 무척 중요하다. 그는 만약 갇힌 채로 1시간 만에 탈출하라는 미션이 주어진다면 "55분 동안 어떻게 안전하고 빠르게 탈출할 수 있는지 고심한 다음, 5분 만에 유유히 그 공간을 벗어나겠다"고 했다. 그만큼 좋은 질문, 핵심을 관통하는 질문, 본질에 다다르는 질문은 훌륭한 해법이 될 수 있다는 얘기다.

여기서 더 나아가 AI시대에는 질문 능력이 절실하게 필요하다는 의견도 있다.

이제는 바둑을 고수에게 배우지 않고 AI에게 배우는 시대를 맞아 인간이 기억에 의존하거나 검색 몇 가지로 세상을 살기는 어려워졌다. 더욱이 지혜롭고 행복한 삶을 영위하려면 새로운 힘이 필요하다. 그 힘이 바로 질문을 던지는 능력이며, 그것을 가르치는 것이 학교 수업의 목적이 되어야 한다는 뜻이다.

김선은 학교 수업에서 인간다움을 구현하는 방법으로 질문 능력을 꼽았다.[46]

교사와 학생이 참여를 공유하고, 학생들이 자신의 관점이나 질문을 제기하며, 학생들 간의 대화 또는 교사와 학생들 간의 대화가 있는 수업을 좋은 수업이라고 했다. 질문이 있어야 대화가 가능한 법이니 여기서도 질문은 중요한 소통 장치다. 또 반복이 아니라 창조가 있어야 진정한 수업이라고 했는데, 폭발적으로 늘어나는 지식을 머리에 욱여넣을 수 없으니 이를 비판적으로 파악하고 탐구하려면 역시 질문하는 능력이 필요하다는 것이다. 질문하는 능력은 곧 자신만의 관점과 세계관을 세우는 구실을 한다.

여기서 우리는 질문에 따른 답이 반드시 정답이어야 한다는 강박을 내려놓을 필요가 있다. 선다형 문제와 꼭 정답이 있는 입시 문화에 길들여진 탓에 우리는 모두가 수긍하는 정답을 늘 요구한다. 하지만 인생에 정답이 어디 있을까. 유장한 역사의 흐름에서 정답을 찾기란 더더욱 난망한 일이다. 그저 상대적으로 더 설득력 있는 답, 다수의 사람이 동의할 수 있는 답을 찾을 뿐이다. 일찍이 사르트르는 인생은 삶과 죽음 사이의 끊임없는 선택이라고 했다(Life is Choice between Birth & Death). 선택지에는 꼭 정답만 있는 것이 아니다. 특히 인생에는 같은 삶이 없기에 정답이 아니라 저마다의 해답이 있다. 역사 또한 닮은 듯 다른 사건의 연속이고 똑같은 답은 애초에 있을 수 없으니 수많은 해답의 연쇄로 이루어진다고 할 것이다.

문제는 이토록 중요한 질문을 구체적인 수업 장면에서 어떻게 던져야 의미

있는 배움, 긴밀한 협력, 사고가 한 단계 점프하는 성장이 가능할까 하는 점이다. 여기 몇 가지 시사가 될 만한 질문 방법이 있다.

❶ 단순한 사실부터 질문한다. 간혹 교사들이 성급한 마음에 결론부터 묻는 우를 범한다. 학생들이 준비되어 있지 않고 본격적으로 사고하지도 않았는데 결론에 해당하는 역사적 의의를 묻는 것이다. 누구나 대답할 수 있는 질문, 사실 관계에 대한 질문부터 던져야 모두가 참여하고 집중할 수 있다.

❷ 질문의 크기를 잘게 쪼갠다. 한꺼번에 많은 것을 생각하기 어려우므로 쉬운 질문에 하나씩 얹어 다음 질문으로 나아간다. 학생들이 어려워하면 생각할 시간을 주거나 힌트를 주어 되도록 포기하지 않고 따라오게 한다.

❸ 사실과 사실, 인물과 상황을 연결시키는 질문을 한다. 둘의 관계가 선후 관계인지, 인과 관계인지, 비교되는 관계인지, 대조적인 관계인지, 이와 유사한 사건이나 인물이 무엇인지를 물어보며 조금씩 맥락을 잡아가도록 이끈다.

❹ 학생들에게 계속 되묻는다. 어떤 대답이 나왔을 때 온전한 답이 아니면 학생들에게 어떤 요소를 더하면 좋은 답이 될지 되묻는다. 자신 없어 하면 짝꿍과 상의할 시간을 주기도 한다. 한 명의 답에 교사의 힌트를 보태면서 다른 학생의 더 정확한 답을 유도하는 것도 필요하다.

이러한 일련의 질문을 통해 어느 정도 정리된 견해를 만들었다면 다음과 같은 질문을 던지며 더 정교한 답을 요구한다.[47]

확인 질문	이유, 증거 제시 질문	합의, 결과 관련 질문	대체 의견 탐구 질문
그걸 설명할 수 있어요?	왜 그렇게 생각하지요?	그것의 결과는 어떻게 될까요?	그걸 다르게 표현할 수 있을까요?
그게 무슨 의미죠?	우리는 그것을 어떻게 알죠?	그것이 사실인 것을 어떻게 알 수 있을까요?	또 다른 견해는 없을까요?
예를 하나 들 수 있을까요?	그것에 대한 증거가 있나요?	그 견해는 먼저 말한 것과 모순되지는 않나요?	견해 A와 견해 B의 차이점은 무엇인가요?
이 개념에 대해 질문 있는 사람이 있나요?	그 의견을 어떻게 정당화할 수 있을까요?		학생의 의견에 동의하지 않는 사람은 무엇이라 말할까요?

여기서 한 걸음 나아가 학생들에게 더 상황에 몰입하게 하는 질문을 던질 수 있다. 특히 사진이나 영상, 그림을 보고 질문할 때 유용하다.[48]

1) 나는 주인공인가, 보조자인가, 참여자인가?

 - 내가 주인공이냐, 보조자냐, 참여자냐에 따라 학생들의 몰입도는 많이 달라질 수 있다.

2) 나는 피해자인가, 가해자인가, 방관자인가?

 - 피해자, 가해자, 방관자라는 위치에 따라 절실함과 부채감도 크게 다를 것이다.

3) 나에게 감동적인 혹은 인상적인 장면은 무엇인가?

 - 나에게 감동적인 장면을 묻는 것은 감정이입적 이해를 확인하는 과정이다.

4) 자료의 맥락상 가장 중요한 장면은 무엇인가?

 - 중요한 장면을 꼽는 것은 주관적인 몰입과 무관하게 핵심적이고 본질적인 부분을 찾도록 하는 질문이며, 내용에 대한 정확한 이해 여부를 가늠하는 것이다.

5) 다음 장면은 어떻게 되었을까?

 - 다음 장면의 전개를 묻는 것은 상상적, 확산적 질문을 던져보는 것이다.

6) 이 자료가 주는 메시지는 무엇인가?

 - 영상의 메시지를 쓰게 하는 것은 주요한 내용을 정리하도록 유도하는 것이다.

7) 이 자료에 제목을 붙여본다면?

 - 저마다 조금씩 다르게 명명할 것이므로 어떤 내용을 응축하여 자신의 언어로 설명하는지 확인하려는 것이다.

이렇게 사실을 초보적인 단계부터 하나씩 확인하는 질문, 그렇게 찾아낸 사실이나 정리한 견해를 정교화하는 질문, 이 내용에 대해 학생의 감정이입적 이해를 도모하는 질문을 거쳐 비로소 역사적 의의와 현재적 의미를 묻는 질문을 던질 수 있다.

❶ 사건(인물)이 잘된(한) 점과 문제점은 무엇인가?

❷ 왜 그렇게 생각하는가?

❸ 다른 각도에서 보충할 내용은 없는가?

❹ 현재 이와 유사한 경우가 있는가? 또는 지금까지 이어져오고(영향을 미치고) 있는 것이 있는가?

바로 이렇게 질문하는 것을 학생들이 부담스러워한다면, 이 사건(인물)에 대해 몇 점을 줄 수 있을까? 별표 몇 개를 부여할 수 있을까? 유사하지만 더 좋았던(나빴던) 사례는 무엇이 있을까? 이 사건을 보고 떠오른 현재의 모습은 무엇인가? 등의 방법으로 대략적인 판단을 하게 한 다음 ①번 질문부터 다시 물어볼 수도 있다.

단계별 질문의 예로 갑신정변에 대한 여섯 가지 질문을 살펴보자.

---

* 아래 글과 참고 자료를 읽고 물음에 답하시오.

> 1. 청에 잡혀간 흥선 대원군을 곧 돌아오게 하며, 그동안 청에게 행하던 조공의 허례를 폐지한다.
> 2. 문벌을 폐지하여 인민 평등의 권리를 세워, 능력에 따라 관리를 임명한다.
> 3. 지조법(토지에 관한 세금제도)을 개혁하여 관리의 부정을 막고 백성을 보호하며, 국가의 재정을 넉넉하게 한다.
> 5. 탐관오리는 처벌한다.
> 12. 재정은 모두 호조에서 관리하게 한다.
> 13. 대신과 참찬은 의정부에 모여 정치상의 명령이나 법률을 의결하고 널리 알린다.
>
> – '개혁 정강 14조' 중

1) 위의 개혁 문서는 어떤 사건 과정에서 발표된 것인가?

2) 경제 문제 개혁에 관계되는 조항은 몇 번과 몇 번인가?

3) 위 개혁의 근대적 성격을 보여주는 내용을 찾아 밑줄을 그어보자.

4) 위 개혁이 실패한 이유를 나름대로 정리해보자.
   국내: 소수 선각자의 성급한 개혁, 민중들을 설득하지 못함
   국외: 청   , 일본

5) 김옥균은 왜 이런 개혁에 나섰을까?

6) 나는 김옥균의 생각에 동의하는가, 반대하는가?

과연 이 나라는 어찌해야겠습니까? 밖으로 널리 유럽 국가와 친하게 지내고, 안으로는 정치를 개혁하여 어리석은 백성을 교육하며, 상업을 발전시키는 것입니다. 또 군대를 기르는 일은 그다지 어렵지 않습니다. (줄임) 세계는 지금 산업이 크고 많음을 자랑하고 경쟁하는 때이거늘, 아직도 양반을 제거하여 뿌리 뽑지 않는다면 앉아서 국가의 멸망을 기다리는 꼴입니다. 전하께서도 하루빨리 무식 무능하고 고리타분한 신하들을 내쫓고, 문벌을 없애고 인재를 뽑아 중앙 집권의 기초를 튼튼히 하여 백성들의 믿음을 얻으시고, 널리 학교를 세워 백성들이 지식을 깨우치게 하옵소서. 외국의 종교를 들여와 교육을 돕는 것도 하나의 방법입니다.

-『고균 김옥균 전』

갑신년 9월 일본 공사가 김옥균 등을 꾀어 말하였다. "청은 베트남을 쳐들어온 프랑스와 싸우느라 조선을 돌볼 틈이 없다. 청을 물리치고 조선이 독립할 기회다." 이에 김옥균 등은 밤마다 모여 은밀히 논의하였다. 일본의 힘을 빌려 청을 방어하고 자객을 길러 경쟁 세력을 제거하려 하였다. 일본으로부터 군함을 보내 후원해준다는 밀약까지 받게 되었다.

-『한국 통사』

위 자료에서는 사실 확인 → 내용 분석 → 의미 부여를 시도하고, 감정이입적 이해를 더한 다음 학생의 견해를 묻는 것으로 질문의 단계를 설정했다. 이를 조금 다르게 정리하자면, ① 사실은? ② 관계는? ③ 의미는? ④ 지금은? ⑤ 그는 왜? ⑥ 나라면?이 된다. 이 단계를 다 이행할 수도 있고, 과제의 성격이나 질문의 의도, 수업의 맥락에 따라 선별적으로 구사할 수도 있다. 이를 통해 인과 관계 파악, 역사적 탐구, 감정이입, 도덕적 판단 등의 역사적 사고력을 제고할 수 있을 것이다.

아울러 비역사적, 몰역사적 이해를 최소화하면서 다양하고 창의적인 답을 찾아보는 상상적, 확산적 질문을 몇 갈래로 나누어 소개해본다.

❶ 이미 제시된 상황을 바탕으로 나머지 내용을 추리하게 한다.

- 농경 문화 청동기를 보고 사라진 나머지 부분에 들어갈 장면을 그려보자.
- 남아 있는 3개 조항과 부여, 동예의 법을 참고하여 고조선의 8조법을 완성해보자.
- 내가 대몽항쟁 당시 충주성을 지키던 고려 사람이라 가정하고 일기를 써보자.
- 제1차 세계대전을 그린 레마르크의 소설 『서부 전선 이상 없다』의 참호 장면을 보고 주인공의 대사를 만들어보자.

❷ 고정 관념을 흔드는 질문으로 사고의 확장을 유도한다.

- 정복 군주 광개토대왕은 훌륭한 왕인가? 내가 생각하는 훌륭한 왕은 어떤 사람인가?
- 발해가 발전하는 데 다민족 국가라는 점에서 도움이 되었던 부분이 있다면 어떤 것인가?
- 공민왕은 줄곧 반원 자주 개혁을 추진했는가?
- 영국의 입헌 군주제는 민주주의일까, 아닐까?
- 내가 인디언이라고 가정하고 노예 해방을 주도한 미국 링컨 대통령에게 편지를 쓴다면, 어떤 내용을 담을까? (링컨이 인디언 토벌에 참가한 전력이 있음)
- 영국 차티스트운동의 인민헌장이 전 국민의 헌장이 되기 위해 필요한 내용은 무엇인가? (여성 참정권을 추가할 필요가 있음)

❸ 다양한 견해가 나올 수 있는 대립적 상황을 제시한다.

- 백제의 운명을 바꾼 관산성 전투에 있어 백제와 신라 중 누가 옳고 누가 그른가? 국가 간의 신의는 지켜질 수 있을까? 내가 생각하는 합리적인 해결책은 무엇인가?
- 신라의 삼국통일에 대한 나의 생각은? 1) 처음 내 생각은? 2) 짝꿍의 생각은? 3) 우리 모둠의 생각은? 4) 다른 모둠의 생각은? 5) 마지막 내 생각은?

- 예송에 대해 두 마음 토론을 해보자.

    * 역할 분담: 남인(왕 설득하기), 서인(왕 설득하기), 국왕(잘 듣고 판단하기), 사관(남인과 서인의 발언 기록하기)

      → 남인-서인-남인-서인 순서로 설득하고, 국왕은 판단한다.

      → 남인의 주장은? 서인의 주장은? 내가 당시 조선의 백성이라면 예송을 벌이고 있는 관리늘에게 어떤 질문을 했을까?

- 필리핀 세부섬에 있는 원주민 추장 라푸라푸의 비와 마젤란 기념비를 보고 나는 누구의 눈으로 역사를 볼 것인지 생각해보자.

❹ 역사적 상황에 대한 자신의 견해를 표현하게 한다.

- 신라 하대 개혁 방안을 '시무 3조'라는 이름으로 적어보자. (정치면, 경제면, 사회면 등)
- 조선 후기 삼남 지방을 돌아본 암행어사의 보고서를 작성해보자. (실상, 원인, 대책 등)
- 자료를 참고하여 조선 후기 임술 농민 봉기 상황에 대한 뉴스 멘트를 작성해보자.
- 원주민에게 럼주를 먹이는 상인, 기계를 돌리는 군인, 기도하는 성직자 그림을 보고 각각의 인물이 했을 법한 말을 하나씩 적어보자. 그리고 이 그림에 제목을 붙여보자.

끝으로, 교사가 학생에게 질문을 던지는 것에서 나아가 학생이 질문을 많이 하도록 유도하고 다른 학생이 그 질문에 답변하게 하는 수업도 고민하기를 제안한다. 교사가 주도하는 수업이 아니라 교사와 학생, 학생과 학생이 함께 대화하는 수업이 되려면, 서로가 편안하고 자유롭게 질문할 수 있어야 한다. 교사의 자문자답에 그치지 말고, 학생끼리 서로 묻고 대답하며 수업을 꾸려간다면 최고의 수업이 될 가능성이 높다.

1 역사교육연구소의 회보『역사와 교육』19호(2020)에 실린 필자의 글 '역사교사가 구성하는 교육과정을 향하여'를 일부 수정했다.

2 실천교육교사모임,『교사독립선언』, 에듀니티, 2015, 55쪽.

3 최무연,『교육과정 문해력』, 행복한 미래, 2018, 26쪽.

4 김한종,『역사, 무엇을 어떻게 가르칠까』, 휴머니스트, 2008, 47쪽.

5 서근원,『수업을 왜 하지』, 우리교육, 2007, 208쪽.

6 윤종배,『역사, 무엇을 어떻게 가르칠까』, 휴머니스트, 2008, 76쪽.

7 김종훈,『읽는 역사, 쓰는 역사』, 전국역사교사모임, 2014.

8 권영부,『역사과 수석교사 직무연수 자료집』, 2019, 84쪽.

9 예를 들면, 국가교육과정 정보센터(ncic.go.kr)에 들어가서 교육과정 자료실 → 교육과정 원문 및 해설서 → 2015 개정 시기 → 중학교(2018. 07) → 중학교 교육과정 원문 다운로드순으로 이용할 수 있다.

10 교육부, '2015 사회과 교육과정 별책 7(제2018-162호)', 2018년 7월 27일

11 김민정 외,『역사수업, 함께 궁리하고 더불어 성장하다』, 책과함께, 2019, 104쪽.

12 문순창,『역사교실, 역사에서 배우고 삶으로 가르치는』, 비아북, 2018, 153~167쪽.

13 역사교육연구소, 2018 총회 자료집, 120쪽.

14 역사교육연구소,『사발통문』2, 2019년 9월, 28쪽.

15 박주현, '역사과 교육과정 개발의 쟁점과 과제',『역사교육연구』32, 2018, 24쪽.

16 백은진, '2015 역사과 개정 교육과정에 도입된 성취기준별 교수 학습 방법 진술의 적정성', 위의 책, 48쪽.

17 2015 개정 교육과정에서 총론의 핵심역량: 자기 관리, 지식 정보 처리, 창의적 사고, 심미적 감성, 의사소통, 공동체 역량

역사과 교과역량: 역사 사실 이해, 자료 분석과 해석, 정보 활용 및 의사소통, 판단력과 문제해결, 정체성과 상호 존중

→ 총론과 각론의 관계가 애매하고 각론 내부의 성격에 역사과 고유의 특성이 충분히 반영되었는지, 비판이 제기되었다.

18 김현섭,『수업 공동체』, 수업디자인연구소, 2018, 25~26쪽.

19 윤세병, '민주 시민 교육을 위한 역사과 교육과정 대안 탐색', 시도교육감협의회 자료집, 2019, 3쪽.

20 『역사의식조사, 역사 교육의 미래를 묻다』(역사교육연구소, 휴머니스트, 2020)의 주요 내용이다.

21 박태호,『시울중등수입비평연구회 직무연수 자료집』, 2018, 12쪽.

22 윤종배, 앞의 책, 92쪽.

23 허영훈, '교육과정–수업–평가의 일체화를 통합 초등학교 문화유산 학습의 실제', 『역사교육연구』 33, 2019, 237쪽.

24 김민정 외, 앞의 책, 212쪽.

25 『역사와 교육』 31호(역사와교육학회)에 실린 필자의 논문 내용을 일부 인용했다.

26 2018학년도 서울 중평중 역사교사에 대한 학생들의 교원능력개발평가에서 발췌했다.

27 남한호, '역사교사가 구성하는 세계사 교육과정', 역사교육연구소 교육과정 행사 자료집 2019, 11쪽.

28 강선주, '초·중·고등학교에서 세계사를 어떻게 가르칠까', 역사교육연구소 교육과정 행사 자료집 2019, 2쪽.

29 박소연, '중등 세계사 교육의 목적에 관한 논의', 『역사교육연구』 35, 2019, 219쪽.

30 이와 관련하여 전국역사교사모임 회보 『역사교육』 61호에 실린 김육훈의 '세계사 교과서 속의 전쟁과 평화, 그리고 서구 중심 사관'을 꼭 읽어보기 바란다. 기존의 전쟁에 대한 설명을 성찰하게 되며, 전쟁에 대한 수업이 평화 교육에 얼마나 중요한지 살펴볼 수 있다.

31 (전) 서울 청운중 박상혜 수석교사의 수업 아이디어를 인용했다.

32 박소연, 앞의 글, 209쪽.

33 윤종배, 앞의 논문, 56쪽.

34 김종훈, 『읽고, 쓰고, 말하는 역사』, 신림중학교, 2017, 2~3쪽(목차).

35 박소연, 앞의 글, 220쪽.

36 『사초로 보는 세계사』(사초 모임, 전국역사교사모임, 2018)의 목차를 인용했다.

37 『세계사 수업 프로젝트 자료집』(사연 모임, 전국역사교사모임, 2020)의 한 단원과 한 차시를 발췌했다.

38 정미란, 『역사수업, 함께 궁리하고 더불어 성장하다』, 책과함께 2019, 53쪽.

39 양호환, 천세빈, '역사 텍스트 독해에서 맥락화 교수 학습의 문제', 『역사교육』 146, 2018, 59쪽.

40 오희문 지음, 신병주 해설, 『한 권으로 읽는 쇄미록』, 사회평론 아카데미, 2020.

41 박건호, 『콜렉터: 역사를 수집하다』, 휴머니스트, 2020.

42 임지현, 『기억 전쟁』, 휴머니스트, 2020. 29쪽.

43 2009 개정 교육과정에 따른 『중학교 역사 2』 교과서, 천재교육. 22쪽.

44 김민정 외, 앞의 책, 125쪽.

45 성균관대 동양철학과 신정근 교수의 네이버 블로그(2014년 2월 12일)에서 인용했다.

46 충남대 응용교육측정연구소 김선 교수가 서울시교육청의 평가혁신단 워크숍(2019년 12월 5일)에서 강의한 내용을 재구성했다.

47 '교육을 바꾸는 사람들(https://21erick.org/)'의 2020년 5월 8일 자 교육 칼럼에서 인용했다.

48 『기억 전쟁』(임지현, 휴머니스트, 2020)의 분류(가해자, 피해자, 방관자 등)를 기반으로 질문을 재구성했다.

49 '민주적 가치 실현을 위한 역사 교육과정 구성 방안 연구' (황현정 외, 경기도교육연구원, 2017) 86쪽에 나오는 2015 개정 교육과정 역사내용체계표의 기능 관련 내용을 필자의 관점에서 재구성했다.

제4장

여름방학

수업의 외연 확장하기

사료 재구성

역사 용어 설명

모둠 활동지

대다수 역사교사는 학생들의 유익한 역사 체험이나
탐구를 돕기 위해 동아리를 개설한다.
역사 논술반의 경우, 적절한 논제를 정하고, 자료를 준비하며,
글쓰기와 토의·토론을 유기적으로 결합하여 학생들이
심층적으로 역사 공부를 할 수 있게 안내하는 작업을 하고 있다.
답사반은 역사교사의 숙명이라 할 만큼 기본적인 동아리다.
교과서 속의 유물, 유적을 직접 현장에 가서 보거나 박물관의
잘 정돈된 전시 체계 안에서 주의 깊게 살피며 학생들이 문화유산을
좀 더 입체적으로 이해할 수 있게 해주는 역할을 한다.
한편 역사교사들은 방학 때 국내외 여행을 많이 가는데,
단순한 관광보다는 답사의 목적을 갖고 다녀오면
생생한 수업 자료로 다듬어 활용할 수 있다.
이러한 논술 수업과 답사, 여행 경험을 살려 동아리 외에도
자유학기제 수업, 방과 후 수업 등 역사수업의 외연을 확장하고,
생동감을 더하며, 흥미를 돋우는 방안은 없을까?

유적지 답사

수행평가

참고용 웹사이트

역사 동아리 운영과
국내외 답사, 여행

📚 역사 논술반 운영 계획

1. 목적

역사에 관심이 많고 일상적인 수업에서 한 단계 더 나아간 학습을 희망하는 학생에게 심층적인 탐구의 기회를 부여함과 아울러 독서, 토론, 논술과 연계된 활동을 활성화하기 위해 역사 논술반을 운영한다.

2. 방침

가. 역사교사가 주도하여 정규 동아리 또는 자율 동아리 활동으로 실시한다.

나. 학년 구분 없이 모집하되, 중학교는 1학년, 고등학교는 3학년 학생은 제외한다.

다. 필요시, 예산을 지원받아 교재를 제작하고, 연계된 활동에 따른 비용도 마련한다.

3. 세부 계획

가. 일시: 정규 동아리 활동 시간 또는 매주 1회(자율 동아리일 경우)

나. 장소: 사회교과실

다. 대상: 역사에 관심이 많은 학생

라. 진행: 토론과 논술 활동 외에도 고사 직후나 방학을 이용하여 답사 실시

4. 연간 계획(예시)

시기	주제	학습 내용
3월	동아리 조직	활동 내용 소개 및 의견 수렴
4월	단군 신화	단군 신화, 진실인가
5월	발해의 발전	발해사의 귀속 여부(한국, 중국, 러시아 역사)
6월	고려의 통일	바람직한 통일 방안
7월	역사 체험	경복궁 나들이
8월	방학	개별 역사 체험
9월	임진왜란	영웅과 민중의 관계
10월	개화와 척사	어떤 근대화가 필요한가
11월	3·1운동	진정한 용기와 애국심
12월	활동 정리	향후 학습 방안 논의

5. 운영 원칙

가. 생각하는 힘을 기른다.

① 통념에 대한 회의: 기존의 통념에 대한 맹목적 신뢰는 창의성의 걸림돌이므로 모든 부분을 의심하고 비판적으로 바라보며 자기 생각을 만들어가려는 노력을 유도한다.

② 교과서에 대한 인식 전환: 교과서는 유력한 텍스트일 뿐, 성전이 아니다. 교과서 외에 다양한 자료를 제공하되 내용을 경량화하고 다각적 사고를 일깨우는 자료를 제공한다.

나. 역사를 역사답게 탐구한다.

① 역사 교육의 목적 환기: 역사의 본질이 근거 있는 해석과 논쟁이므로 고전적 쟁점을 현실 문제로 고민하면서 주요 사건의 앞뒤를 살피는 방식으로 역사적 사고력을 제고한다.

② 설명보다 질문: 제대로 된 논술 수업을 위해 교사는 많이 가르치려 하지 말고, 문제를 던져주고 토론을 유도하고 교통정리하며 학생 활동을 돕는 구실을 해야 한다.

③ 자기 언어로 말하는 기회 부여: 모둠별 학습, 발표, 토론, 역할극 등을 통해 논술의 기본이 되는 발산적 사고를 진작시키고 이를 자기 나름의 표현을 써서 드러내는 활동을 실시한다.

6. 역사논술 수업 주제(예시)

차시	활동 주제	주요 사건	주요 인물	창의력 코너	주요 개념
1	단군을 찾아서	고조선 건국	단군	단군 신화 다르게 보기	신화와 역사
2	삼국통일의 안과 밖	삼국통일	김춘추	판결문 쓰기	사실과 판단
3	발해를 꿈꾸며	발해의 건국	대조영	답사계획서 만들기	역사와 현재
4	후삼국을 넘어 하나로	고려의 재통일	왕건	유세문 쓰기	중앙과 지방
5	이 땅에 천민을 없애자	신분해방운동	만적	연극 대본 쓰기	인권과 평등
6	개경에서 한양으로	조선 건국	정도전	역사편지 쓰기	개혁과 혁명
7	동아시아를 뒤흔든 전쟁	임진왜란	이순신	표창장 만들기	영웅과 대중
8	생활을 돕는 학문	실학운동	정약용	상소문 쓰기	민중과 지식인
9	갑오세 가보세	동학농민운동	전봉준	상상하여 글쓰기	올바른 근대화
10	대한 독립 만세	3·1운동	유관순	현장 취재하기	용기와 애국심
11	한국전쟁의 그늘	6·25전쟁	김성칠	전쟁 리포트 쓰기	이념과 인간
12	동아시아 역사 전쟁	동북공정, 독도 문제	독도 수비대	중국, 일본에 반박문 쓰기	우리 역사 지키기

7. 내용 구성 예시(삼국통일의 안과 밖)

생각 키우기

주요 논쟁점을 이해하면서 자신의 생각을 확장시키는 과정이므로 재판, 대화, 신문 기사, 학자들의 논쟁 등의 형식을 통해 논쟁점을 파악하고 간단히 댓글을 달도록 지도한다. 다양한 가능성을 충분히 염두에 두고 논리를 펼 수 있도록 여러 측면에서 문제를 제기하고 자극을 준다. 여기서는 삼국통일을 한 신라를 피고로 놓고 재판이 벌어지고 있는 상황을 가정하고, 검사와 변호사가 서로 논리 대결을 펼친다. 삼국통일에 대한 우호적 시각과 비판적 시각에서 나오는 주장을 간추려 놓았으므로 어느 편에 서든 상대방 논리를 감안하여 댓글을 달면서 자기주장을 펴도록 한다.

1) 논쟁 1: 다른 민족을 끌어들인 신라의 태도

가) 누구 잘못이 먼저인가?

검사: 신라가 당나라를 끌어들인 것은 정말 나쁜 짓입니다. 삼국통일이라는 목표를 위해 수단과 방법을 가리지 않는 태도도 문제이지만, 하마터면 당나라의 야심에 휘말려 통일은커녕 우리 땅 모두를 잃을 뻔한 위험스러운 행동이었으니까요.

변호사: 외세를 끌어들인 걸로 치면 백제가 먼저입니다. 4세기 말, 신라를 공격하기 위해 왜(일본) 세력을 불러들였고 이후에도 늘 신라의 후방을 불안하게 만들었어요. 오죽하면 통일을 이룩한 신라 문무왕이 죽어서도 동해의 용이 되어 나라를 지키겠다고 했겠습니까?

나의 생각:_____

나) 과연 잘못인가?

검사: 삼국은 서로 경쟁하면서 손잡기도 하고 배신하기도 했지요. 고구려에 대비하여 백제와 신라가 동맹을 맺은 적도 있고, 마지막에는 고구려와 백제가 신라를 공격하기 위해 손잡기도 했었지요. 하지만 어디까지나 우리 민족끼리의 일이었어요.

변호사: 경쟁에서 이기기 위해 치열하게 다투는 시기에는 누가 누구를 만났든 그게 잘못이라고 볼 순 없어요. 백제는 늘 왜와 교류했죠. 사실 신라도 당나라에 가기 전 고구려에 도움을 청하러 갔었어요. 그런데도 신라가 당나라를 만난 것만 문제를 삼는다면 곤란하죠.

나의 생각:_____

다) 이후의 모습

검사: 통일 무렵 신라의 태도를 보세요. 당나라 연호를 쓰고, 당나라 의복을 입고… 도무지 독립 국가로서의 자랑스러움이 없습니다. 그럴 거면 뭐 하러 통일을 했냐는 거죠. 연개소문이 중국에 당당히 맞섰던 걸 생각해보세요. 이때부터 민족정기가 흐려진 겁니다.

변호사: 신라의 태도는 현실적인 계산에서 보면 당연한 거지요. 힘이 모자라서 동맹을 요청한 신라가 금세 힘을 길러 당나라에 맞선다는 게

가능할까요? 그렇게 따지면, 고려도, 조선도 자존심을 세우며 중
국과 교류했다고 보기는 어렵다 이겁니다.

나의 생각: _____

2) 논쟁 2: 영토가 줄어들었다는 아쉬움

가) 통일하면 반드시 영토가 늘어야 하는가?

검사: 세 나라가 통일을 했는데 영토가 줄어든다는 게 말이 됩니까? 신
라 입장에서야 그전보다 커진 거지만, 우리 민족 전체로 보면 대단
히 아쉽지요. 통일이 의미 있고 자랑스러운 기억이 되려면, 당연
히 넓어진 영토, 늘어난 인구, 문화적 능력이 뒤따라야 되잖아요?

변호사: 땅 넓이에만 너무 집착하는 게 아닐까요? 삼국의 영토는 서로 경
쟁하면서 한쪽이 늘면 다른 쪽이 줄면서 여러 차례 변화되어왔어
요. 막판에 고구려가 스스로를 지켜내지 못하고, 신라의 손길이
대동강 너머까지 미치지 못했으니 아쉽게도 땅이 줄어든 것이죠.

나의 생각: _____

나) 고구려가 통일했더라면

검사: 아무리 생각해도 아깝지 않습니까? 당시 고구려 영토를 생각해보
면 신라가 통일한 땅은 너무 초라합니다. 그것도 신라 스스로 고구

려 땅을 당나라에 바치다시피 했잖아요. 고조선과 고구려의 옛 터전을 모두 잃어버린 셈이니 당연히 좋은 소리를 들을 수가 없지요.

변호사: 검사가 생각하는 고구려 땅은 광개토대왕 시절의 전성기 영토입니다. 통일 무렵에는 영토도 줄어들고, 국력도 약해졌어요. 진흥왕 때는 함경도까지 신라 땅이었죠. 어쩌면 고구려가 당나라에게 먼저 무너졌을지도 몰라요. 오히려 신라가 통일에 나선 게 다행이죠.

나의 생각:_____

다) 삼국통일인가, 이국 통합인가?

검사: 삼국통일이라는 이름은 걸맞지 않습니다. 김춘추가 대동강 너머의 고구려 땅을 포기한 채, 통일 전쟁을 시작한 것 자체가 문제죠. 신라는 백제를 공격할 땐 적극적이었지만, 고구려를 공격할 때는 소극적이었어요. 처음부터 삼국통일에 대한 생각이 없었던 겁니다.

변호사: 하지만 당나라의 야심에 맞서 신라는 백제 부흥군, 고구려 부흥군을 지원하며 함께 싸웠어요. 게다가 통일하면서 두 나라의 귀족과 백성들을 신라 사람으로 받아들였어요. 처음엔 아니었지만 당나라와 싸우면서 삼국통일이 비로소 완성된 거지요.

나의 생각:_____

1) 치열한 생존 경쟁의 결과인가?

신라 진흥왕에게 한강 유역을 빼앗긴 백제는 신라를 거칠게 몰아붙였다. 한때 원수로 지내던 고구려와 손잡고 신라를 압박하는가 하면, 경주로 가는 길목을 노리며 강공을 퍼부었다. 이미 고구려에게 도움을 청했다가 거절당한 바 있는 신라는 최후의 선택으로 당나라와의 동맹을 생각하게 되었다. 이로써 위기에 몰렸던 신라가 외교적 노력으로 삼국통일이라는 결실을 얻은 것이다. 한편으로는 고구려를 무너뜨리고 당나라 천하를 이룩하려는 당의 외교 전략과 연결되기도 했다.

나는 나·당 동맹이 정당한(혹은 부당한) 행동이었다고 본다. 왜냐하면?

2) 민족의 이름으로 비판하다?

삼국 간의 경쟁 당시 민족의식이라고는 없었다. 고구려가 전성기를 맞았을 때 그 영향력 아래에 있던 신라를 통일하지 않았다. 심지어 고구려와 백제는 같은 핏줄을 지녔지만(온조는 주몽의 아들이다) 서로를 원수처럼 대했다. 신라와 백제도 100년 정도 동맹을 맺고 왕실 간에는 결혼도 했지만 동족의식을 갖지 않았다. 오히려 삼국통일을 통해서 민족의식이 자라났다. 우리는 신라의 통일 덕분에 생긴 민족의식을 앞세워 신라가 민족을 배신한 것처럼 비난하고 있다.

역사에서 교훈을 얻는다고 했을 때, 삼국통일이 민족정신을 일깨우는 데 도움을 줄 수 있다고 생각하는가? 도리어 민족정신을 흐리게 만드는 일이라고 생각하는가?

3) 힘겹게 얻은 평화

삼국통일의 가장 큰 성과는 평화를 얻었다는 점이다. 우리가 자랑스러워하는 광개토대왕, 진흥왕 시절은 전쟁의 연속이었고, 거기에 동원된 백성들은 고달픈 나날을 보내야 했다. 삼국 간의 대립은 몇백 년에 걸친 것이었고 마지막 100년 간은 하루가 멀다 하고 싸움이 벌어졌다. 국력을 키우는 과정이기도 했지만 이에 따른 성공의 열매는 귀족과 지배층의 것이었고 백성들의 삶은 크게 나아지지 않았다. 고통스러운 전쟁이 삼국통일을 계기로 끝난 것이다.

참된 평화의 관점에서 삼국통일 과정을 비판해보자. 전쟁은 피할 수 없는 것인가, 정의로운 전쟁은 가능한 것인가, 국민 모두에게 이득이 되는 전쟁은 가능한 것인가?

논술 한 자락

지금까지의 활동을 종합하는 테마 논술 과정이다. 앞에서 읽고, 생각하고, 토론하고 써본 내용을 바탕으로 테마가 있는 한 편의 글을 만든다. 주제를 부각시키는 문장 구성, 근거 제시, 역사와 현재를 연결 지어 생각하는 능력을 길러주기 위함이다. 개요 짜기부터 본론-결론-서론의 순서로 구상을 다듬어 글을 쓰도록 지도한다.

논제: 삼국통일이 민족사에 미친 영향

아래 표를 읽어 보고 논술문을 작성하시오.

평가 기준	상	중	하	점수
삼국통일 과정을 정확히 알고 있는가				
삼국통일의 긍정적인 면과 부정적인 면을 잘 지적하고 있는가				
현재적 의미를 잘 찾아내고 있는가				
자신의 주장을 뒷받침할 충분한 근거를 갖고 있는가				

▨ 문화유산 답사반 운영 계획

1. 목적

역사에 관심이 많고 일상적인 수업에서 한 단계 더 나아간 학습을 희망하는 학생에게 심층적인 탐구의 기회를 부여하고 아울러 현장감 있는 역사 연구를 활성화하기 위해 문화유산 답사반을 운영한다.

2. 방침

가. 역사교사가 주도하여 동아리 또는 자율 동아리 활동으로 실시한다.

나. 학년 구분 없이 모집하되, 중학교는 1학년을, 고등학교는 3학년을 제외한다.

다. 필요시 예산을 지원받아 교재를 제작하고, 연계된 활동에 따른 비용도 마련한다.

3. 세부 계획

가. 일시: 정규 동아리 활동 시간 또는 매주 1회(자율 동아리일 경우)

나. 장소: 해당 장소

다. 대상: 역사에 관심이 많은 학생

라. 진행: 답사 전 검색 활동, 실제 답사, 답사 후 활동을 하되 필요시 토론과 논술도 실시

4. 연간 계획

시기	주제	학습 내용
3월	동아리 조직	활동 내용 소개 및 의견 수렴
4월	역사 개관	박물관 인터넷 검색
5월	고대사를 찾아서	고대사 관련 유적, 박물관 방문
6월	역사 속의 통치 공간	궁궐, 관아 답사
7월	사찰, 그 속에 깃든 의미	인근의 사찰 방문
8월	여름방학 기행	개별 답사
9월	서원에서 본 조선	인근의 서원 방문
10월	독립 만세의 외침	3·1운동 발생지 답사
11월	현대사의 현장	민주화 운동 장소 답사
12월	활동 정리	향후 활동 방안 논의

• 문화재 지킴이 활동을 한 학기에 한 번씩 할 수도 있다. 예를 들면 문화 유적지 주변 청소 또는 관리 실태 점검, 안내판의 오류 체크하기, 영어 번역 설명판 만들기 등이 되겠다.

5. 운영 원칙

가. 역사의 전반적인 흐름을 파악한다.

- 답사는 현장성이 강한 반면, 해당 장소와 인물에 몰입하다 보니 역사적 맥락을 놓치는 수가 있으므로 답사 주제와 해당 장소, 인물의 관계를 환기시켜줄 필요가 있다.

나. 시공간 및 인물에 대한 사전 조사, 표현 활동을 충분히 기획한다.

- 답사 현장에 남아 있는 것이 생각보다 많지 않기 때문에 미리 조사해 온 내용을 학생들이 발표하거나 서로 나누어 답사 주제에 대한 입체적인 이해를 도

모해야 하며, 학생들에게 글쓰기, 시, 노래, 그림 등으로 표현할 기회를 준다.

다. 지역사의 특성을 최대한 살린다.

- 답사는 장소의 공간적 특징과 학교에서부터 접근성이 중요하므로 지역사 이해에 관련된 장소는 우선적으로 다녀올 필요가 있다. 화려하거나 중앙 권력과 직결된 장소가 아니더라도 지역의 숨결을 느낄 수 있는 장소는 학생들에게 역사를 가까이 느끼게 하는 데 큰 도움이 된다.

라. 학부모와 소통을 강화한다.

- 주말이나 방학을 이용한 답사의 경우, e알리미나 가정통신문을 발송하여 활동 내용을 안내하고 학부모의 동의와 협조를 구해 진행한다.

6. 답사 장소 추천(서울 지역 예시)

시기	주제	학습 내용	비 고
3월	동아리 조직	활동 내용 소개	맛보기 영상 시청
4월	역사 개관	서울역사박물관, 대한민국역사박물관	인터넷 검색
5월	선사부터 고대사를 찾아서	서울 암사동 유적, 한성백제박물관 방문	인물: 장수왕, 개로왕
6월	역사 속의 통치 공간	경복궁 답사	광화문 광장과 6조 거리
7월	사찰, 그 속에 깃든 의미	봉은사 탐방	사찰 건축, 불상 이해
8월	여름방학 기행	개별 답사 (초안산 조선시대분묘군)	왕릉도 가능
9월	서원에서 본 조선	성균관 또는 도봉서원 방문	성리학, 붕당 정치 이해
10월	독립 만세의 외침	탑골공원 및 서대문형무소역사관	만세 시위 장소, 의거 장소 찾아보기

11월	현대사의 현장	4·19혁명, 6월 민주항쟁 장소 답사	당시 인물과 현장 사진 준비
12월	활동 정리	향후 활동 방안 논의	세계사 여행 계획 세우기

7. 학생 작품 예시

- 근정전 스케치

- '중학생이 쓰는 문화재 안내문'과 타이포셔너리 작품

묘지 기행

2020년 세계적인 코로나19 대유행 때문에 좀 주춤해졌지만, 한동안 해외여행은 방학 때마다 붐을 이루었다. 특히 역사교사에게는 단순한 여행이 아니라 교재 연구이고 현장 답사로서 의미가 큰 만큼 세계 각지로 나섰는데, 유럽의 주요 도시는 기본 코스나 마찬가지였다. 여행 일정표를 보면 파리, 런던, 로마 등 이미 알려진 도시를 직접 다녀보는 경우가 많고, 풍광이 좋은 곳에 가서 셀프 카메라를 찍는 것도 익숙한 모습이었다.

그런데 사진보다 번듯한 공간, 상상보다 화려한 건물에 시선을 빼앗기다 보니 현장에서 느껴봐야 할 생생함이나 폐허가 된 공간이 주는 꽉 찬 울림을 느끼지 못하는 경우도 있는 것 같다. 일정에 쫓기며 근사한 유적지를 점 찍고 다니는 경우는 많지만, 묘지를 다녀온 답사 후기는 자주 접하지 못했다. 이는 국내 여행에서도 마찬가지다. 다른 볼거리들이 많은데 굳이 망자의 공간에 갈 여유나 필요를 잘 느끼지 못한다.

그래서 묘지는 역사교사조차도 발길이 잘 닿지 않는 곳이다. 역설적이게도 교과서에 나오는 인물을 직접 만날 수 있는 공간인데도 말이다. 적막함 속에 그 인물과 대면하면서 역사의 격랑 속 그의 삶을 추억하고 나의 삶을 돌아보는 장소이며, 인물의 생각과 활동이 역사적으로는 어떻게 기념되고 있는지를 뚜렷하게 확인할 수 있는 곳이기도 하다.

파리와 런던에는 유명인이 잠들어 있는 묘지가 많은데, 역사교사로서 상상력과 생각의 지평을 넓히는 데 도움이 될 것 같아 소개해보고자 한다.

• 파리의 페르라셰즈 묘지(Père Lachaise Cemetery)

페르라셰즈는 파리 동쪽에 있는 공동묘지다. 1804년 나폴레옹에 의해 세워졌으며, 루이 14세의 고해 신부이자 파리의 대주교였던 '페르 프랑수아 드 라셰즈'의 이름을 땄다고 한다. 흥미롭게도 묘지 면적의 배분은 대단히 공평하여, 모든 시민은 평등하다는 원칙에 따라 망자에게도 빈부귀천을 불문하고 똑같이 1.2평의 공간이 주어진다고 한다. 그러나 수직적으로는 각자의 개성과 경제적 능력에 따라 묘지를 아름답게 꾸밀 수 있는 자유가 있다. 오늘날 우리가 아름다운 정원식 프랑스 공동묘지를 볼 수 있게 된 것은 이 때문이다.

1804년 프랑스의 유명한 우화 작가인 라퐁텐과 대표적인 극작가 몰리에르의 묘지가 페르라셰즈 공동묘지로 이장되었고, 1817년에는 중세 최대의 연애 사건으로 유명했던 두 인물 아벨라르와 엘로이즈의 묘가 기념비와 함께 페르라셰즈 묘지로 이장되었다. 시인 아폴리네르, 소설가 발자크, 오스카 와일드, 화가 들라크루아, 가수 에디트 피아프, 작곡가 쇼팽, 정치가 드농 등 많은 유명 인사들의 무덤이 있다.

이 가운데 외젠 들라크루아 묘의 형태는 관 모양을 그대로 옮겨 놓아 눈에 띈다. 그는 낭만주의 화풍을 지닌 작가로서 혁명기 프랑스와 격동의 현장을 묘사하는 데 탁월했다. 특히 「민중을 이끄는 자유의 여신」은 혁

들라크루아의 묘

파리 코뮌의 벽

명의 분위기와 이상 등을 응축한 작품으로 오늘날 루브르박물관의 대표작이 되었다.

묘지 한편에 위치한 파리 코뮌의 벽(Communards' Wall)은 정부군을 상대로 페르라셰즈 공동묘지에서 마지막 항전을 벌이던 147명의 파리 코뮌 병사들이 1871년 5월 28일 총살당한 곳으로, 프랑스 좌파의 자유를 위한 투쟁의 상징으로 여겨지고 있다. 오늘날 이곳에는 규모는 크지 않으나 그들의 희생을 기리는 기념 조각과 묘비가 남아 있다. 벽면에는 '코뮌의 죽은 이들에게(Aux morts de la commune)'라는 문구가 새겨져 있다. 코뮌의 벽 바로 건너편에는 프랑스 공산당 지도자들의 묘지가 화려하게 자리 잡고 있다. 또한 이곳은 제1차 세계대전의 기념지이기도 하며, 에스파냐 내전에 참가했다가 죽은 프랑스 사회주의자들의 묘도 있다.

이처럼 고즈넉한 묘지이지만, 정치가, 예술가, 종교인들이 무덤 속에서 저마다의 사연을 들려주고 있어 하나하나 눈여겨보고, 검색해보면 의외의 생동감이 느껴진다. 여기서 찍은 사진을 수업 시간에 쏠쏠히 활용할 수 있다.

• 런던의 하이게이트 묘지(Highgate Cemetery)와 켄살그린 묘지 (Kensal Green Cemetery)

파리에 페르라셰즈가 있다면 런던에는 하이게이트가 있다고 말할 수 있다. 런던에서 가장 유명한 이 묘지는 1839년, 런던 주위에 7곳의 새 민간 묘지를 조성하기 위한 기획의 일부로 개장되었다. 동쪽과 서쪽, 두 구역으로 나뉘어 있는

데, 조지 엘리엇이나 더글러스 애덤스 같은 유명한 소설가들의 무덤도 있다.

그중에서도 가장 유명한 무덤은 카를 마르크스의 무덤이다. 그는 과학적 공산주의의 창시자로서 자본주의 사회를 날카롭게 분석하고, 새로운 세상을 꿈꾼 인물이다. 자본주의의 선봉에 섰던 영국으로 망명하여 공산당 선언을 하기에 이르렀다. 영국 입장에서는 체제를 부정하는 인사이지만, 하이게이트 묘지를 찾는 사람들은 거의 대부분 마르크스의

마르크스 묘의 흉상

허버트 스펜서의 묘

무덤에 들른다. 당대에는 꿈을 이루지 못했으나 그의 문제의식은 여전하기에 많은 참배객이 그를 만나러 오는 것이다.

그래서인지 무덤이 원래는 주요 통로에서 멀찍이 떨어져 있었는데, 묘지공원 측에서 무덤을 통로 중에서도 찾기 쉬운 네거리로 옮겨 놓았다. 커다란 흉상이 세워져 있는 마르크스의 비석에는 "만국의 노동자여 단결하라"라는 말과 함께 "이제까지 철학자들은 세계를 다양하게 해석했을 뿐이다. 그러나 가장 중요한 것은 세계를 변혁시키는 것이다"라는 유명한 「포이어바흐에 관한 테제」의 글귀가 커다랗게 금박으로 새겨져 있어 묘한 느낌을 준다.

흥미로운 것은 마르크스 무덤 맞은편에 그와 반대되는 이념을 지닌 허버트 스펜서의 무덤이 자리하고 있다는 점이다. 그는 빅토리아시대 영국의 대표적인

학자로서 사회진화론을 주장했다. 그에 따르면 영국의 제국주의적 발전상(?)은 자연스럽고, 정당한 것이 되니 마르크스가 꿈꾸는 만국의 노동자가 단결하는 세상은 결코 실현되면 안 되는 것이다. 그는 당대 영국에서 성공하고 존경받는 학자였지만, 오늘날에는 맞은편의 마르크스를 추모하는 많은 사람의 뒷모습을 쓸쓸히 바라보며 누워 있는 셈이다.

이들의 무덤 근처에서 꼭 찾아볼 인물로는 역사학자 에릭 홉스봄이 있다. 케임브리지대에서 역사학을 전공한 그는 일찍이 마르크스의 이론에 감화를 받아 자본주의의 역사를 냉철하게 분석한 저작을 남겼다. 프랑스 혁명부터 제1차 세계대전 시기를 다룬 3부작 『혁명의 시대』, 『자본의 시대』, 『제국의 시대』는 자본주의 사회에 대해 빼어난 통찰을 보여준다는 평가를 받고 있다.

세상을 바꾸고 싶어 했던 사람은 마르크스만이 아니었다. 마르크스 무덤 주변에는 그와 마찬가지로 자신의 땅에서 쫓겨나 먼 나라에서 쓸쓸하게 숨을 거두었으나 결코 잊히지 않을 사람들이 손을 뻗으면 닿을 만한 거리에 누워 있다. 흑인과 여성의 인권을 위해 싸운 투사이자 공산주의자였던 클라우디아 존스, 저널리스트이자 혁명가였던 폴 푸트, 런던으로 망명해 이란 노동운동을 지도한 마르크스주의 이론가 만수르 헤크마트, 남아프리카공화국에서 의사로, 또 사회주의 혁명가로 활동하다 쫓겨나 런던에서 숨을 거둔 모하메드 다두의 무덤을 어렵지 않게 찾을 수 있다.

런던 서부의 켄살그린 묘지도 가볼 만한 곳이다. 공상적 사회주의를 제안한 로버트 오언과 빅토리아시대의 개혁가 70명의 기념비가 있다. 이들은 런던과 큰 연고가 없는 데다 당대 지배층에게 환영받지 못했기 때문에 공공장소에 이들 기념비를 세울 수는 없었을 것이고, 그래서 사립 묘지인 이곳에 돈을 주고 터를 사서 기념비를 세운 듯하다.

로버트 오언은 아동 교육을 위한 유아원을 최초로 세웠고, 노사 조정을 통한 교육으로 노동자들의 사회적 지위 향상을 꾀한 인물이다. 기념비에 "그의 생애는 인간애와 고상한 노력으로 성화되었다"라는 글귀가 새겨져 있다. 오언의 기념비 옆에는 이름 없는 개혁가들의 기념비가 나란히 서 있는데, 아래와 같은 헌사가 함께 새겨져 있다.

사회의 모든 계급 사람들의 생활과 행복을 향상시키기 위해 자신의 시간과 재산을 기꺼이 바친 용감한 남녀들의 영광을 위하여 이 비를 세운다. 이들은 모든 사람이 같이할 때 보다 더 행복하고 부유하게 됨을 느끼고 이를 성취하기 위해 진정으로 노력했다. 언론의 자유를 압박하던 무자비한 오랜 악법이 사라짐과, 우리들의 대표를 선출하는 권리는 이들의 노력으로 주로 이루어졌다. 이런 권리 행사의 경험은 사람들로 하여금 자신들을 규제하는 법에 대한 관심을 더욱 높였고 그 결과 그들을 보다 나은 인간과 시민으로 다시 태어나게 했다.

역사 발전을 위해 많은 것을 무릅쓰고 싸워나간 사람들에 대해 숙연함을 느끼게 된다.

• 초안산 조선시대 분묘군

지금까지 외국의 유명인 무덤을 봤으니 이제 우리의 왕릉급 무덤을 볼 차례인 듯싶지만, 내시 무덤으로 알려진 서울 초안산 분묘군을 살펴보려고 한다. 조선의 왕릉은 유네스코 문화유산이니만큼 정보도 많고 다녀온 사람도 많을 테니 덜 알려진 곳을 소개하려는 것이다. 이런 식으로 지역별로 그곳에만 존재하는 독특한 유적지를 답사하는 것도 역사교사의 의무(?)이자 특권이다.

서울시의 동북쪽에 속하는 노원구 월계동과 도봉구 창동에 걸쳐 있는 초안산에는 약 1,000여 기에 이르는 조선시대 무덤들이 자리하고 있다. 흔히 '내시 묘'로 알려진 이 무덤군에는 비단 내시들의 무덤뿐 아니라 단장이 잘 된 이름 있는 문중의 선산도 있어 조선시대의 '공동묘지'였음이 밝혀졌다. 그래서 2002년 '초안산 조선시대 분묘군(楚安山朝鮮時代墳墓群)'이라는 이름으로 사적 제440호로 지정되있다. 이름에서부터 편안한 안식처를 정한다는 의미를 갖고 있는 초안산은 조선시대에 인기 있는 묘지 터였다. 무덤을 쓰려면 한양성 밖 10리를 벗어나야 하는 규정 때문에 멀지 않으면서 괜찮은 곳을 찾다 보니 자연스럽게 각광을 받게 된 것이다. 초안산은 마사토 지질로 배수가 잘 되고 험하지 않은 야트막한 야산(해발 약 100미터)이며 왼쪽에 중랑천, 오른쪽에는 우이천이 흐르고 있다. 풍수적으로도 좋은 기가 흐른다는 평을 받았으니 이곳에 무덤을 쓰는 사람들이 많을 수밖에 없었을 것이다.

그럼에도 초안산의 무덤들은 유난히 망실되거나 파묘되거나 하여 관리되지 않은 곳이 많다. 내시 무덤이 많다더니 내시는 자손이 없으므로 돌보지 않아 방치된 것이라는 소문도 돌았다. 게다가 이곳에는 한국전쟁 때도 전사자가 묻혔고, 사연 모를 무덤이 꽤나 있는 까닭에 일부 양반 묘를 제외하고는 온전히 보전되어 있지 않은 것이 사실이다.

초안산이 내시 무덤 터로 알려진 이유는 바로 통훈대부 내시 승극철의 묘가 있기 때문이다. 조선시대의 내시는 거세되어 궁중에서 벼슬을 하는 남자로서 직접 정치에 참여할 수는 없었지만 왕을 지근거리에서 모시는 일종의 전문직 종사자였다. 내시는 선천적 거세자가 대부분이었으나 스스로 거세하여 임명된 자도 많았다. 왕과 가까이 있으니 권력이 거기 있었기 때문이다. 거세를 했으니 당연히 자식을 낳을 수 없었고 궁인의 신분이니 결혼 또한 할 수 없었을 것이다. 평

생 그렇게 궁궐에서 살다가 쓸쓸히
죽어 나가는 것이 정해진 내시의 운
명이었다.

내시 승극철 부부의 묘

　그런데 그런 내시가 결혼을 해
부인을 두었다? 비문에는 이렇게 새
겨져 있다. "통훈대부행내시부상세
승공극철양위지묘(通訓大夫行內侍
府尙洗承公克哲兩位之墓)" 통훈대부란 조선시대 문산계의 하나로 당하관이 오를
수 있는 가장 높은 자리였는데, 종3품이 한계였다. 이 무덤에서 주목할 부분은 "양
위(兩位)"라는 글자다. 양위란 두 분을 모신다는 뜻이고 '양친 부모'등에서 보는 바
와 같이 부부를 얘기하는 것이다. 이로써 조선시대의 내시가 결혼을 한 것과 죽은
뒤 무덤까지 같이 조성했다는 사실을 알 수 있다. 원래 이곳에는 승극철을 비롯한
내시들의 묘가 많이 있었는데, 여러 이유들로 없어지고 지금은 오직 내시의 것임
을 확인할 수 있는 승극철의 묘 단 한 기만이 남아 있을 뿐이다.

　초안산이 매력적인 것은 몇 안 되는 상궁의 무덤도 있기 때문이다. 이곳에서
상궁 박씨(尙宮 朴氏)의 무덤이 발견되었는데, 아버지는 이름이 수만(秀蔓), 어머
니는 청주 김씨(淸州 金氏)였다. 숙종 32년(1706년)에 태어나 영조 2년(1726년)
에 궁녀로 선발되어 대궐에 들어갔고, 영조 16년 봄에는 상궁이 되었다고 한다.
영조 39년(1763년), 58세를 일기로 세상을 떠났다. 비는 영조 39년 3월에 세워졌
으며, 가의대부 전현감 김국표가 묘비명을 짓고 글을 썼다고 한다.

　상궁 박씨 묘비는 현재 은평구 진관동 이발산의 상궁 옥구 임씨(尙宮 沃溝 林氏)
묘표(숙종 39년, 1713년), 경기도박물관이 소장하고 있는 상궁 안동 김씨(尙宮 安東
金氏) 묘표(영조 16년, 1740년)와 함께 비문이 남아 있는 단 세 기의 궁녀 묘비이므

상궁 박씨 묘비

로 조선 후기 궁녀사 연구의 보조 자료뿐 아니라 문화재로서 가치가 매우 높다.[1]

이 외에도 국립4·19민주묘지, 국립5·18민주묘지를 답사하면서 역사 속에 산화한 청년 학생들을 통해 한국 현대사를 공부하는 방법도 있다. 서울 수유리 순국선열 묘역에서 여운형, 손병희를 만나거나, 망우리 공원묘지에서 한용운, 지석영, 조봉암을 만나는 것도 의미가 있다.[2] 효창공원에서 김구를 비롯한 임시정부 요인과 의거 활동에 나선 의사들의 치열한 삶을 기리는 것도 가능하다. 단, 묘지는 남아 있는 흔적이 없으므로 인물에 대한 자료 조사와 간단한 사진 자료, 지도 등을 미리 준비하고 이를 살펴가며 답사하는 것이 좋다. 만약 학생들과 함께 가는 답사라면 큼지막한 지도나 사진을 갖고 가서 보여주거나 인물의 무덤 앞에서 휴대폰으로 인물의 생애를 검색해보게 하는 것도 괜찮은 방법이다.

흔히 하는 역사 동아리의 방식을 탈피하여 새로운 시도를 하는 것도 권장할 만하다. 유적 답사에 그치지 않고 다양한 활동을 연계하면서 학생들의 능력과 생각을 확장하는 방식이다. 일제 강점기의 적산 가옥이나 공장 건물 터 등을 돌아보고 일제 강점기에 대한 답사 리플릿을 만든다거나 역사 관련 단체를 방문하고 학생들의 눈높이에 맞는 전시가 되도록 아이디어를 내는 경우도 있고, 독도 알기나 일본군 '위안부' 돕기 관련 교내 캠페인을 주도하는 일도 가능하다.[3]

원격수업 시대를 맞아 구글 어스 등을 활용하여 장소의 제한 없이 국내외 유적지를 자유롭게 답사하거나 사전에 답사계획서를 짜는 활동을 하면서 내용을 파악하게 하는 방식도 해볼 만하다.

1 다음 카페 '문화와 역사의 발자취'의 일부 내용을 참고했다. (http://cafe.daum.net/Jone624)

2 『그와 나 사이를 걷다』(김영식, 호메로스, 2015)에 망우리공원(옛 망우리 공동묘지)에 묻힌 인물들의 다양한 이야기가 실려 있다.

3 『역사 교실, 역사에서 배우고 삶으로 가르치는』(전국역사교사모임, 비아북, 2018) 중 '역사 동아리로 다양하게 역사하기'(정희연) 310~311쪽을 참고했다.

제 5장

가을

평가, 또 다른 수업으로 삼기

학생들은 늘 시험을 본다. 수업의 끝에는 시험이 있기에,
수업은 안 들어도 시험 범위는 꼭 물어보는 학생이 있다.
교사에게도 시험은 그야말로 시험에 들게 만드는 일이다.
잘해야 본전이며, 삐끗하면 민원에 시달리는 불편한 작업이다.
예전에는 소위 객관식(선다형)으로 출제하고 채점은 컴퓨터가 알아서 했지만,
점차 서·논술형 출제를 확대하고 있으며, 수행평가는 평가의 한 요소로
자리 잡은 터라 더 많은 고민과 준비가 필요하다.
특히 수행평가 100퍼센트로 성적을 부여하는 경우도 있어,
커진 비중만큼 평가할 주제, 방식, 채점 기준, 피드백, 수업과의 연계 방안까지
충실하게 디자인해야 유의미한 평가가 될 수 있다.
평가가 더는 곤혹스러운 통과 의례가 아니라 학생들의 성취를 파악하고,
적절히 환류하며, 교사들이 다음 수업을 새롭게 디자인하는
흥미로운 이벤트가 될 수는 없을까?

선다형 평가,
무엇을 물을 것인가

역사과 평가의 목적

평가는 교사에게 교수 행위의 마지막 단계로서 의미가 있지만 학생에게는 결과가 궁금하고 걱정되는 행위이며, 학부모들의 기대와 불만이 교차하는 일이므로 출제와 채점, 결과 분석에 있어서 매우 신중해야 한다. 그러나 신중함이 지나쳐 오류나 민원이 생기지 않도록 하는 데 신경을 쓰다 보면 원래 목적과 달리 시험을 위한 시험이 되는 경우도 적지 않다. 어떤 일이든 매너리즘에 빠져 무심히 반복하거나 본질을 놓치고 적당히 넘어가는 행태를 보이지 않으려면, 그 일을 왜 하는지 수시로 되물어야 한다. 그리고 어떻게 펼쳐야 할지도 꼼꼼히 따져 봐야 한다.

역사과 평가에서 가장 먼저 고려할 점은 평가의 목적이다. 일반적으로 평가의 목적은 여덟 가지 정도로 꼽고 있다.

❶ 교육 목표나 학습 목표의 달성 여부를 판정하는 것

❷ 평가 결과를 토대로 교수·학습 활동의 전 과정을 개선하는 것

❸ 학생들의 선수학습이나 출발점 행동을 진단하는 것

❹ 학생들의 학습 부진이나 교수·학습 과정의 문제점을 파악하는 것

❺ 학생들의 역사 학습 성취도를 제고하는 것

❻ 학생의 학습 수준을 확인하고 서열화하는 것

❼ 입학시험 등에서 수험생을 선발하는 것

❽ 학생들의 역사 학습 의욕을 고취시키거나 사고력을 신장시키는 것[1]

목적과 관련하여 평가가 모든 것을 설명할 수 없다는 점도 충분히 고민해야 한다. 평가에서 많은 정보를 얻을 수 있지만, 평가로 잴 수 있는 것은 수업의 일부일 수밖에 없다. 교사가 일방적으로 전달하는 수업이 아니라면, 교사와 학생의 정신적 교감, 교사-학생, 학생-학생의 상호작용이 있을 것이고, 수업을 풀어가는 다양한 경로가 있을 것이며, 학생의 다양한 사고와 반응도 있을 것이고, 그 결과는 금세 드러나지 않는 경우가 많다. 교사가 가르친 내용이 입력된 모습대로 답안지에 그대로 표출된다거나 가르침의 성과를 시험지 하나로 측정할 수 있다는 것은 단견이다.[2]

둘째, 평가 방식도 고민해야 한다. 평가 목적을 이루기 위해 진단평가, 형성평가, 총괄평가, 수행평가 등을 실시하고 있는데, 진단평가는 학생들의 선수학습 정도를 파악하기 위해 주로 학년 초에 실시하며, 형성평가는 일상적인 수업에서 학습 여부를 판별하거나 피드백하기 위해 실시하는 평가 방식이다. 총괄평가 중

일반적인 형태는 지필평가다. 중간고사, 기말고사 등의 시기를 정해서 학습한 내용을 전반적으로 평가하는데, 지필평가는 다시 선다형과 서·논술형으로 진행된다. 학자들마다 조금씩 차이가 있으나 대체로 선다형은 지식의 양과 폭, 정확성을 측정하기 좋고, 서·논술형은 역사 지식의 깊이와 역사적 사고력(탐구, 판단 등)을 파악하기에 용이하다. 수행평가는 글쓰기나 토의·토론, 극화학습 등 학생 활동과 연계하여 실시하며 지식 외에도 기능과 다양한 요소를 측정하는 장점이 있다.

이 대목에서 평가 시 흔하게 마주하는 현실적인 문제를 생각해볼 필요가 있다. 바로 교과서의 절대화다. 한 학년을 여러 교사가 나누어 맡을 경우, 서로 긴밀히 협조하지 않으면 평가 장면에서 자주 이견이 생기며 이를 해결할 잣대로 교과서가 등장한다. 민원과 시비를 정리할 근거가 되는 셈이다. 이런 이유에서 교과서 위주로 평가하다 보면 평소 활동 수업을 하던 내용들도 어차피 외워야 할 몫이 되고, 외우면 될 일에 굳이 활동으로 시간과 노력을 들일 이유가 없어진다. 교과서 해설 수업과 암기한 결과를 묻는 평가의 연쇄는 수업을 더 왜소하게 하고, 노력하는 교사들을 허무하게 만든다. 역사적 사실과 지식을 다루는 선다형, 과감하게 자신의 의견을 진술하는 서·논술형, 따로 또 같이 다양한 활동을 펼치는 수행평가를 고루 배합하여 역사과 평가의 목적에 걸맞은 방안을 부단히 모색해야 한다.

셋째, 평가의 원칙도 고려 대상이다. 평가에서 주요하게 고려할 원칙은 타당성, 신뢰성, 다양성, 완결성, 효율성이다.

원칙	관점	내용
타당성	과연 낼 만한 가치가 있는 문제를 냈는가	교육과정 성취기준에 있고, 교사가 학습 목표로 설정했으며, 실제로 수업하면서 강조했거나 학생들이 활동했던 내용을 제대로 정리해서 묻는다. 교육과정-수업-평가의 일관성을 담보하기 위한 기본적인 전제로 삼아야 한다.
신뢰성	평가 결과를 어느 정도 믿을 수 있는가	채점자 자신도 채점할 때마다 결과가 달라져서는 안 되고, 복수의 채점자가 채점하더라도 서로 큰 차이가 나지 않아야 한다.
다양성	비슷한 패턴과 질문 방식을 반복하지 않고, 여러 가지 접근법과 자료를 제시하는가	객관식과 주관식을 균형 있게 출제하면서 객관식에도 선다형, 연결형, 합답형을 배합하거나 주관식에서도 서술형과 논술형을 적당히 섞는 등의 노력이 필요하다. 자료도 문서 자료 외에 그림, 사진, 그래프, 지도, 연표 등을 두루 활용하여 학생들로 하여금 힌트가 되면서도 다양한 사고를 할 수 있는 매개를 제공해야 한다.
완결성	문제 자체가 문제가 되지 않는가	선다형의 경우, 형식면에서 문두와 제시문과 답지에 오류가 없고, 내용면에서 출제 의도를 잘 알 수 있도록 단순 명쾌하게 진술해야 한다. 서·논술형의 경우, 수렴적인 답을 원하면 글자 수나 영역에 제한을 두고, 주관적인 답을 허용한다면, 논란이 없되 자유로운 의견 진술이 가능한 방식을 고안해야 한다.
효율성	교사들이 힘들지 않게 평가할 수 있는가	출제와 채점에 얼마나 많은 노력과 시간, 비용을 지불해야 하는가를 고려한다.[3] 좋은 평가가 있어야 좋은 수업의 완성이 가능하지만, 채점 자체가 너무 고통스러우면, 교사가 좋은 문제를 지속적으로 내기가 어렵다. 비교적 수월하게 측정하는 문제와 공을 들여 채점하는 문제로 나누고, 후자에 집중하여 채점하면서 교사 스스로 난이도와 다양성을 조절할 필요가 있다.

🏢 역사다운 평가를 위해 고려할 점

이제 실제 출제 단계로 가보자. 역사과에서는 대략 6개의 목표와 행동 영역을 고려하면서 다양한 평가를 설계하고 있다.[4]

목표	내용
역사 지식의 이해	- 역사 학습에 필요한 기본적이면서도 중요한 사실, 개념, 원리의 기억 - 단편적이거나 지엽적이지 않으면서 유기적이고 맥락적으로 연관되는 사실이나 용어의 이해
연대기의 파악	- 역사의 연속성과 변화 및 발전의 이해 - 시간과 관련된 여러 용어의 의미 파악 - 연표에 제시된 항목 간의 시간 관계 이해 - 역사 사건이나 상황의 시대순 및 인과 관계 파악
역사 상황 및 쟁점의 인식	- 역사적 사실의 복합적인 관계로 초래된 역사적 상황의 인식 - 역사적인 갈등 관계 속에 내재된 주장이나 쟁점의 인식 - 역사적 상황이나 쟁점이 지니는 역사성이나 보편성의 인식
역사 탐구의 설계	- 역사 문제의 해결을 위한 가설의 설정 - 역사 문제의 해결을 위한 탐구 방법의 설계 - 역사 문제의 해결을 위한 적정 자료의 선택
역사 자료의 분석 및 해석	- 역사 자료에 나타난 정보의 다면적 분석 - 역사 자료에 게재되어 있는 의미의 다각적 해석 - 역사 자료에 담겨 있는 핵심 내용의 정확한 포착 - 역사 자료의 시대적 배경과 사회적 의미의 해석
역사적 상상 및 판단	- 주어진 사실이나 자료를 토대로 있을 법한 상황을 추론 - 제시된 증거에 게재되어 있는 한계성을 인식하고 간극을 파악 - 당시의 상황을 고려하여 역사적 사실이나 행위의 적절성을 판단

이를 바탕으로 교사가 어느 영역에서 무엇을 물어야 할지, 어떻게 다양한 영역에 걸쳐 균형 있게, 다양한 방식으로 출제할지를 고려하기 위해 표를 만들어 볼 필요가 있다. 이는 교무부에 제출하는 이원목적분류표(혹은 문항 정보표)에 담기 어려운 내용들로서 수업과 평가가 긴밀히 연관되고 있는지 점검하는 바로미터가 될 것이다.

문항 구성표(예시): 고등학교 한국사 1학기 중간고사[5]

VI. 현대 세계의 전개와 과제

구분	역사 지식의 이해	연대기적 사고	역사 상황 및 쟁점 인식	역사적 탐구의 설계 및 수행	역사 자료의 분석 및 해석	역사적 상상 및 판단	계
고대 국가의 발전	1	1			1	1	4
고려 귀족 사회의 형성과 변천	2		1		1	1	5
조선 유교 사회의 성립과 변화	1	1	1	1	1	1	6

🏢 지필평가의 대명사, 선다형 톺아보기

선다형은 흔히 객관식이라고 불릴 정도로 지필평가의 대명사로 기능해왔다. 교사들이 출제하는 데 시간이 좀 걸리지만 늘 정답이 있고, 채점이 OMR 카드를 통해 전산으로 진행되기에 뒷마무리가 수월한 편이다. 채점에 오류도 거의 없고, 학생들 또한 명쾌한 결과에 수긍하기 때문에 교사들이 선호하고 있다. 과거에 강의식 수업이 주를 이룰 때는 말할 것도 없고 요즘도 대학수학능력시험이나 각종 선발 시험에 선다형 문제가 출제되기 때문에 객관적이며 공정하다는 믿음을 주고 있다.

그러나 선다형의 문제는 수업 혁신의 바람이 불 때마다 그 지위를 위협받는다. 일회적인 평가에 지나치게 많은 권위와 비중을 둔다는 점, 대체로 얼마나 많이, 잘 기억하는지를 측정한다는 점, 학습 과정의 다양한 변수를 알기 어렵다는 점, 무엇보다 하나의 정답을 요구하는 것이 다양하고 창의적인 해답으로 미래 역량을 키우는 교육 기조와 맞지 않다는 점에서 문제가 되고 있다. 지식이 반드시 필요하지만 그것은 출발점일 뿐, 지식을 재구성하여 새로운 지식을 창출하는 교육이 필요한 시점에 과연 선다형이 어울리는 방식인가를 되묻게 되는 것이다.

무엇보다 객관적 평가의 대명사가 될 만큼 선다형이 객관적이거나 공정하지 않다는 점을 항상 염두에 두어야 하며, 공정성의 신화를 거두고 교사의 평가권을 확보하기 위해 노력해야 한다. 이런 문제를 최소화하고 평가의 목적을 달성하려면 선다형 출제 시 다음과 같은 점을 고려할 필요가 있다.

첫째, 다양한 자료와 다양한 방식으로 출제하여 학생들의 사고력을 제고한다. 다양한 자료는 제시문을 만들면서 다음과 같은 여러 가지 요소를 활용할 수 있다.[6]

제시문의 형태

자료 기반			상황 설정
문자자료	사료	연표	교수·학습 상황 (수업 중의 설명, 발표 장면)
		사진, 그림, 삽화	
	설명문	통계, 그래프	가상 상황 (일상생활이나 현실 이슈를 인용)
		역사 지도	

자료 기반 열의 중간 "비(非) 문자자료" 셀 표기:

| | 비(非) 문자자료 | | |

특히 교수·학습 상황의 경우, 실제로 수업했던 장면을 적절히 재구성하여 수업에 잘 참여한 학생이 잘 풀 수 있도록 하면 이후의 수업에는 학생들의 집중도가 높아지는 효과가 있다. 질문 방식도 발문과 답지만 있는 단순한 선다형만 고수하지 않고, 연결형, 합답형을 배합하거나 답이 2개 이상 되는 것도 출제하면서 문항의 다양성을 더하여 학생들이 기계적으로 5개 중에 하나를 고르는 데서 벗어나 좀 더 유연하게 사고할 수 있도록 배려할 필요가 있다.

둘째, 문항 자체의 완성도를 높여 선다형 문항에서 취할 수 있는 최대치를 확보한다. 출제 시 크게 네 가지 정도를 따져봐야 한다.

❶ 문항에서 요구하는 능력이 평가 목표와 일치하는가?

❷ 문항이 모호하지 않고 구조화될 수 있으며, 문항의 발문과 답지의 내용이 간결하고 명확한가?

❸ 상대평가의 경우, 문항의 난이도를 적절히 조절하고 있는가?

❹ 학습자의 학습 동기를 유발하고, 참신한가?[7]

선다형 문제의 경우, 위의 사항을 구체화하고 문항 내용과 형식면으로 나눠 출제 시 검토 사항으로 제시하기도 한다.[8]

구 분	검토 항목
문항 내용	출제 범위를 벗어난 문항은 없는가
	전체 문항의 난이도 수준은 적정한가
	중요한 학습 요소에서 출제되었는가
	문항이 수업 중에 배운 내용이나 자료에서 출제되었는가

문항 내용	동일한 내용을 여러 문항에서 중복하여 측정하고 있지 않은가
	정답에 대한 단서가 본 문항 또는 다른 문항에 있지 않은가
문항 형식	문항, 보기, 배점 등의 표기가 편집 지침에 부합되는가
	글자 크기, 오탈자, 띄어쓰기 등에 오류가 없는가
	주어진 시간 내에 무난히 풀 수 있는가
	문항 배점의 합이 총점과 같은가
	너무 어려운 문항이 앞쪽에 많이 배치되어 있지 않은가
	부정형 문항이 전체 문항의 30퍼센트를 넘지는 않은가

선다형 문제에 관한 한, 다양한 사고력과 문항의 완성도를 높이기 위해 국사편찬위원회의 한국사능력검정시험이나 대학수학능력시험, 시도 단위에서 실시하는 학력평가 등에 출제된 기출 문항을 찾아보면 효율적이다. 각계의 전문성을 지닌 연구자와 교사들이 꽤 긴 시간 출제하고 검토한 것이기 때문에 출제의 내용과 형식면에서 배울 점이 많다.

그런 문항에는 대체로 다음과 같은 특징이 있다.

❶ 명확한 정답이 반드시 있다.

❷ 정답 못지않게 그럴듯한 오답이 있다.

❸ 가급적 긍정문의 형태로 문장을 구사한다.

❹ 부정문의 경우, 부정문에 밑줄을 긋는다.

❺ 모두 맞거나 틀리는 문제는 삼간다.

❻ 정답이 2개 이상인 경우, 해당 부분에 밑줄을 긋는다.

❼ 문장 안에 인용된 문장은 " ", 인용 어구는 ' '로 표시된다.

❽ '다음'보다는 그림, 표, 보기 등의 용어를 사용한다.

❾ 문항별 배점은 문항 끝에 표시한다.[9]

문항의 내용과 접근법도 다양한 역사적 사고를 진작시키기 위해 열 가지 유형으로 제시되어 있다.

❶ 기본적인 역사적 사실 알기

❷ 역사에서 중요한 용어나 개념 이해하기

❸ 역사적 사건의 흐름 파악하기

❹ 역사적 상황 인식하기

❺ 역사적 시대 상황 비교하기

❻ 역사 탐구에 적합한 방법을 찾아 수행하기

❼ 역사 자료에 담긴 내용 분석하기

❽ 자료 분석을 통해 역사적 사실 추론하기

❾ 역사 자료를 토대로 개연성 있는 상황 상상하기

❿ 역사 속에 나타난 주장이나 행위의 적절성 판단하기[10]

▨ 사례로 보는 선다형 평가

지금부터 소개할 문항들은 어느 중학교 정기고사에서 선다형으로 출제된 것이다. 과연 앞서 제시한 여러 원칙을 준수하고 있는지, 완성도가 높은지는 미지수이지만, 몇 가지 다양한 문제 형식을 소개하기 위해 제시하려 한다.[11]

먼저, 요즘 학생들이 많이 찾는 검색창이나 대화방의 모습을 빌려와 발문과 선지로만 구성되는 단순함에서 벗어나고, 학생들이 주어진 자료를 통해 더 많이 생각하게 하되 형식면에서도 학생들의 눈길을 끌 수 있는 문항을 골라보았다.

---

1. ㉠에 들어갈 검색어로 알맞은 것은? (3점)

내 지식	지식Q&A	이미지	아하!

전체 검색 ⟋ | ㉠ | 검색

9세기 초 발해의 전성기를 연 왕으로, 이때 발해는 서쪽으로 요동 지방, 남쪽으로 대동강 이북과 함경도 대부분을 확보하였고, 북으로는 만주 일부와 연해주에 이르는 최대 영토를 차지하였다. 당시 당은 동아시아의 강국으로 발전한 발해를 가리켜 '해동성국'이라고 불렀다.

① 무왕   ② 문왕   ③ 선왕   ④ 경순왕   ⑤ 대조영

2. 두 친구의 대화 중 빈칸 ㉠에 들어갈 내용으로 가장 알맞은 것은? (4점)

> 고려의 지방 행정 조직은 어떻게 이루어져 있었어?
>
> 현종 때 경기와 5도 양계의 틀이 정비되었어.
>
> 5도에 대해 좀 더 자세히 설명해 줄래?
>
> 5도는 ㉠

① 군사 행정 구역이었어.
② 일반 행정 구역이었어.
③ 북계와 동계로 이루어져 있었어.
④ 수도인 개경과 그 주변의 군, 현을 묶은 지역이었어.
⑤ 수도가 동남쪽에 치우쳐 있는 걸 보완하기 위해 설치했어.

다음에 제시하는 3~6번 문항들은 문자 자료 외에 다양한 자료를 활용하여 질문하는 형식이다. 시각적 자극에 익숙한 요즘 학생들에게 사진이나 그림 외에도 일목요연한 도표나 연표, 지도, 그래프 등이 호소력 있을 것으로 보인다.

---

3. 발해의 중앙 통치 기구 그림에 대한 설명으로 가장 알맞은 것은? (3점)

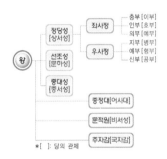

① 2성 6부를 중심으로 운영되었다.
② 정당성은 역사서를 편찬하고 보관하였다.
③ 중대성은 6부를 거느리고 정책을 집행하였다.
④ 최고 합의 기구인 선조성을 중심으로 국정을 운영하였다.
⑤ 통치 기구의 명칭과 운영 방식에서 발해만의 독자성을 갖추었다.

4. 연표의 (라) 시기에 발생한 역사적 사실로 옳은 것은? (4점)

(가)	(나)	(다)	(라)	(마)
후고구려 건국	고려 건국	발해 멸망	혜종 즉위	

① 견훤이 후백제를 건국하였다.
② 신라가 스스로 고려에 나라를 넘겼다.
③ 궁예가 나라 이름을 태봉으로 바꾸었다.
④ 신라에서 원종과 애노의 난이 발생하였다.
⑤ 최치원이 진성 여왕에게 개혁안을 건의하였다.

5. 아래 지도의 보급이 명·청 사회에 끼친 영향으로 가장 알맞은 것은? (3점)

① 서민 문화가 발달하였다.
② 티베트 불교가 발전하였다.
③ 한족 남성에게 변발을 강요하였다.
④ 중국 중심의 세계관에 충격을 주었다.
⑤ 화약과 인쇄술이 유럽 사회에 전해졌다.

6. 신분 구성 그림을 통해 추측할 수 있는 원 사회에 대한 설명으로 옳지 <u>않은</u> 것은? (3점)

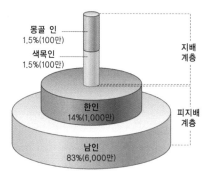

① 남인이 가장 열악한 처지였다.
② 한인은 피지배층의 일부로 살았다.
③ 색목인은 몽골인과 경쟁 관계에 있었나.
④ 한인과 남인은 관직에 진출할 기회가 거의 없었다.
⑤ 몽골 제일주의를 내세워 몽골인이 주요 관직을 독점하였다.

문자 자료도 좀 더 선명하게 눈에 들어오게끔 재구성하는 방법이 있다. 주로 인터뷰 형태로 논지를 정리하거나 그림 이미지를 덧붙여 대화체로 제시하는 것이다.

7. 조선 후기 평민의 가상 대화이다. 대화의 배경에 대한 설명으로 <u>가장</u> 알맞은 것은? (4점)

① 세도 정치로 인해 삼정이 문란해졌다.
② 서얼과 노비에 대한 차별이 완화되었다.
③ 상업이 발달하면서 상평통보가 유통되었다.
④ 양명학이 수용되어 학자들이 이론보다 실천을 강조하였다.
⑤ 정부가 주도하던 관영 수공업이 쇠퇴하고, 민영 수공업이 발달하였다.

8. 인터뷰에 등장하는 봉기에 대한 설명으로 옳은 것은? (3점)

> 홍경래: 오늘 여러분을 모이게 한 것은 봉기 준비 상황을 점검하고, 봉기 날짜를 정하기 위해서입니다.
> 김창시: 올해 전국적인 가뭄으로 굶어 죽는 사람이 헤아릴 수 없이 많습니다. 그중 평안도가 가장 심합니다. 올해 안에 거사하는 것이 좋을 듯합니다.
> 이희저: 광산 개발과 대외 무역을 막은 정부의 조치로 상인과 광산업자들의 불만도 어느 때보다 높습니다.
> 우군칙: 평안도에 대한 차별을 부각시켜 평안도민들의 울분을 자극한 것이 먹혀들고 있습니다. 모두 봉기 날짜만 기다리고 있습니다.

① 철종 임금 때 발생하였다.
② 노비들이 신분 상승을 위해 일으켰다.
③ 고구려의 부흥을 주장하며 봉기하였다.
④ 정주성 싸움에서 관군에게 패해 진압되었다.
⑤ 조선 정부는 봉기 수습을 위해 삼정이정청을 설치하였다.

좀 더 많은 사고를 불러일으키기 위해 문두와 답지만이 아니라 가운데 보기를 두고 많은 자료를 제시하는 방식도 있다. 아울러 보기에 여러 요소를 넣고, 하나가 아니라 여러 개 요소 간의 관계와 진위 등을 살펴 답하게 만드는 것도 가능하다. 보기에는 위에 제시한 다양한 형태의 자료와 사진과 그림, 문서 자료 등을 두루 활용할 수 있다.

---

9. 밑줄 친 ㉠을 위해 광종이 실시한 정책을 〈보기〉에서 옳게 고른 것은? (3점)

> 태조 이후 고려 왕실은 힘 있는 호족 출신의 외척과 그들이 후원하는 다른 왕자들로부터 끊임없이 왕위를 위협받았다. 정종이 서경 천도를 추진하면서 왕권 강화에 노력하였지만 성과를 거두지 못하다가, 광종의 개혁 이후 ㉠고려의 왕권은 점차 안정을 찾게 되었다.

| 보기 |
ㄱ. 과거제   ㄴ. 음서제   ㄷ. 기인 제도   ㄹ. 노비안검법   ㅁ. 사심관 제도

① ㄱ, ㄴ   ② ㄱ, ㄹ   ③ ㄴ, ㄷ   ④ ㄷ, ㄹ   ⑤ ㄹ, ㅁ

앞에서 언급한 교수·학습 상황을 가정한 문제도 어렵지 않게 만들 수 있다. 아래 내용은 비교적 간단한 발문과 대답인데, 얼마든지 다양한 교실 상황을 구현할 수 있다. 또 수행평가를 하면서 역사신문이나 탐구 보고서 같은 문서에 제목을 다는 방식으로 학생들이 역사적 의미를 부여하는 모습을 연출할 수도 있다.

---

10. 교사의 질문에 대한 학생의 대답으로 옳은 것은? (3점)

> 교사: 몽골 제국이 넓은 영토를 효율적으로 다스리고 교통과 통신, 물자 운반 등을 원활하게 하기 위해 실시한 제도는 무엇일까요?
>
> 학생:＿＿＿＿＿＿＿＿＿＿

① 균전제　　② 부병제　　③ 역참제　　④ 군현제　　⑤ 봉건제

11. 그리스 문화에 대한 보고서의 전체 제목으로 가장 잘 어울리는 것은? (3점)

> ＿＿＿＿＿＿＿＿＿＿＿
>
> · 종교: 신도 인간의 모습과 감정을 가진 존재로 묘사
> · 철학: 자연 현상에서 인간 사회로 관심 확대
> · 문학: 호메로스 『일리아드』, 『오디세이』
> · 역사: 헤로도토스 『페르시아 전쟁사』
> · 건축: 파르테논 신전, 아테나 여신상

① 신 중심의 문화가 일어나다.
② 역사 속의 전쟁을 노래하다.
③ 인간 중심의 문화가 발달하다.
④ 신화와 영웅들의 문학이 꽃피다.
⑤ 조화와 균형을 갖춘 조각을 빚다.

문제 하나에 답 하나를 구하는 것이 아니라 제시한 자료에 여러 요소를 질문으로 담아 연결되는 문항을 만들 수도 있다. 대개 2~3개 정도를 하나의 학습 요소를 엮은 문항으로 제작하기도 한다.

※ 자료를 읽고 물음에 답하시오.(12~14)

분열된 서아시아를 다시 통일한 것은 아케메네스 왕조 ◯◯ 였다. 전성기 때는 서아시아에서 이집트, 인더스 강 유역에 이르는 거대한 제국을 건설하였다. ◯◯ 는 ©강력한 중앙 집권 체제와 이민족에 대한 포용 정책을 바탕으로 200여 년간 번영을 누렸다. 그러나 그리스와의 전쟁에서 패배하고 지방 총독들이 반란을 일으켜 점차 쇠퇴하였다.

12. 빈칸 ㉠에 해당하는 나라로 옳은 것은? (3점)
　① 아시리아　② 페니키아　③ 페르시아　④ 파르티아　⑤ 바빌로니아

13. 밑줄 친 ©의 사례가 아닌 것은? (3점)
　① 최정예 부대인 사수대를 유지
　② 화폐와 도량형을 통일하여 적용
　③ 20개 주에 총독을 파견하여 통치
　④ 2,400km의 '왕의 길'을 닦아 지배
　⑤ 법가 철학을 바탕으로 사상을 통일

14. 빈칸 ㉠이 다스리던 시기에 유행한 종교의 특징은? (3점)
　① 선과 악, 구세주, 최후의 심판 등의 교리가 있다.
　② 누구나 도를 깨우치면 신의 경지에 오를 수 있다.
　③ 훗날 유교, 그리스 정교, 라마교에 영향을 미쳤다.
　④ 예언자 무함마드가 하늘의 계시를 받아 정립하였다.
　⑤ 선한 신의 상징으로 '물'을 모시는 종교의식을 치른다.

서·논술형 평가,
어떻게 물을 것인가

서·논술형 평가가 필요한 이유

선다형 평가는 여러 장점과 보완 노력에도 불구하고 단순 지식을 평가하며 암기 위주의 학습을 조장하는가 하면, 탐구 능력과 고등 사고를 길러주는 데 한계가 있다는 지적을 받아왔다. 그 대응책으로 서·논술형 평가를 모색한 지도 꽤 오래되었다. 학생들의 창의성과 문제해결 능력을 신장시키고, 사고의 다양성과 유연성을 길러줌으로써 지식 정보화 사회에 능동적으로 대처할 수 있는 인재를 육성하는 방안으로 강조되고 있다.[12]

장점을 꼽아보자면, 응답 반응이 자유롭기 때문에 학생이 자신의 지적 배경에 따라 적절한 자료나 정보를 선택하여 자기 언어로 표현할 수 있으므로 다양하고 창의적인 생각이 싹틀 수 있다. 내용을 모른 채 추측과 우연으로 답을 맞힐 수 없으므로 학생들이 수업에 더 집중하게 되며, 개념과 원리를 이해한 바탕 위에 자기 논지를 펴기 때문에 고등 사고가 가능하다.[13] 특히 논술형 문제는 논쟁성이 강한 역사과의 특성과도 잘 어울려 토론 수업의 논제를 출제해서 좀 더 심화된 의견을 진술하게 할 수도 있다.

그런데 서·논술형 출제는 현장에 깊이 뿌리 내리지 못하고 있고, 2000년대 초반, 2010년대 초반, 2010년대 후반 등 일정한 간격을 두고 붐을 이루었다가 퇴조하기를 반복하고 있다. 왜 그럴까? 시험의 객관성을 강조해온 그간의 관행 탓에 일정하게 주관이 개입될 수밖에 없는 서·논술형 출제에 대해 교육 주체들이 모두 부담스러워하기 때문이다.

내막을 알고 보면 교사는 출제와 채점에 훨씬 공을 들이고도 학부모와 학생의 신뢰를 얻지 못하는 일을 굳이 하고 싶지 않은 것이다. 학생들은 늘 답을 고르는 문제를 풀다가 직접 글을 써야 하니 막막하기도 하고, 훨씬 어렵게 느껴지는 것이며, 학부모가 보기에는 맞았다고 생각하는 답을 교사가 틀렸다고 판정하는 데 대해 불만스럽고 석연찮은 느낌이 있는 것이다. 객관식의 대명사가 선다형이라면, 서·논술형은 근본적으로 주관식 시험으로서 출제자의 의도를 파악하고, 수업 중에 배운 내용과 문제의식에 학생의 생각을 더해 논리적으로 풀어가는 시험이라는 특성을 간과하고 있거나 인정하지 못하는 까닭이다.

일거에 모든 문제를 해결할 수 없듯이 서·논술형 출제도 교육청 단위에서 단기간에 정책적으로 밀어붙이거나 교사 개인 차원에서 의지를 갖고 밀고 나갈 일이 아니다. 지향과 현실 사이에서 적절한 균형을 잡고, 한 단계씩 나아가려는 노력이 필요하다. 그런 의미에서 서·논술형의 유형을 잘 파악하여 객관성을 최대한 담보하면서도 학생 저마다의 의견을 존중하는 방식을 모색해야 한다.

역사과 입장에서 서·논술형 문항의 유형은 크게 네 가지로 나누어볼 수 있다. 요약형, 설명형, 비판·평가형, 대안 제시형 등이다. 실제 출제 장면에서는 단순 요약 → 비교(2~3개) → 설명 → 비판 등으로 수준을 나누고 난이도를 조절하면서 시도할 수 있다.

유형	특징	비고
요약형	주어진 자료를 단순히 간추리는 것도 있고, 두 텍스트를 비교하여 요약하는 것도 포함한다.	어느 정도 정답의 객관성이 있으므로 서술형으로 출제되는 경우가 많다.
설명형	주어진 자료를 해석한 뒤 출제 의도에 맞추어 사건, 개념의 논리적 관계를 풀이한다.	
비판·평가형	요약한 바탕 위에서 자료를 활용하여 비판하거나 가치를 매긴다.	자신의 의견이 많이 들어가므로 논술형 문제로 적합하다.
대안 제시형	어떤 문제에 대한 대안을 내놓거나 자신의 논지를 펼친다. 차원(개인, 사회, 국가)이나 영역(정치, 경제, 사회, 문화), 기간(단기, 장기) 등을 고려한 대안과 논지를 제시한다.	

다른 한편으로 문제 유형은 응답 제한형과 응답 자유형으로 나뉘고, 단독 과제형과 자료 제시형으로도 구분된다.

유형	특징	비고
응답 제한형	분량, 내용 범위, 서술 양식에 제한이 있다.	– 분량 제한: 답안의 길이, 진술 요소의 수 – 내용 범위 제한: 특정 키워드 활용하기, 어떤 측면(정치, 경제 등)에서 진술하기 – 서술 양식 제한: 사례를 들어 서술하기, 서론·본론·결론의 구조를 갖추는 등으로 제한하기 – 예: 몇 자 이내로 쓰시오, 몇 개 이상의 요소를 서술하시오, 어떤 키워드를 반드시 활용하시오, 이유 및 근거를 대시오, 앞에서부터 몇 개까지만 채점합니다 등
응답 자유형	응답의 분량, 내용 범위, 서술 양식에 대한 제한 없이 학생 개인의 능력과 시험 시간에만 제약을 받는 형식이다.	서·논술형 문항 출제의 목적과 가장 부합하는 것으로서 학생의 생각과 논지를 잘 알 수 있고, 다양한 해석과 창의적 발상을 이끌어낼 수 있는 잠재력이 있다. 그럼에도 채점의 공정성, 용이성, 객관성 등에 어려움이 있기 때문에 좀 더 구조화한 문항을 제작해야 한다.[14]

단독 과제형	자료나 정보 제시 없이 질문에 응답한다.	응답 자유형과 밀접한 관련이 있으며, 출제는 수월하나 답의 반응 폭이 넓기 때문에 채점에는 어려움이 많이 따르는 편이다.
자료 제시형	문항과 함께 주어진 자료를 분석·해석하고, 출제 의도를 고려하여 자신의 답을 쓴다.	자료에 대한 충분한 이해와 해석의 과정이 필요하므로 학생의 복합적인 사고 능력을 측정하는 데 유리하며, 대체로 응답 제한형의 모습을 띤다.

📚 서·논술형 평가에서 고려할 점

서·논술형 평가와 관련하여 출제보다 더 신경을 쓰는 부분은 공정한 채점이다. 주관적일 수밖에 없지만, 설득력 있는 채점 기준 제시와 교차 채점, 공동 채점 등으로 객관성을 확보하는 것이 관건이다. 아래는 공정하고 객관적인 채점을 위해 필요한 일들이다.[15]

❶ 학생(답안지) 단위가 아닌 문항 단위로 채점한다.

❷ 답안지에 있는 학생의 성명과 번호를 가리고 채점해야 한다.

❸ 답안지를 일차적으로 한 번 읽고 난 뒤, 구체적으로 채점한다.

❹ 출제자가 채점에도 참여하고, 또 여러 사람이 함께 채점해야 한다.

❺ 채점은 충분한 휴식을 취해가며 맑은 기분으로 차분하게 해야 한다.

서·논술형 문항이 선다형보다 많은 장점을 지니고 있고, 앞으로 지향해야 할 형식이기는 하지만 출제와 채점에 있어서 몇 가지 고려할 섬을 짚지 않을 수 없다.

첫째, 논술형의 외피를 쓰지만, 답이 사실상 정해져 있는 문제를 내는 것은 큰 의미가 없다. 삼국통일의 긍정적, 부정적 측면을 두 가지 이상 쓰라고 하는 문제를 많이 내는데, 답이 뻔하다는 인상을 지울 수 없다. 학생들이 '긍정: 민족 통합, 다양한 민족 문화', '부정: 영토 상실, 외세 개입'으로 공식화된 답을 쓰는 경우가 많다. 논술형이 서술형으로 둔갑하는 셈이고 실제로는 주관식이 아닌 객관식으로 분류할 수도 있다. 정말로 논술형 답안을 기대한다면, 당시 민중의 입장에서 쓰라든가, 긍정 혹은 부정의 알려진 답 외에 본인이 생각하는 의견을 쓰라고 할 필요가 있다. 발해사의 귀속 문제도 마찬가지다. 발해가 어느 나라 역사인지 묻는 경우, 거의 다 우리 민족의 역사라고 답하기 때문에 사실상 '답정너(답은 정해져 있어, 너는 대답만 해)'의 우를 범할 수 있다.

둘째, 서·논술형 문항은 어차피 주관성을 띨 수밖에 없는 만큼 채점에 있어서 좀 더 허용적이고 유연하게 인정할 필요가 있다. 고조선의 8조법을 통해 당시 사회 모습을 유추하는 문제를 낼 경우, 사유 재산 인정, 노비제도 존재, 화폐 사용 등을 답으로 채점하는 경향이 있다. 여기에 더하여 '도둑질할 정도로 가난한 사람이 있었다', '같은 죄를 지어도 돈 없는 사람은 노비가 되고, 돈 있는 사람은 벌을 피하는 공정하지 못한 면이 있다' 등도 충분히 개연성 있는 답으로 인정할 수 있지 않을까.[16] 객관성을 고려하더라도 수긍할 수 있는 답이라면 교사가 과감히 정답으로 처리해줄 때, 학생들은 좀 더 창의적인 답을 쓸 수 있을 것이며, 서·논술형 문항의 취지에도 부합하는 것이다. 서술의 맥락상 '납득 답=납득이 되면 답으로 인정함'의 마인드가 필요하다. 단, 역사용어나 주요 개념을 잘못 쓴 경우는 부분 감점을 할 수밖에 없다.

셋째, 사전에 루브릭을 작성하여 명확하고 세밀한 채점 기준을 정비해야 한다. 미흡한 점이 있다면 사후에라도 교과협의를 통해 보완하는 작업이 필요하다. 채점사 내의 신뢰도, 채점자 간의 신뢰도를 높여 객관성을 확보하는 데는 루브릭과 모범 답안이 매우 유효한 방안이다. 루브릭은 설명적인 채점 기준이므로 교사의 채점에 선명한 잣대가 되며, 학생들은 루브릭을 보고 자신의 결과물을 쉽게 받아들인다.

루브릭보다 더 미리 확보할 것은 모범 답안이다. '확보'라는 표현을 쓴 것은 논술형 문항은 해마다 유사하게 내도 큰 문제가 되지 않기 때문에 작년에 잘 작성된 답안을 복사하거나 스캔해서 갖고 있다가 학생들에게 참고용으로 제시하면 채점과 설명이 용이하다. 처음에는 힘들지만, 교사들이 서·논술형 문항을 내면 낼수록 출제와 채점에 노하우가 쌓이므로 훨씬 역사를 역사답게 가르치고, 시험으로 마무리하는 일이 가능해질 것이다. 이로써 문항 출제 시 타당성, 신뢰성, 효율성이 고루 확보되는 성과를 얻을 수 있다.

넷째, 서·논술형 문항을 정기고사가 아닌 수행평가 차원에서 낼 필요가 있다. 정기고사는 상대평가의 속성을 지니기 때문에 교사와 학생, 학부모 모두 채점에 신경을 곤두세우고 본질을 놓칠 가능성이 있다. 수행평가로 내면 교사가 시간을 두고 학생 답을 음미하면서 채점하게 되므로 적절히 피드백할 수 있고, 학생들도 자신의 성취도를 알고 미흡한 점을 보완해 다시 채우면 더 나은 점수를 받을 수 있는 여지가 있으며, 학부모들도 예민하게 반응하지 않고 민원을 제기하지 않는 경향이 있다. 제대로 된 글쓰기를 하고, 학생들의 논쟁적 사고를 한 수준 끌어올리려면, 시간과 마음의 여유가 필요하다는 뜻이다. 이렇게 일상에서 연마된 내공과 신뢰를 바탕으로 정기고사에 서·논술형 문항을 출제하면, 좀 더 취지에 부합하고 서·논술형 위주의 평가가 연착륙할 가능성이 높아지리라 본다.

이 대목에서 우리보다 서·논술형 문항 출제에 관한 한, 한발 앞서 있는 유럽 국가의 문제를 살펴보자.[17] 우리의 교육 풍토 및 수업 문화와 매우 다르기 때문에 단순 비교를 하기는 어렵지만, 서·논술형으로 어느 정도까지 깊이 있고 의미 있는 문항을 출제할 수 있는지 가늠해볼 수는 있을 듯하다. 먼저 프랑스 바칼로레아 문제다.

[문학 계열 철학 문제]

① 문화는 우리를 더 인간답게 만드는가?
② 우리는 진실을 포기할 수 있는가?
③ 쇼펜하우어의 『의지와 표상으로서의 세계』 발췌문을 읽고 평가하시오.

[경제 사회 계열 철학 문제]

① 모든 진리는 결정적인가?
② 우리는 예술에 대하여 무감각할 수 있는가?
③ 뒤르켐의 『종교 생활의 원초적 형태』 발췌문을 읽고 평가하시오.

[과학 계열 철학 문제]

① 욕망은 우리의 불완전함에 대한 표시인가?
② 정의가 무엇인지 알기 위해 불의를 경험하는 것이 필요한가?
③ 존 스튜어트 밀의 『논리학 체계』 발췌문을 읽고 평가하시오.

문제를 받아 들고 선뜻 답을 할 수 없으나 깊이 생각해보면 몇 마디 할 수 있고, 제대로 답을 쓰려면 평소에 독서와 사색, 토론식 수업과 글쓰기가 선순환을 이루어야 가능한 질문이다. 뒤르켐이나 밀처럼 교사도 작가명과 책 제목은 알지만, 실제로 독파한 경우가 많지 않은 명저들을 텍스트로 삼아 질문을 던지는 것도 참 부러운 대목이다.

독일의 아비투어 문제(영어 논술형)도 새겨볼 지점이 많다.

① 교육부 장관을 인터뷰하려는 팀의 대변인으로 당신이 선발되었습니다. "우리 교육 체계는 어느 정도로 우리의 인생을 준비해주고 있나?"라는 주제에 대하여 인터뷰 문안을 작성하시오. 당신의 인터뷰 문안은 직접 질문이나 제안 모두 포함할 수 있습니다.
② 유럽 의회 대표에게 당신과 당신 세대가 걱정하는 이슈들에 대한 편지를 쓰시오. 가능한 해결책도 제안하시오.
③ 학교 폭력은 지난 몇 년 동안 증가해왔습니다. 유력 일간지에 그 원인과 효과를 분석하는 신문 기사를 쓰시오.
④ "부모는 성인의 나이에 이른 자녀의 의사 결정에 어느 정도로 관여할 권리 혹은 의무가 있는가?"에 대하여 쓰시오.

학생이 인터뷰어, 신문 기자가 된다거나 청소년 입장에서 유럽 의회에 건의하는 글, 부모의 개입에 대한 생각 등을 쓰게 하는 등 매우 현실감 있는 질문으로 구성되어 있다. 다소 추상적인 내용을 학습했더라도 학생 자신의 삶과 밀접하게 연관시켜 질문함으로써 단지 점수를 받기 위해 답을 쓰는 것이 아니라 자신의 일상을 성찰하고 변화시킬 수 있는 계기를 제공해준다는 점에서도 시사하는 바가 크다.

▓▓ 사례로 보는 서·논술형 평가

이제 우리 현실로 돌아와서 기출문제를 바탕으로 어떻게 출제했으며, 어느 정도 수정했는지, 향후 어떤 식으로 발전시킬 수 있는지 몇 가시 사례를 중심으로 고민해보자.[18]

1. 18세기 후반 영국에서 먼저 시작되어 큰 사회적 변화를 불러온 산업혁명의 결과를 두 가지 측면으로 나누어 정리해 보려 합니다. 아래에 제시된 내용을 참고하여 산업혁명의 긍정적 측면과 부정적 측면을 각각 서술하시오. (20점)

   * 항목당 5점씩이며, 반드시 완성된 문장으로 쓸 것

   예 ~다, ~이다, ~한다 등

긍정적인 면	부정적인 면
- 농촌 중심의 농업 사회에서 도시 중심의 산업 사회로 나아갔다. 1) 2) - 산업 자본가가 성장하여 근대 자본주의가 확립되었다.	3) - 자본가와 노동자의 대립이 심해졌다. - 장시간 노동과 낮은 임금, 여성과 미성년자의 고용 등과 같은 노동 문제가 발생하였다. 4)

이 내용은 수업 중에 이미 다루었으며, 활동지의 요점 정리를 약간 변형한 것이다. 비교적 난이도가 낮은 문제였으나, 사고력을 키우기보다는 이미 아는 사실을 정확하게 써 내기를 요구하는 결과를 초래했다. 산업혁명은 일반사회나 도덕, 기술 과목 등에서도 배우기 때문에 매우 상식적인 답을 쓰게 되는 문제이기도 하다. 외양은 서술형이지만 결과적으로 암기를 요하는 문제였고, 객관식 선다형으로 고르게 하는 것보다 과연 더 좋은 문제라고 할 수 있을까 하는 지적을 받았다.

이 문제를 고쳐볼 방안으로 자료를 더 제시하고 좀 더 심층적인 질문을 해보라는 제안이 뒤따랐다. 이를테면 산업혁명 관련 공장 사진, 철도 증설 지도, 철강 생산량 그래프, 대륙 간 무역품 이동 등의 시각적 자료를 주거나 올리버 트위스트의 소설처럼 당시 상황을 묘사한 작품, 공장에서 일하는 어린 소녀들의 인터뷰 등을 주고, 자료에서 찾아보는 구체적인 질문을 던지거나 산업혁명의 긍정적인 면 혹은 부정적인 면을 요약하거나 당시 상황을 추리하게 하는 방식으로 수정해보라는 주문이었다.

---

2. 다음 글을 참고하여 제국주의가 무슨 뜻인지 찾아서 정리하고, 제시된 핵심어(키워드)를 활용하여 제국주의의 문제점을 서술한 다음, 인권과 평화의 관점에서 제국주의자들의 주장을 비판하시오. (30점)
   * 제국주의의 뜻, 핵심어(키워드) 서술, 제국주의 비판이 각각 10점씩이며, 완성된 문장으로 쓸 것

   > 산업혁명이 확산되면서 과학과 기술이 급속도로 발달하였다. 그 결과 19세기 후반 유럽과 미국에서 석유와 전기를 동력으로 사용하는 철강, 전기, 통신, 석유·화학 등 중화학 공업이 발전하여 산업 구조의 수준이 높아졌다.
   > 대규모 자본과 시설이 필요한 산업이 발전하면서 소수의 대기업이 자본을 집중시켜 국내 시장을 독차지하는 독점 자본주의가 나타났다. 이들은 석유, 고무 등 새로운 공업 원료와 상품 시장을 확보하고, 국내의 남아도는 자본을 투자하기 위해 아시아와 아프리카 지역을 침략하여 식민지로 만들었다.
   > 시민혁명과 산업혁명의 성과를 바탕으로 성장하던 영국, 프랑스 등의 유럽 국가들은 산업화와 인구 급증으로 심각한 사회 문제를 겪자 더욱 더 식민지의 필요성을 느끼고 있었다.

   1) 제국주의의 뜻을 본문에서 찾아 서술하시오. (10점)
      새로운 공업 원료와 상품 시장을 확보하고,

      _____

   2) 제시된 핵심어를 2가지 이상 활용하여 제국주의의 문제점을 서술하시오. (10점)

      | 민족주의   독점 자본주의   사회 진화론   인종주의 |

   3) 인권과 평화의 관점에서 제국주의자들의 주장을 비판하되 각각 50자 이내로 서술하시오. (10점)
      3-1) 인권:
      3-2) 평화:

이 문제는 제국주의 뜻과 문제점을 알고, 인권과 평화의 관점에서 비판하기를 목적으로 삼은 것이다. 먼저 사실이나 개념을 짚고, 핵심어를 바탕으로 그 관계를 정리한 다음, 인권과 평화의 관점에서 진술하기를 기대한 문항이다. 그러나 출제자가 30점을 배점해놓고도 학생들이 많이 못 쓸까 봐 걱정하는 마음이 컸나 보다. 사실 학생들은 서술형 문제에 대해 두려움을 갖고 있으며, 실제로 활동지의 서술형 질문에도 답을 잘 쓰지 못하는 학생들이 많다. 그래서 교사가 학생들에게 자신감을 심어주고, 좀 더 쉽게 핵심을 찾을 수 있게 1)에서 아주 뻔한 힌트를 제시했다. "새로운 공업 원료와 상품 시장을 확보하고"라는 결정적 단서를 제시하여 손쉽게 제국주의의 개념을 찾아 쓸 수 있게 유도한 것이다. 사실상 핵심 문장의 앞부분을 보여주었으니 뒷부분만 이어 쓰면 된다. 이러려고 서·논술형 문항을 낸 건가 회의도 들지만, 학생들이 엄두가 안 나서 아예 포기하는 것보다는 단서를 충분히 주고 1)의 답이라도 쓰게 할 요량이었다. 차후에 수정한다면, 단서 없이 제국주의의 개념을 찾아 적으라고 하면 될 터다.

2)의 질문도 수업 시간에 배운 내용을 약간 재구성한 것이어서 공부를 좀 한 학생이라면 쉽게 쓸 수 있다. 하지만 외운 걸 쓰는 것이 아니라 자료를 분석하거나 탐구해서 정리하도록 요구하려면, 보기의 문장에 약간이라도 인종주의, 사회 진화론, 민족주의에 대해 언급하거나 사진이나 그림, 지도 등을 제시하여 이를 바탕으로 문제점을 쓰도록 하는 것이 필요하다는 지적을 받았다.

3)의 경우, 학생들이 제국주의를 막연히 '나쁜 것'으로 치부하지 않도록 유도하기 위해 인권과 평화의 관점을 문제로 제시했고, 모범 답안에서는 '인권: 자유 박탈, 인종 차별, 강압적 지배', '평화: 약소국 침략, 전쟁 도발' 등을 핵심어로 요구했다. 제국주의는 민주주의를 압살하는 경향이 있는데, 민주주의가 개인과 일상의 차원에서는 인권의 문제로 다가오고, 국가와 국제적 차원에서는 평화, 반

(反)평화의 문제로 드러나기 때문에 두 가지 관점에서 진술하기를 요구했다. 그러나 인권과 평화가 학생들에게 뚜렷이 구분되는 개념이 아니고, 교사가 수업 중에 명확히 개념을 설명한 것도 아니어서 인권란과 평화란에 적은 답이 거의 비슷해져 버렸다.

이를 수정하려면 간략하게 인권과 평화의 개념을 적시하든가, 인권과 평화 중 어느 하나의 관점만 제시하여 진술하기를 요구해야 한다. 아니면 인권의 관점에서 비판하고, 평화를 그르친 사례나 인물을 쓰게 만들며 차별성을 주는 것도 가능할 터다. 나아가 학생들이 생생한 의견을 쓰도록 하려면, 제국주의로 인해 식민지를 겪은 한국인의 입장에서 제국주의를 비판해보라는 주문을 할 수도 있겠다. 세계사 영역에 나오는 '남의 문제'가 아니라 실은 우리의 문제였기에 해볼 수 있는 질문이다. 이 밖에도 문항이 5점 아니면 10점인 것은 교사가 채점의 편의를 위해 비중이 다른 질문을 균일하게 취급한 탓이므로 배점을 달리해야 한다는 의견도 있었다.

2학기 한국사 출제에서는 앞서 나온 의견을 반영하여 좀 더 가다듬은 문제를 제시했다. 문항별로, 문항 내에서도 배점을 달리하고 문제 안에 의미 있는 단서를 주어 단순히 암기한 것을 출력하는 일은 줄이고자 하였다. 또 같은 자료에서도 저마다 다른 답이 나오되, 각자의 생각에 따른 근거를 쓰도록 손질했다.

1. 홍선 대원군의 대내외 정책에 대한 설명입니다. 빈칸에 적절한 내용을 서술하시오.
(8점, 빈칸 1)과 2)는 각 4점)

구분	개혁 내용	의미 및 효과
안동 김씨 배제	외척 세력을 공격하였다.	1)
궁궐 재건	경복궁을 중건하였다.	왕실의 위엄을 높이려 하였다.
삼정의 문란 해결	호포제, 사창제를 실시하였다.	민생을 안정시키고, 재정을 늘리고자 하였다.
외세 반대 의지 표현	2)	서양이 침범하는데 싸우지 않고 화해하는 것은 나라를 파는 것이다.

2. 강화도 조약(1876년)의 내용을 보고 물음에 답하시오. (12점)

- 제1관: 조선국은 자주국이며 일본국과 평등한 권리를 가진다.
- 제5관: 경기, 충청, 전라, 경상, 함경 5도의 바닷가 중 통상에 편리한 항구를 선택하여 일본인의 왕래를 허용한다.
- 제7관: 일본인이 조선국 해안을 자유로이 측량하여 지도를 그릴 수 있도록 허가한다.
- 제10관: 일본인이 조선에 거주하면서 조선인을 상대로 범죄를 저질렀을 경우, 일본의 법에 따라 일본인이 재판하도록 한다.

1) 제1관과 같이 합의한 일본의 숨은 의도를 서술하시오. (5점)

2) 위 조약 내용 가운데 자신이 생각할 때, 가장 문제가 되는 조항의 번호를 쓰고, 그 이유를 설명하시오. (7점)
* 단, 제1관은 제외함
* 여러 개를 쓸 경우, 맨 앞에 쓴 한 가지만 채점함

3. 인터뷰 자료를 읽고 물음에 답하시오. (20점)

> 나는 ㉠그들이 휴대하고 있는 총을 살펴보았다. 6명이 가지고 있는 총 중에서 다섯 가지가 제각기 다른 종류였으며, 그중에 하나도 성한 것이 없었다. (줄임) 순간 5~6명의 일행이 뜰로 들어섰다. 나이는 18세에서 26세 사이였고, 그중에 얼굴이 준수하고 훤칠한 ㉡한 청년은 구식 군대의 제복을 입고 있었다. 나머지는 낡은 한복 차림이었다. 그중 인솔자인 듯한 사람에게 말을 걸었다.
>
> **기자** 당신들이 최근에 전쟁을 한 것은 언제였습니까?
>
> **일행** 오늘 아침에 저 아래 마을에서 전투가 있었소. 일본군 4명을 사살했고, 우리 측은 2명이 전사했고 3명이 부상을 입었소.
>
> **기자** 이상하군요. 두 배 이상의 전과를 올렸는데 왜 쫓겨 다니고 있습니까?
>
> **일행** 일본군은 무기가 우리보다 훨씬 우수하고 훈련이 잘 되어 있는 정규군이오. 우리 군사 200명이 일본군 40명에게 공격당해 패배한 적도 있을 정도요.
>
> **기자** 일본군을 이길 수 있으리라 생각합니까?
>
> **일행** 이기기 힘들다는 것을 알고 있소. 우리는 어차피 싸우다 죽게 될 것이오. 그러나 어찌 되든 좋소! 일본의 노예가 되어 사느니 자유민으로 죽는 것이 훨씬 낫기 때문이오. 그런데 한 가지 부탁을 드려도 되겠소?
>
> **기자** 말씀하십시오.
>
> **일행** 우리들은 말할 수 없이 용감하지만, 결정적으로 무기가 없소. 총은 낡아 쓸모가 없고 화약도 거의 떨어졌소. 당신은 원하면 아무 곳이나 다닐 수 있는 사람이니 우리에게 무기를 좀 사다 주시오. (줄임)
>
> ─ 영국 기자 매켄지의 『자유를 위한 한국의 투쟁(Korea's Fight for Freedom)』 중에서

1) 1907년에 일어난 ㉠의 '그들'을 일컫는 말을 아래 예시처럼 적으시오. (4점)

   예 임진의병이라 한다.

2) ㉡ 청년의 복장으로 미루어 볼 때, 1907년 조선에 어떤 사건이 있었는지 추리하여 적으시오. (5점)

3) 다음에서 설명하는 인물이 신돌석과 어떤 공통점이 있는지 서술하시오. (6점)

> 포수 출신으로 사격술이 뛰어났다. 을미의병 때부터 활약하였고 훗날 간도로 건너가서 독립군으로 변신하여 봉오동 전투와 청산리 대첩에서 큰 전과를 남겼다.

4) 아래 글을 참고하여 당시 일본을 상대로 투쟁했던 '그들'의 굳센 의지를 엿볼 수 있는 문장을 위 인터뷰 자료에서 찾아 하나만 옮겨 적으시오. (5점)

> "빼앗기면 되찾을 수 있지만, 스스로 내어 주면 돌려받지 못한다"는 말과 같은 의미이며, 그들은 적들이 비록 강하더라도 자신의 의지대로 운명을 만들어 가고자 하였다.

* 여러 문장을 쓸 경우, 맨 앞에 쓴 한 문장만 채점함

1)의 경우, 사실상의 단답형 문제로서 정미의병이라고 쓰면 될 일을 서·논술형의 모양새를 갖추기 위해 굳이 "~라고 한다"라는 예시를 보여주었다. ㉠의 '그들'을 묻는 것이 국어 시험처럼 보일 수도 있겠다. 2)는 구식 군대(매켄지가 보기에는)의 복장으로부터 1907년에 일어난 군대 해산을 추리해보도록 하려는 의도로 질문한 것이다. 여기에 매켄지가 경기도 양평 부근에서 찍은 의병 사진을 함께 제시하면 학생들이 더 구체적으로 생각해볼 단서가 될 수 있다. 다만, 이 사진만 보고 추리하기에는 학생들의 사전 지식이 부족할 수 있으므로 질문을 다르게 가져갈 필요가 있다. 3)은 신돌석과 홍범도의 공통점을 찾는 것으로 을사의병 이후 두드러지게 활약한 평민 출신 의병장에 대해 묻는 면도 있고, 의병이 국권 상실 이후에는 독립군으로 활약한다는 점도 함께 생각해보게 하려는 의도였다. 4)는 의병의 결기를 느끼면서 무엇이 항쟁의 이유였는지 깊이 생각해보

도록 하기 위해 질문한 것이다. 박스 안의 글은 의병항쟁을 다룬 드라마 「미스 터 션샤인」에서 주인공이 의병들에게 한 말이다. 영국 수상 처칠의 명언 "싸워 본 나라는 다시 일어나도 싸우지 않고 항복한 나라는 다시 일어나지 못한다"와 도 같은 맥락이다. 비록 패배하더라도 자유를 위해 싸운다는 의병의 마음가짐을 잘 비유하는 대사여서 인용했다.

앞서 제시한 세계사 문항보다 2학기의 한국사 문항이 좀 더 짜임새 있고, 서·논술형다운 면모를 갖고 있지만, 여기에도 문제는 적잖게 있다. 1)의 그들은 '1907년 일본의 제국주의 침략에 맞서 국권을 지키기 위해 무기를 들고 나섰던 사람들'이다. 그들을 일컫는 말은? 이 정도로 수정하여 의병 혹은 정미의병이라 는 답을 쓰게 하는 것이 오히려 낫다는 의견이 있다. 2)의 경우는 구식 군대라는 표현 때문에 포졸의 복장을 떠올린다거나 초기 별기군의 모습을 연상할 수 있 기에 가급적 사진을 문자 텍스트와 함께 제시해서 오해의 소지를 없애야 한다 는 지적이 있었다.

3)은 의병장에 대해 묻고 있는데, 박스의 글과 무관하게 신돌석이 평민 의병 장이라는 사실을 알아야 하고, 홍범도 역시 포수 출신의 의병장이라는 것을 배 워야 답할 수 있는 것이므로 약간의 암기력 테스트가 된다는 비판이 있었다. 암 기를 금기시할 일은 아니지만, 적어도 서·논술형 문제로서는 좀 아쉽다는 의미 가 담겨 있었다. 4)의 경우는 '하루를 살더라도 자유민으로 살겠다'는 감동적인 멘트를 학생들이 되새겨 보게 하려는 의도였으나 국어 시험도 아니고 인문과목 의 특성상 다른 인터뷰 내용도 음미해볼 만하기 때문에 제시한 답이 유일한 답 은 아니고 유력한 답일 뿐이라는 점에서 학생이 선택한 문장이 설득력 있다면 정답으로 인정해주라는 권유를 받았다.

Ⅲ 서·논술형 평가로 한 걸음 더

　여기서 문항을 좀 더 정련하기 위해 앞의 3)을 다시 가다듬는다면 어떤 모습일까? 먼저 앞의 의병 인터뷰와 함께 매켄지가 1907년 무렵 경기도 양평 부근에서 찍은 의병 사진을 제시한 뒤, 다음의 순서로 질문을 던져보려 한다.

※ 제시된 글을 참고하여 함께 실은 사진을 보고 물음에 답하시오. (15점)

1) 글과 사진에서 눈에 띄는 모습이나 알게 된 사실을 3가지 이상 찾아 적으시오. (3점, 1개
　당 1점)
　　①
　　②
　　③

2) 자신이 생각하는 이 사진에 가장 걸맞은 제목을 쓰시오. (3점)
　　예 의병, 그 치열한 몸짓!

3) 제시된 글과 사진에 대한 자신의 의견을 서술하시오 (9점, 1개당 3점)
　　① 핵심적인 문장:
　　② 글과 사진에 대한 나의 생각:
　　③ 그렇게 생각하는 이유:

문제 1)은 제시된 자료를 통해 매우 기본적인 사실 확인을 요구한다. 자료를 정독하고 사진을 집중해서 살피는 것으로 자료 탐구가 시작된다는 의미다. 세 가지보다 덜 찾을 수도 있고, 더 찾게 할 수도 있는데, 그것은 해당 자료의 특성에 따라 다를 것이다. 문제 2)에서 사진과 글을 보고 제목을 붙인다는 것은 학생 스스로 역사적 사실에 대한 성격을 규정하거나 의미를 부여하는 것이므로 짧은 문장 혹은 단어 연결로 학생의 생각을 읽는 데 목적이 있다. 문제 3)은 핵심적인 문장을 찾아 글의 논지를 파악한 뒤, 그에 대한 자신의 의견을 쓰게 하되, 근거를 밝히도록 하여 좀 더 진전된 자신의 생각을 펼치게끔 하려는 것이다. 논지 파악-자기주장-이유 및 근거를 쓰게 하여 주어진 텍스트에 적합한 논리적 사고를 하도록 유도하려는 의도다.

이렇게 되면 서술형과 논술형이 섞여 있는 문항이기도 하고, 아주 기본적인 사실부터 찾아 쓰게 하기 때문에 학생들이 바로 포기하지 않으며, 저마다 제목 달기 정도는 할 수 있으므로 적어도 문제 2)까지는 답안지를 채울 수 있을 것이다. 문제 3)도 핵심 문장을 잘 찾는다면, 그에 대한 자신의 생각을 한두 줄 정도는 진술할 수 있으리라 본다. 간혹 근거 없이 주장만 쓸 수도 있으나 자신이 단 제목에 조금만 살을 붙이면 되므로 아예 빈칸으로 두지는 않을 것이다. 또 다르게 출제하는 방법으로 문제 1)에서 육하원칙에 따라 언제, 어디서, 누가 등의 기본 질문을 하고, 2)에서는 제시된 문장에서 핵심어를 5개 추출, 연결하여 50자 이내로 핵심 메시지를 요약하라고 요구하며, 3)에서는 2)에 대한 자신의 생각을 근거를 대며 진술하게 하는 방안도 가능하다.

수행평가를
다시 생각한다

▥ 수행평가 낯설게 보기

수행평가는 1998년 교육부의 '비전 2020'에서 교육개혁 5개년 계획의 일환으로 처음 도입된 이후 1999년부터 일제히 학교 현장에 도입되었다.[19] 초기에는 낯선 평가 방식에 대한 현장의 불만이 적지 않았다. 평가의 개념과 적절한 시행 시기, 흥미로운 과제 구안, 평가의 비중 및 배점, 채점의 공정성 등 여러 부분에서 의견이 분분했고 수행평가 자체를 가다듬는 시간이 필요했다. 이후 20년이 지나면서 수행평가는 학교에 당연히 있어야 하는 평가 방식으로 자리를 잡았다.

하지만 실제 수행평가 사례를 접하다 보면 원래 취지에 맞는지, 수행평가의 목적에 맞게 운영되는지, 어떻게 하는 것이 더 바람직하며 효율적이고 교육적인지, 아쉬운 부분이 제법 있다. 항목은 거창하게 포트폴리오로 쓰고 뭔가 누적적으로 평가하는 것처럼 보이지만, 실제로는 학습지 빈칸 하나에 감점 얼마, 이런 식으로 평가하는 경우가 많다. 채점하기에 편하고, 기준도 명확해 보이지만, 이런 방식은 수행평가로서 좀 부족해 보이는 것이 사실이다. 또 모둠 과제의 경우, 흔한 민원이 무임승차와 일벌레의 문제에서 비롯되는데, 모둠을 정교하게 조직하지 않고 학생들에게 맡기는 경우가 많았다. 수업 중에 과제를 수행하거나 기본 구상을 공유한 뒤 각자 자료를 준비하도록 해야 하는데, 몇몇 학생이 밤늦게까지 작품을 만들어 오는 경우도 많이 있다.

이 시점에서 수행평가를 낯설게 보고, 본디 목적과 주요한 원칙들을 새겨보는 교사들의 노력이 필요하다. 우선 개념부터 짚어보자. 수행평가는 학생들의 지식, 기능의 수준과 정도를 알아보기 위해 실제 상황이나 인위적 평가 상황에서 학생들에게 과제를 수행하게 하여 학생의 과제 수행 과정이나 학생들이 직접 만들어낸 산출물 혹은 두 가지 모두를 정해진 준거에 따라 관찰과 판단을 통해 평가하는 것을 말한다.[20]

수행평가가 도입된 것은 선다형 위주의 평가가 사실적 지식이나 잘 구조화되어 있는 문제(예: 이차 방정식)를 해결하는 능력을 측정할 때 효율적이지만, 다양한 영역에서 여러 기능을 활용하여 지식을 가공, 재구성하는 능력을 재는 데는 한계가 있기 때문이다. 전달해준 지식을 잘 받아들이는 것만이 아니라 학생들이 문제를 확인하고, 자료를 수집하고, 관련 정보를 분석하고, 창의적으로 변형하는 평가, 학생의 종합적인 역량을 키우는 평가가 필요한 까닭이다.

수행평가의 장점은 선다형 평가가 학생들이 정답을 고르는 과정에서 수업 중에 배운 내용을 적용하지 않거나 우연히 맞힐 수 있는 데 비해 과제 수행에 어떤 지식을 활용하고, 어느 자료를 살폈으며, 어떤 절차와 과정으로 자료를 정리하여 자기 언어로 표현하는지 과정도 관찰하고, 결과도 판정한다는 점이다. 따라서 선다형 평가보다 고등 사고를 측정할 수 있으며, 학생들은 문제해결력, 논리적 사고력, 자료 분석력, 창의력, 글쓰기나 표현 능력 등을 기를 수 있다.[21]

다만 좋은 과제를 개발하고 정교한 루브릭을 만들자면 고민과 협의를 많이 해야 하며, 정성적 측면이나 과제 수행 태도 등은 계량화하기 어렵고, 학생 입장에서 억울함이 없도록 살펴봐야 하는 등 수행평가의 취지에 맞게 의미 있는 평가를 하려면 시간도 많이 걸리고 고려할 지점이 너무 많다. 더욱이 평가 과정에서 교사의 주관이 일정 부분 개입될 수밖에 없기 때문에 평가 결과에 대한 공정성 시비나 민원의 소지가 많은 것도 사실이다.

그럼에도 수행평가는 학생이 과제를 해결하는 과정과 결과를 보고 평가하는 방식으로 과정 중심 평가의 취지에 걸맞게 학생의 과제 수행 과정을 중시함으로써 다소 분리된 듯 진행되는 수업과 평가를 하나의 틀 속에서 진행되도록 이끄는 미덕이 있다.[22] 수행평가는 시대의 변화와 함께 차츰 선다형을 넘어서 더 높은 비중을 차지하는 평가로 변모하고 있으며, 수행평가 100퍼센트로만 평가를 치르는 일도 제도적으로 가능해졌다. 이제는 더 나은 평가가 될 수 있도록 완성도를 높이고, 평가 결과를 수업에 환류되어 수업에 풍성하게 만드는 기제로 적극 활용할 필요가 있다.

위에서 선다형과 수행형 평가의 차별성을 논했는데, 실제 평가 장면에서는 이를 어떻게 분별해야 할까. 어떤 것은 선다형, 어떤 것은 서·논술형, 또 어떤 것은 수행평가로 구성해야 할지부터 생각해보자. 그 답은 성취기준, 학습 요소와 연관되어 있다. 대개 교사들은 성취기준에서 학습 요소를 추출하는데 출제 시에는 학습 요소가 사실상 평가 요소가 된다. 또 그 요소를 어떻게 표현한다는 행동 언어가 뒤따르는데, 이를테면 "○○을 알고, ○○하게 ○○한다"처럼 진술하므로 행동 언어를 주목해서 보면 어느 정도 평가 방식을 구분할 수 있다.[23]

행동 요소에서 '조사한다', '표현한다' 등 학생들의 활동이 필요한 경우에는 수행평가로, 인지적 요소가 중심인 '설명한다', '이해한다' 등이 들어가면 선다형이 더 적절하며, 서·논술형은 양자의 특성을 다 갖고 있다. 서술형은 내용을 요약하거나 지식을 체계적으로 정리하는 것이므로 지식을 수렴적으로 매듭짓는 특성이 강하고, 논술형은 좀 더 적극적, 전면적으로 학생이 자신의 의견을 진술하기 때문에 주관적이고 확산적인 측면이 강하기 때문이다.

수행평가의 유형은 크게 글쓰기, 말로 표현하기, 시각적으로 표현하기로 구분된다.[24]

역사수업의 양상을 대입해보면, 주로 교사의 질문에 답하는 말하기와 글쓰기를 하며, 학생 스스로 만들기나 꾸미기, 영상이나 연극으로 표현하기 등을 하거나 작품을 전시해놓고 설명하기도 하고 작품에 별표 스티커를 붙여 학생들이 서로 평가하는 활동 등으로 다양하게 전개된다.

글쓰기	구두 표현	시각적 표현
- 일기, 편지, 수필, 시 - 보고서, 계획서 - 광고, 팸플릿 - 논설문, 성명서, 판결문 - 신문·뉴스 기사 - 연극·영화 대본	- 발표, 설명, 대화 - 토의, 토론 - 시·대본 낭독 - 인형극, 역할극 - 랩, 노래	- 도표, 연표, 지도, 그래프 - 스케치, 흐름도, 포스터 - 마인드맵, 타이포셔너리 - 사진, 그림, 만화 - 파워포인트 시연

여기에 몇 마디 더 보태자면, 학습지, 활동지라 불리는 수업 중 학습 자료를 추가해야 한다. 워낙 광범위하게 사용되며, 또 그것이 일상적인 수업 과정과 관련이 깊고, 실제 수행평가에서 비중이 결코 작지 않기 때문이다. 낱장의 학습지가 아니라 이를 종이나 비닐 파일에 차곡차곡 모아 다른 평가 자료를 모두 종합

하여 시간을 두고 누적해서 분기나 학기별로 학습의 과정을 평가하는 방식도 상당히 많이 쓰이는데, 이를 포트폴리오라고 부른다.

포트폴리오는 원래 서류 가방이라는 뜻인데, 수행평가에서는 누적된 학생의 학습 자료 묶음 구실을 하며 이로써 정량적으로 수치화할 수 없는 정성적인 부분도 평가할 수 있다. 초반에 열심히 수업에 참여하다가 갈수록 배움과 멀어지는 경우, 반대로 처음에는 소원했다가 차츰 수업에 관심을 갖고 참여하여 성취가 엿보이는 경우를 두루 확인할 수 있다.

앞의 표에서는 뚜렷하게 구분이 안 되는데, 교사의 의도와 과제의 성격, 수행 시기에 따라서 모둠활동과 결합하여 실시할 수도 있다. 토의 및 토론, 역사신문이나 뉴스, 역할극, 모의재판 등은 개인이 하기 어렵거나 개인보다는 모둠을 구성하여 집단지성을 발휘하는 것이 훨씬 효율적이다. 내용면에서 충실해지고, 형식면에서도 다양한 결과물을 얻을 수 있기 때문이다. 같은 신문이어도 기사, 만평, 인터뷰, 광고, 사설 등 여러 코너를 구성하는 것은 개인이 수행하기 어렵다. 또 학교에서 '여럿이 함께' 작업하는 경험을 꾸준히 가져야 서로 갈등을 조정하면서 공동체성을 체득하게 되고, 이를 바탕으로 공존과 협력이 가능해지면서 민주 시민 양성이라는 교육 목표에도 한 걸음 다가갈 수 있을 것이다.

▒\\ 수행평가 시 고려할 점

가장 먼저 고려할 점은 교육과정이다. 성취기준을 살피고, 교육과정을 재구성하여 학습량을 조절하고, 평가 방식과 시기를 판단하며, 평가 기준도 작성해야 한다. 이 과정에서 반드시 챙겨야 할 부분은 학생의 흥미와 관심, 수행 가능한 수준이다. 기왕이면 학생들이 궁금해할 만하고, 평가 방법도 재미있으며, 고사 기간을 피해서 좀 더 집중할 수 있는 시점에 제시하고, 수행 방식과 채점 기준을 친절히 알려주는 노력이 있어야 한다. 과제 자체는 좋으나 고등학생이 할 만한 것을 중학생에게 요구한다거나 역사신문처럼 다소 오래된 방식의 과제를 고수하는 것은 지양해야 한다. 요즘 학생들은 종이 신문을 거의 보지 않아 신문의 얼개와 다양한 코너에 대해 잘 모르는데, 자꾸만 역사신문 형태로 과제를 주는 것은 곤란하지 않을까.

두 번째로 생각할 부분은 평가의 기본 원칙인 타당성, 다양성, 신뢰성, 객관성, 효율성이다. 수행평가는 일상적으로 이루어지는 활동지 작성이나 소소한 발표도 있지만, 특정 시대나 영역, 주제를 몇 차시에 걸쳐 진행하는 경우가 많으므로 그럴 만한 가치가 있는 것을 선택하여 평가해야 한다. 특히 선다형보다 좀 더 심층적인 탐구나 자료 분석, 모둠별 협의, 진지한 글쓰기나 주장이 필요하게 되므로 타당성을 따져야 한다.

다양성은 학생들의 능력이 말하기, 글쓰기, 행동하기, 꾸미기 및 만들기 등으로 다양하므로 특정 능력이나 기능만 과제에서 요구하면 결과적으로 학생들에게 불공평한 측면이 있다. 모두 잘하는 학생도 있지만, 한 가지 정도의 재능만 있는 학생도 자신 있게 능력을 뽐내고, 내용을 스스로 표현할 기회를 제공해야 한다.

신뢰성과 객관성, 효율성은 채점에 관련된 것이다. 누가 보더라도 공정해야 하고, 채점에도 평가자 내, 평가자 간에 차이가 크게 나지 않아야 하며, 난이도와 교사의 정교한 설계, 채점 자체의 노동력 등을 고려하여 교사도 학생도 덜 힘들고, 더 나아지는 평가를 도모해야 한다.

세 번째로는 공평성의 문제를 살펴야 한다. 학교 밖에서 과제를 해 오게 하는 방식은 여러 가지 면에서 문제가 될 수 있으니 주의해야 한다. 부모나 형제의 개입이 우려되기 때문이다. 초등학교에서는 수행평가가 엄마 숙제라는 말이 있을 정도로 폐단이 생긴 바 있다. 과정 중심 평가라는 면에서도 수업 중에 교사의 피드백, 동료 학생의 도움을 받으며 학생이 배워나가는 것이어야 하는데 숙제로 내면, 자신의 힘으로 하지 않거나 못 해 오거나 하는 결과를 초래할 수 있다. 모둠활동으로 과제를 맡길 경우는 더욱 공평함을 살펴야 한다. 그렇지 않으면 모둠장을 맡은 학생과 다소 무책임한 학생의 차이가 생겨 누군가는 열심히, 누군가는 덩달아 하는데, 점수는 같거나 거의 차이가 없으니 교육적으로 바람직하지 않은 것이다. 만약 모둠을 짠다면, 성적, 성별, 성격, 친소 관계 등을 종합적으로 고려하여 문제를 최소화하고 순회 지도나 수시 점검을 통해 어느 한쪽으로 부담이 쏠리지 않는지 살펴야 한다. 만약 학생의 개인적인 능력 차이 때문에 공평을 기하기 어렵다면, 열심히 한 학생(특히 모둠장)에게는 가산점을 주고 게을리 한 학생은 감점한다거나 실제 수행 과정에서 능력이 못 미치는 학생에게는 $1/n$로 과제를 분담시키지 말고, 0.5 정도 분량의 과제를 주고 모둠장에게 1.5 분량을 주어 시작점부터 점수를 달리하는 방안도 생각해볼 수 있다.

네 번째로 고려할 지점은 교과협의의 활성화다. 위에서 열거한 여러 원칙과 지향점을 온전히 구현한 수행평가는 쉽지 않다. 채점의 공정성, 객관성 시비도 최소화해야 하지만, 무엇보다 수행평가의 취지에 맞는지, 과정 중심 평가의 맥락에서 교육적으로 수행평가가 작동하고 있는지, 좀 더 완성도 높은 과제는 어떻게 구안해야 하는지 등에 대해 같은 교과에서 꾸준히 협의할 필요가 있다. 학년 초 평가 계획을 세울 때, 동 교과 교사들이 느슨하게 합의하고 서류의 격식을 갖추는 선에서 협의를 그치기 때문에 수행평가를 막상 실시하려고 할 때, 다시금 조정하는 일을 겪게 되는 것이다.

수행평가는 교사들이 머리를 맞대고 가다듬을수록 타당성이 높아지고, 객관성도 확보되며, 기준이 명료해지기 때문에 채점에 있어서도 효율적이고, 학생들의 과제 집중도 높아지게 되어 있다. 필요하면 전국역사교사모임과 같은 교사 네트워크의 사이트나 개인적으로 구한 수행평가 과제를 벤치마킹하여 자신이 가르치는 학생들의 수준과 취향에 맞게 제시할 수도 있다. 가급적 그해 첫 수업 시간에 교사 간 협의된 수행평가 계획을 공지하면, 학생들의 신뢰도 얻을 수 있다. 수행평가 민원의 상당수는 교사와 학생의 의사소통 부족, 불신에서 비롯되므로 민원과 불만을 예방하는 선제적 조치로서도 의미가 있다.

새겨야 할 원칙과 더불어 하지 말아야 할, 혹은 무심코 하게 되는 실수에도 주의를 기울여야 한다.[25]

첫째, 지나치게 점수로 학생을 서열화하는 것은 지양해야 한다. 과정 중심 평가 정신에 따르면, 수행평가는 기본적으로 절대평가를 하는 것이 바람직하다. 평가 결과를 토대로 교사가 학생에게 피드백해주면서 성장을 도모하고 성장의 과정을 기록하는 속성이 있으므로 점수에 따른 서열화는 본래 취지와 맞지 않다. 특히 구술 테스트나 활동지 작성 등은 수행평가로 자주 활용되는데, 검사 시점에 완성하지 못했다고 해서 점수를 부여하고 끝내는 것이 아니라 재도전의 기회를 주어 최소한의 성취에 도달할 수 있도록 배려할 필요가 있다.

둘째, 화려한 결과물을 중심으로 점수를 부여하는 것은 곤란하다. 마인드맵이나 포스터 그리기 등은 미술과 평가인가, 역사과 평가인가. 겉으로 보이는 시각적 이미지나 근사한 장치에 시선을 빼앗기지 말고, 역사적 사실의 정확성과 자료의 충실도, 내용의 짜임새, 표현의 독창성 등에 더 무게를 두어야 하며, 미술 솜씨에 대한 점수 부여는 부차적으로 고려할 요소로 본다. 마찬가지로 영상이나 연극의 경우 내용보다는 연기력, 편집 솜씨, 컴퓨터 활용력이 먼저 눈에 띠기 쉬운데, 내용에 대한 진지한 평가가 우선되어야 할 것이다.

셋째, 수행평가 결과물을 잘 관리해야 한다. 교사들은 업무와 담임 역할, 수업 등으로 바쁜 나머지 채점이 끝나면 처치 곤란인 수행평가 작품을 교무실의 재활용 박스나 쓰레기통 등에 버리는 경향이 있다(3년간 보관하거나 학생에게 돌려주는 것이 원칙이다). 이럴 경우, 오가는 학생들, 담임 반 학생들이 애써 만든 수행평가 작품을 교사가 가볍게 취급하는 것으로 오해하거나 마음의 상처를 받을 수도 있으니 학생들 눈에 띄지 않게 잘 처리해야 한다. 또 잘된 작품은 사진으로 남겨두거나 모범 답안이 될 만한 것을 스캔하여 이듬해 수행평가 때 예시 자료로 제시하는 것이 좋다. 교과 교실이 있다면 벽면에 전시하여 학생 스스로 자신의 작품과 비교해보도록 할 수 있고, 복도에 게시하여 같은 학년 학생들이 서로 살펴보게 하며, 좋은 작품을 만든 학생이 자부심을 갖게 할 수도 있다. 또 잘된 작품을 세밀하게 분석하여 교사의 루브릭을 정교하게 만드는 데 활용할 수도 있다.

넷째, 자료 조사나 분석의 정확성, 진실성을 따져봐야 한다. 조사해 오기 형태의 수행평가나 자료 조사가 밑받침되는 활동이 많은데, 그 자료의 출처나 논지의 정확성, 자신의 노력으로 정리된 것인지 의심해볼 필요가 있다. 흔히 자료 조사를 해 오라는 수행평가를 시키면 학생들이 인터넷 사이트 내용을 긁어다가 고스란히 화면을 채우는 경향이 있는데, 수행평가로서 의미가 없을 뿐만 아니라 학생들에게도 도움이 되지 않고 요령만 가르치는 격이 된다. 어차피 정보는 인터넷이나 도서관의 책들 속에 있으니, 학생들이 얼마나 자료의 내용을 잘 파악하고 나름대로 아이디어를 발휘해서 독창적인 분석이나 해석을 하는가에 더 집중해야 한다. 나의 경우, 긁어 온 자료를 수행평가 시간에 압축 및 요약하여 쓰게 하고, 주장을 하거나 의견을 피력할 때는 자신의 언어로 진술하도록 요구하고 있다. 아울러 자료의 출처를 명시하게 하고, 기사 실명제처럼 누가 어떤 부분을 맡았는지 밝히도록 하고 있다. 혹시 특정 사이트에서 베낀 경우에는 0점 처리하겠다고 미리 선포하여 학생들이 무성의하게 자료를 접하지 않도록 하고 있다.

수행평가 논의를 마무리하면서 채점 기준표를 두 가지 형태로 제시하려 한다. 총괄적 채점 기준과 분석적 채점 기준이다. 총괄적 채점은 전제적인 얼개와 흐름, 표현의 창의성 등을 일견하는 방식으로 대략적인 상, 중, 하를 구분하기 때문에 채점 시간이 덜 걸리고, 피드백이 필요한 학생을 일차적으로 걸러 낼 수 있으며, 개별 영역을 초월하여 종합적으로 수행평가 결과물을 파악할 수 있다.

반면에 분석적 채점은 수행평가 결과물을 영역별로 나누어 살피고, 영역마다 세밀한 평가 기준을 세우며 학생들의 잘된 점과 부족한 점을 정확하게 파악하기 때문에 구체적인 근거를 갖고 결과물을 평가할 수 있다. 채점하면서 시간이 많이 걸리지만, 채점의 공정성 시비가 대체로 없으며, 학생들에 실질적인 피드백을 해줄 수 있고, 수행 결과를 기록하는 면에서도 다양한 요소를 담아 충실하게 작성할 수 있다.

하지만 분석적 채점에서 각 영역의 점수가 높다고 해서 전체적인 완성도가 반드시 높은 것도 아니고, 안정적인 점수 관리 끝에 밋밋하고 별 감흥 없는 결과물이 나올 가능성을 배제할 수 없다. 과제에 따라서는 과감한 실험 정신이나 치열한 문제의식이 필요한 경우도 있는데, 총괄적 채점을 하면 사소한 실수가 있더라도 큰 틀에서 살펴보기 때문에 학생들이 좀 더 자유롭고 창의적으로, 자기 근거와 논리를 다져 발표하는 것을 유도할 수 있다.

비유하자면 수업의 도입-전개-정리의 과정에서 동기 유발, 전시학습 점검, 학습 목표 제시 등 세밀한 영역을 잘 진행하면 전체적인 수업이 좋다고 할 수 있는가의 문제다. 수업관찰표의 평가 척도 5, 4, 3, 2, 1에서 각 영역이 다 5점을 받으면 좋은 수업인가? 수업의 일반적인 프로세스를 매끄럽게 잘 이끌면 좋은 수업이라고 말하는 교사는 별로 없을 것이다. 특히 새로운 수업 방식의 실천이나 교사의 의도를 수업에 적용하는 경우, 한 차시 수업이 아니라 2~3차시의 긴 호흡을 가진 수업이라면 섣불리 점수를 부여하기보다 특정 과정에서 생략되거나 부실한 점이 있더라도 교사의 갸륵한 수업 의도가 잘 구현되었는지, 무엇이 학생들의 배움을 이끌었는지 알아주는 것이 관찰자로서 중요한 미덕이 될 것이다.

아래 예시를 비교해보고, 과제의 성격을 고려하여 활용하기를 권한다. [26]

- **수행 과제: 고구려, 백제, 신라, 가야 지역의 역사를 홍보할 수 있는 광고지를 제작해보자.**

1) 총괄적 채점 기준

척도	채점 기준
상	수집한 자료나 사진을 적절히 활용하여 광고지로서의 형식에 적합하며, 홍보할 만한 내용으로 구성되었고, 그 지역의 특징이 잘 드러났다.
중	자료나 사진을 활용하였으나 광고지로서의 형식에 적절하지 않으며, 그 지역의 특징이 잘 드러나지 않는다.
하	자료나 사진을 제대로 활용하지 못하였고, 광고지로서의 형식을 갖추지 못하였으며, 그 지역의 특징이 나타나지 않는다.

2) 분석적 채점 기준

영역	척도	채점 기준
자료의 수집 및 활용	상	다양한 자료를 적절히 활용하였다.
	중	일반적인 자료를 활용하였다.
	하	자료를 사용하지 않거나 적합하지 않은 자료를 활용하였다.
홍보 내용과 형식의 적절성	상	홍보물의 형식을 갖추고 다른 사람의 시선을 끌도록 설득력이 있으며 독창적인 내용으로 구성되었다.
	중	홍보물의 형식을 제대로 갖추지 못하였으며, 내용도 독창적이거나 설득력을 갖추지 못하였다.
	하	홍보물의 형식이 아니며, 내용도 전혀 독창적이거나 설득력을 갖추지 못하였다.
각 지역의 특징	상	각 지역의 특징이 잘 드러나는 문구를 사용하여 한눈에 파악할 수 있다.
	중	각 지역의 특징이 잘 드러나지 않으며, 문구도 눈에 띄지 않았다.
	하	각 지역의 특징이 전혀 나타나지 않았다.

▧▧ 실전: 수행평가 사례 보기

사례로 제시하는 수행평가는 2019학년에 실시한 것으로 생활기록부 반영 비율로 보면 지필평가 30퍼센트, 수행평가 70퍼센트의 비중으로 계획되었다. 세부적으로는 매 시간 수업에서 학생들이 기록하고 활동하는 활동지를 평가에 반영했고, 수시로 교사의 발문에 대답하거나 모둠활동 결과물을 발표하는 경우, 발표 점수를 부여했다. 그리고 시기를 정하여 개인별 과제 한 건, 모둠별 과제 한 건을 기획했다.

학년 초 첫 역사수업 시간에 수행평가 주제와 방식, 평가 시기와 배점, 반영 비율 등을 안내했고, 수행평가 전에 교과협의회를 통해 구체적인 계획을 정비하여 학생들에게 안내문을 배부했다. 예컨대 1학기 개인 과제는 나만의 교과서 만들기였으며, 2학기 모둠 과제는 역사 영화 예고편 만들기로 설정했다. 개인 과제보다 모둠 과제가 더 많은 노력이 필요하고 더 큰 주제를 다루기 때문에 모둠 과제 쪽에 더 높은 배점을 주었다.

그리고 모든 수행평가는 수업 시간 중에 실시했다. 개인 과제의 경우, 기본 자료를 조사해 와서 수업 시간에 오픈 북으로 시험 보듯이 맡은 주제에 대해 자신의 언어로 쓰도록 했다. 교사는 계속 순회 지도하면서 학생들을 독려하거나 시간 체크를 해주고 초점을 잘못 잡은 학생에게는 조언을 하기도 했다. 모둠 과제의 경우는 더욱 교사의 독려와 관심이 필요하다. 무임승차와 일벌레가 생기지 않도록 살피고, 각자 조사해 온 자료를 보면서 부실한 부분을 짚어주거나 협력을 게을리 하는 학생에게는 주의를 주는 등 모두가 수업 시간 내에 진지하게 활동하도록 했다.[27]

3학년 역사 나만의 교과서 만들기 수행평가 안내

1. 목적
가. 교과서 내용을 꼼꼼하게 읽고 주요 내용을 파악하도록 한다.

나. 내가 이해한 대로 친구들에게 설명한다는 생각으로 친절하게 내용을 정리하도록 한다.

다. 정리한 내용을 시각적으로 표현하면서 사고력과 창의성을 키우도록 한다.

2. 읽을 책
중학교 역사 2 교과서

전국역사교사모임, 『살아있는 세계사 교과서 2』, 휴머니스트

전국역사교사모임, 『어린이 살아있는 세계사 교과서 5, 6, 7』, 휴머니스트

이강무, 『청소년을 위한 세계사: 서양편』, 휴머니스트

우경윤, 『청소년을 위한 세계사: 동양편』, 휴머니스트

3. 실시 기간: 2019. 6. 17.(월) ~ 6. 28.(금)

4. 작성 방법
가. A4 용지 앞면: 제목, 교과서 본문 내용 설명, 사진 자료, 용어 소개 작성하기

나. A4 용지 뒷면: 타이포셔너리(글자를 쓰고 그림처럼 표현하기)

5. 채점 기준

평가 기준	배점
정리된 자료가 충실한가(충실성): 교과서 본문 내용 설명	0~5점
자료의 설명이 정확한가(정확성): 교과서 사진 및 용어 설명	0~5점
교과서의 형식에 독창성이 있는가(창의성): 제목 및 타이포셔너리	0~5점
각자의 생각이 잘 표현되어 있는가(진실성): 타이포셔너리	0~5점
기한을 넘기거나 베낄 경우(윤리성)	감점 1점~최저 0점

6. 유의 사항
가. 수업 시간에 배울 내용의 배경지식이 되는 책이므로 열심히 읽고 정성껏 쓸 것

나. 인터넷 사이트 일부를 표절하거나 친구 것을 베끼는 경우, 그 정도에 따라 감점 또는 0점 처리함

나만의 역사 교과서 만들기(개인)

학년	반	번호		번	이름	
주제						
읽은 책 및 참고 사이트						
제목						
본문 서술						
용어 설명						

사 진	해 설

타이포셔너리

3학년 역사 영화 예고편 만들기 수행평가 안내

1. **제작 방식**: 3~4명의 규모로 모둠을 짜고 원하는 주제 및 사건을 하나씩 맡아 사진이나 그림 자료를 조사하고 최종적으로 모둠별 영화 예고편 2장(A4 크기 4쪽)을 완성함(맡은 주제 및 사건과 관련된 시각 자료의 배경, 과정, 결과, 특징 등을 정리하여 작성함)

2. **탐구 주제 및 사건**: 교과서 2단원의 관련 내용과 보충 자료를 참고할 것
   ① 3·1운동: 배경, 전개, 결과, 의의까지
   ② 대한민국 임시정부: 임시정부의 등장과 통합, 임시헌장의 내용, 민주공화국 선언의 의의, 임시정부 활동 모습
   ③ 일제의 통치정책: 문화 통치 내용과 허구성, 병참 기지화 정책과 강제 동원
   ④ 국내 민족운동: 학생들의 6·10만세운동, 광주학생항일운동
   ⑤ 국내 민족운동: 민중들의 소작쟁의/노동쟁의, 신간회 활동
   ⑥ 국외 민족운동: 봉오동, 청산리 전투와 애국단과 의열단의 의거
   ⑦ 국외 민족운동: 조선의용대, 광복군의 무장 투쟁

3. **참고 자료**: 전국역사교사모임, 『살아있는 한국사 교과서 2』, 휴머니스트
   전국역사교사모임, 『어린이 살아있는 한국사 교과서 4』, 휴머니스트
   최태성, 『큰별쌤 최태성의 한국사: 근현대편』, 들녘
   윤종배, 『5교시 국사 시간』, 역사넷

4. **학습 기간**: 3시간(첫 시간 준비 회의, 둘째 시간 제작, 이후 셋째 시간에 모둠별 발표 및 평가), 4차시 선생님의 보충 설명

5. **모둠 구성**: 모둠장 1명 + 모둠장이 지정하는 사람 1명 + 원하는 학생 1~2명
   (역사 성적 기준)　　(모둠장과 동성)　　(모둠장과 이성인 친한 사람끼리)

6. **평가 방식**: 다른 모둠에 대한 평가 5점 + 우리 모둠 내부 평가 5점 + 교사 평가 20점
   * 모둠장의 경우, 교사가 활동 상황을 지켜보면서 가산점 1~2점을 부여할 수 있음

평가 기준	채점자	배점
예고편 설명 내용에 오류가 없는가(정확성)	교사	0~5점
모둠원들이 잘 협력했는가(협동성) * 논의 및 제작, 발표 과정에서 2차례 이상 평가		0~10점
사진 및 그림 자료가 충분히 담겨 있는가(충실성)		0~5점
모둠 과제를 성실하게 수행하고 있는가(개인 성실성)	발표 모둠 내 상호 평가	3~5점
영화 예고편의 특성을 살려 표현하였는가(창의성)	발표 모둠 외 전체 학생	3~5점

영화 예고편 만들기 회의록

1. 영화 예고편 제목:

2. 주제/사건:

3. 작업 순서
 - 첫째 시간: 교과서 해당 내용 훑어보기

　　　　　　모둠원이 의논하여 각자 배경/의의 또는 사건/인물 등 선택하기

　　　　　　교과서/컴퓨터로 자료 검색하기 → 모둠별로 대략의 자료 출처 파악하기

 * 개인 작업: 회의 후 각자 집/도서관에서 주제/사건별로 자료를 충실히 조사해서 사진/그림 확보

　모둠장: 표지(1쪽)의 지도/특별 코너 + 사진 1장 & 모둠원: 1인당 사진 3장 준비

　작업 방식: 각자 확보한 지도/사진/그림에 따른 설명, 작은 제목 쓰기

 • 다른 사람의 자료를 인용할 경우, 인터넷 사이트나 책 제목 등을 밝힐 것

 • 개인이 맡은 페이지에 자신의 이름을 반드시 쓸 것

 - 둘째 시간: 각자 조사해 온 사진/그림을 모둠원들이 서로 설명한 뒤,

　　　　　　제목, 순서 등을 의논/정리하여 영화 예고편(10컷) 제출하기

 - 셋째 시간: 다른 모둠에 가서 영화 예고편 설명하기

　　　　　　(하나 가고 셋 남기: 모둠장이 3팀, 도우미가 3팀씩 담당하기)

　　　　　　설명 후, 학생 상호 평가하기(모둠 간 평가, 모둠 내 평가)

 * 이후 수업 시간에 선생님이 일제 강점기 역사를 전반적으로 보충 설명할 예정

4. 영화 예고편을 디자인하시오. (다양한 형태로 제작 가능하며, A4 크기 앞뒤 2장으로 만들어야 함)
 - 전체 제목:

 - 배경/지도:

 - 특별 코너:

 - 사진/그림(순서):

영화 예고편 만들기(모둠)

학년	반	모둠	모둠 구성원	
주제				
제목				
배경/ 지도	역사적 배경이 되는 사전적 지식, 사건이 전개된 지역의 지도			
특별 코너	4행시, 돌발 퀴즈, 관련된 영화 제목 소개 등			
장면 1	사진/그림		장면 해설 *여기까지 모둠장이 작성	

장면 2~4	*모둠원 A가 작성	

장면 5~7	*모둠원 B가 작성	

장면 8~10	*모둠원 C가 작성	

영화 예고편 제작 모둠 간 활동 평가표

학년 반 모둠:

- 다른 모둠의 설명을 잘 듣고, 진지하게 평가해주세요.
- 자기가 속한 모둠은 제외하고 점수를 표기합니다.
- 잘했으면 5점, 부족하면 3점을 부여합니다.
- 모둠원 각자가 평가한 다음, 모둠장이 모둠의 최종 점수를 적어주세요.
  예: 5점이 많으면 5점, 4점이 많으면 4점, 3점이 많으면 3점
  예: 5점과 4점이 각각 2명씩이면, 5점으로 평가해주세요.

- 채점 기록

모둠명	발표 주제	평가 점수				모둠(최종 점수)
		개인 (3~5명이 평가)				모둠(최종 점수)
	3·1운동					
	대한민국 임시정부					
	일제의 통치정책					
	국내 민족운동 1					
	국내 민족운동 2					
	국외 민족운동 1					
	국외 민족운동 2					

영화 예고편 제작 모둠 내 활동 평가표

학년 반 모둠:

- 우리 모둠의 활동 과정을 돌이켜 보고, 진지하게 평가해주세요.
- 가장 열심히 한 친구와 적당히 참여한 친구를 양심에 따라 구별해야 합니다.
- 자기 자신에 대한 점수는 매기지 않습니다.
- 잘했으면 5점, 조금 부족하면 4점, 많이 부족하면 3점을 부여합니다.
  예: 5점이 2명, 4점도 2명이면 5점을 부여합니다.

- 채점 기록

이름	모둠 내 평가				최종 점수

1 최상훈 외, 『역사과 평가의 이론과 실제』, 책과함께, 2012, 19~21쪽.

2 김동훈, 『교사, 전문가로 살아야 행복합니다』, 교육과학사, 2018, 251쪽.

3 김현섭, 『철학이 살아 있는 수업 기술』, 수업디자인연구소, 2017.

　　353쪽에서는 실용성이라는 표현을 쓰고 있다.

4 최상훈 외, 앞의 책, 33쪽.

5 고려대부속고 방대광 교사의 2018년 1월 교원대 강의안 '역사과 지필평가의 실제'를 일부 변형했다.

6 최상훈 외, 앞의 책, 135쪽.

7 김현섭, 앞의 책, 355쪽.

8 서울시교육청에서 일선 학교에 내려보내는 평가 관련 지침에서 발췌했다.

9 김현섭, 앞의 책, 356~357쪽.

10 교육부, '2017학년도 수능 한국사 필수화에 따른 교사 연수 자료', 2016, 15쪽.

11 2018년 서울 중평중 역사 시험에 출제된 문항 중에서 발췌했으며, 다양한 이미지는 출판사에서 제공하는 평가 문제 파일에서 일부 가공했다.

12 경기도교육청, '2007 고등학교 서·논술형 평가 길라잡이', 173쪽.

13 대구광역시교육청, '사회과 서술형 평가 문항 자료집-중학교', 2011, 6쪽.

14 위의 자료, 8~9쪽.

15 위의 자료, 20~21쪽.

16 김동훈, 앞의 책, 254~255쪽.

17 '서울 중등 수석교사 직무연수 자료집'(2019년 5월)에서 발췌했다.

18 2019년 서울 중평중 3학년 역사 문제를 발췌했다.

19 강대일, 정창규, 『과정 중심 평가란 무엇인가』, 에듀니티, 2018, 114쪽.

20 김선, 반재천, 박정, 『수행평가와 채점 기준표 개발』, 도서출판AMEC, 2017, 18쪽.

21 위의 책, 23쪽.

22 윤종배, 『나의 역사수업』, 역사넷, 2008, 189쪽.

23 앞의 책, 90쪽.

24 김선, 반재천, 박정, 앞의 책, 32쪽.

25 김현섭, 앞의 책, 362쪽.

26 최상훈 외, 앞의 책, 247쪽.

27 수행평가 설계 시 참고한 서적 및 자료는 다음과 같다.

　　『신나는 국사 시간』(윤종배, 역사넷, 2003), '자유학기 수업 및 평가 자료집'(교육부,2016), '과정을 중시하는 수행평가, 어떻게 할까요'(교육부, 2017), '수행평가 레시피: 중학 역사, 고등 한국사'(천재교육, 2020)

제6장

겨울

함께 한 걸음, 혼자 한 발짝 가기

교사들은 빠르게 변하는 교육정책, 성급한 추진 방식,
가시적인 결과를 내놓으라고 요구하는 교육 풍토 속에 살고 있다.
1990년대의 교단 선진화, 2000년대 수행평가,
2010년대 성취평가제를 거쳐 과정 중심 평가, 그리고 2020년에는
느닷없이 원격수업을 시작하기에 이르렀다.
이런 문제들은 혼자 고민하기보다 교사들이 머리를 맞대고 의견을 모아
현실적이고도 체계적으로 해결해가야 한다.
이런 이유로 2010년대에 교사들의 수업 연구 공동체가 등장했다.
이 같은 집단지성의 힘도 중요하지만, 교사 개인의 부단한 노력은 필수적이다.
교사가 많이 알수록 선택지가 많아지고, 깊이 알수록 옥석을 가리며,
고민할수록 학생 눈높이에 맞는 수업이 가능하기 때문이다.
어떻게 하면 더 깊이, 더 넓게, 그리고 더불어 수업을 도모할 수 있을까?

과정 중심 평가,
어떻게 할까

수업과 평가는 하나의 과정

2017년부터 교육계에서는 '과정 중심 평가'라는 단어가 많이 회자되고 있다. 중학교의 경우, 2022년까지 5개년에 걸쳐 모든 교사가 의무적으로 과정 중심 평가 관련 연수를 받는다. 근래에 보기 드문 대규모 의무 연수인 데다 평가라는 말이 붙어 있기에 현장은 크게 술렁거렸다. 기존의 지필평가가 있고, 1999년부터 수행평가가 시행되고 있는데, 또 어떤 형태의 평가가 등장한 것인지 대다수 교사들에게는 관심과 걱정이 동시에 일었다.

과정 중심 평가는 새로운 형태의 평가가 아니다. 기존의 평가를 비판적으로 보고 새롭게 접근하자는 관점의 전환으로서 일종의 '정책용어'다. 학문적 용어가 아니라 앞으로 이런 방향으로 정책을 추진하겠다는 의미에서 붙인 이름이다.

이는 2017년 1월 한국교육과정평가원에서 열린 토론회에서 논의된 바 있으며, 같은 맥락에서 '과정을 중시하는 수행평가, 어떻게 할까요'라는 책자를 만들어 보급하기도 했다.[1] 이러한 관점은 2015 개정 교육과정에 이미 제시되어 있다.[2]

2015 개정 교육과정 총론(교육부 고시 2015. 9. 23)

– 교육과정 구성의 중심

학습의 과정을 중시하는 평가를 강화하여 학생이 자신의 학습을 성찰하도록 하고, 평가 결과를 활용하여 교수·학습의 질을 개선한다.

– 교육과정 편성 운영의 기준

(중학교) 자유학기에는 중간·기말고사 등 일제식 지필평가는 실시하지 않으며, 학생의 학습과 성장을 지원하는 과정 중심의 평가를 실시한다.

– 평가 방식

학습의 결과뿐만 아니라 학습의 과정을 평가하여 모든 학생이 교육 목표에 성공적으로 도달할 수 있도록 지도한다.

이와 같은 논의를 토대로 과정 중심 평가를 정의하자면, 교육과정 성취기준에 기반을 둔 평가 계획에 따라 교수·학습 과정에서 학생의 변화와 성장에 대한 자료를 다각적으로 수집하여 적절한 피드백을 제공하는 평가인 것이다.[3]

평가란 여러 가지 평가 도구를 활용하여 교수·학습의 성과를 알아보고, 학습의 전반적인 과정에 대해 성공 여부를 판단하는 과정이다.[4] 과정 중심 평가는 여기서 한 걸음 더 나아가 교사의 일상적 피드백과 학생의 성장을 강조하려는 의지를 담고 있다.

왜 이 같은 관점이 새삼스럽게 등장했을까? 수업과 평가가 본질적으로 하나의 과정임에도 불구하고 실제 수업 과정에서 따로 노는 측면이 있었기 때문이다. 교사가 수업에서 중요하게 다룬 것을 학생들이 제대로 배웠는지 평가하고, 평가 결과에 따라 다시금 배움이 일어나도록 수업에 환류하는 작업이 충분히 이루어지지 않았기 때문이다. 또 처음부터 평가를 의식하면서 수업을 진행하지 않고, 수업을 다 펼친 다음에 시험에 낼 만한 것들을 추려 출제하는 관행도 있으며, 학습 과정은 따져보지 않고 시험 본 결과를 산출하여 점수를 매기고 그에 따라 등위를 가리려는 평가에 대한 고정 관념도 적잖은 문제가 있었다. 아마도 수업과 평가의 결을 맞추어야 한다는 문제의식에는 대체로 동의할 것이다.

수업과 평가가 하나의 연결된 과정이 되기 위해서는 기준점과 정확한 매뉴얼이 필요하다. 과정 중심 평가의 기준점에 해당하는 것은 교육과정(敎育課程, curriculum)이다. 이름하여 교-수-평-기의 과정에서 맨 앞에 있는 교육과정이 수업과 평가의 출발점이 된다.

교육과정은 '학교에서 교육 목표를 달성하기 위해 다양한 교육 활동의 기준을 체계적으로 선정·조직한 계획된 문서이며, 나아가 이를 실행하는 과정과 성취한 결과를 포함하는 일련의 총체적 과정'이다. 교육과정 중에서도 교과 교육의 측면에서 가장 중요한 것은 성취기준이다. 학생들이 교과를 통해 배워야 할 내용과 이를 통해 수업 후 할 수 있거나 할 수 있기를 기대하는 능력을 결합하여 나타낸 수업 활동의 기준이기 때문이다.[5]

성취기준은 대개 지식을 다루지만, 2015 개정 교육과정은 특히 핵심역량과 연계하기를 강조하고 있다. 과거에는 ○○을 알았는가에 관심을 가졌다면, 이제는 ○○을 배우고 ○○을 할 수 있는가에 중점을 두는 것이다. 예컨대 기억하기, 연결 짓기 등에서 비교하기, 분석하기 등으로 나아가야 한다는 것이다. 총론에 해당하는 6개의 핵심역량이 있고, 역사과는 5개의 교과역량을 제시하고 있다.[6]

독자들이 핵심역량의 타당성에 동의하는지는 차치하고, 교육과정의 중점과 성취기준의 짜임새가 그러하다는 것에서 수업의 방향도 이에 맞춰 핵심역량을 기르는 쪽으로 진행되어야 한다는 것을 쉽게 유추할 수 있다.

이런 논리 구조에서 목표 도달과 핵심역량의 신장 여부를 수시로 확인하고 독려하는 과정이 과거보다 더 강조될 수밖에 없으며, 평가를 통해 가시적인 수치 혹은 결과물을 점검하는 것은 필연적이다. 이를 누적적으로 기록하여 학생의 성장을 도모하는 것까지 더하면, 이른바 교-수-평-기의 과정이 완결된다.

이 대목에서 나는 흔하게 쓰는 '교-수-평-기의 일체화'라고 칭하지 않겠다. 일체화라는 표현이 과도하다고 생각하기 때문이다. 일체화는 곧 하나임을 강조하는 것인데 교육과정이 곧바로 교과서가 되는 것이 아니고, 교사가 교과서대로 수업하는 것도 아니며, 수업한 모든 것을 출제하는 것도 아니고, 평가 결과를 모두 측정할 수 있는 것도 아니고, 그것을 빠짐없이 기록하는 것도 불가능한 일이니 일체화라고 표현하는 것은 아무리 봐도 지나치다고 생각한다.

물론 일체화를 주창하는 사람들이 말하는 '학생이 사고하고 참여하는 수업, 수업과 긴밀하게 연관된 평가, 이에 대한 기록, 이를 바탕으로 입시에도 선한 영향력을 끼쳐 수업 혁신의 동력으로 삼고자 한다'는 취지와 열정은 나도 높이 사고 있다. "수업의 변화는 평가를 바꾸고, 수업의 변화가 기록을 풍부하게 한다"[7]는 것에도 동의한다.

하지만 과정 중심 평가를 모토로 '평가'라는 과정을 우선적으로 강조하면서 문제가 생길 수 있다. 평가를 앞세우다 보면 수업이 그에 의해 제약받는 측면이 있어 득보다 실이 더 크다고 보기 때문에, 일체화라는 표현에 동의할 수 없는 것이다. 역사과의 경우에는 교육과정 자체의 정합성, 완결성, 타당성 등에 대한 비판이 많기 때문에 교육과정을 금과옥조로 삼고 그에 맞게 수업을 펼치는 것부터 문제가 될 수 있다.

대신 나는 '교육과정-수업-평가-기록의 일관성'이라고 표현하고 싶다. 교-수-평-기가 하나의 연결된 과정이라는 사실을 의식하면서 교육과정을 재구성하고, 수업과 평가를 연관 짓고, 그 맥락을 살려 기록을 진행하는 선순환의 과정을 그려보려는 것이다.

▚ 과정 중심 평가의 취지와 방안

과정 중심 평가는 말 그대로 교수·학습의 과정을 중시한다. 평가의 패러다임을 바꾸기 위해 평가의 관념도 새롭게 제시했다. 기존의 관행은 학습 결과로서 평가인데 주로 채점과 줄 세우기의 양상을 띠었다면, 이제는 학습을 돕는 평가로서 학습 과정에서 피드백과 격려로 학생의 성장을 도모하는 데 중점을 두고 있다. 나아가 학습 자체로서 평가라는 관점도 있다. 수업과 평가가 유기적 연결성을 갖도록 아예 교수·학습 과정안 자체에 평가란을 설정하고, 평가 항목을 제시하는 경우도 있다.[8]

한 차시의 수업에 비유한다면, 수업 초반에 (평가 가능한) 학습 목표를 명확하게 제시하고, 수업 전개 과정에서 목표와 연관된 내용들을 구조화하여 판서하거나 활동지, 파워포인트 등에서 설명하고, 순회 지도를 하면서 학생의 배움 여부를 점검하는 방식이 되겠다. 심화 활동에서도 목표와 긴밀히 연관된 활동 과제를 부여하여 깊은 배움을 유도하고, 활동지 끝자락에 수업(성찰) 일기를 쓰도록 하여 제대로 배웠는지, 어떤 것을 느꼈는지, 무엇이 궁금한지를 교사가 살펴보고, 즉시적인 피드백을 해주는 것이다. 나아가 수업 중에 크고 작은 수행평가를 곁들여서 목표 도달 여부를 확인하고 평가 결과를 바탕으로 성장 진단을 하는 등의 활동을 한다.

이렇게 수업과 긴밀하게 연관된 평가가 이루어지려면 그 근거가 교육과정이 될 것이며, 성취기준에 기반을 두고 교수·학습 및 평가가 이루어져야 하므로 성취기준 분석이 과정 중심 평가의 중요한 첫 단계가 되는 것이다. 성취기준은 측정 가능한 평가 기준으로 변환되고, 한 차시의 학습 목표로 재진술되기도 한다.

그렇다면 실제 수업과 평가 장면에서 과정 중심 평가의 모습은 어떤 것일까? 기존의 형성평가, 지필평가, 수행평가와의 관련성은 어떠한가? 새로운 평가 방식이 아니라 새로운 관점이라는 것의 실체는 무엇인지 한번 살펴보자.

과정 중심 평가의 가장 원초적인 형태는 형성평가다. 형성이라는 말뜻 그대로 지식이나 역량의 형성 여부를 판별하는 것이다. 한 차시 수업의 후반부에 앞서 다룬 사항을 확인하는 작업이어서 과정 중심 평가에 걸맞은 활동이다. 형성평가를 중시하여 '학습을 극대화하기 위해 수업 장면에서 학생의 자료를 다각적으로 수집함으로써, 교사가 이를 근거로 피드백하고 학생은 성찰하게 되는, 교수-학습-평가가 통합된 활동'이라고 보는 견해도 있다.[9] 현실적으로 형성평가는 대개 지식이나 사실, 몇 가지 개념의 이해 여부를 묻는 것이어서 비교적 단순한 평가에 속한다.

다음으로 떠올릴 수 있는 것이 수행평가다. 작업 과정과 결과물을 동시에 평가하는 특징을 지니고 있어 과정 중심 평가의 취지에 가장 잘 맞는다. 개인별 평가, 모둠별 평가, 한 차시 안에 하는 평가, 일정 기간을 두고 실시하는 평가, 포트폴리오 형태의 평가, 아예 프로젝트 수업으로 진행하면서 이루어지는 평가에 이르기까지 다양한 방식으로 지식, 기능, 태도와 협동성 등 다양한 요소를 반영하여 평가할 수 있다. 평가 과정에서 수시로 피드백하여 결과물의 질을 높일 수도 있고, 협동이 필요한 모둠은 이를 독려하여 의사소통과 협업 능력을 향상시킬 수도 있다. 예전처럼 교사가 전혀 개입하지 않은 채 부실한 결과물이 나오도록 방치하지 않고, 적극적으로 독려하여 모두가 좋은 점수를 받도록 하는 것이 가능한 평가이기도 하다.[10]

마지막으로, 지필평가는 성격이 애매하다. 지필평가는 전형적인 결과 평가인데 과정 중심 평가로 간주할 수 있을지 궁금해하는 사람이 많다. 교육부나 한국교육과정평가원 등에서 펴낸 자료에서는 지필평가도 과정 중심 평가의 일환으로 본다. 수업한 것을 출제한다는 전제와 과정뿐만 아니라 결과도 평가의 대상이 되기 때문이다. 요컨대 과정을 중시하는 것이지 결과를 배제하는 평가는 아니라는 것이다. 충실한 과정이 있다면 결과 또한 과정과 긴밀히 연동되므로 학생의 배움과 역량의 신장 여부를 판별하여 다시금 수업에 환류할 수 있다는 판단이다. 지필평가의 결과는 수치로 환산되어 학습의 성과가 명징하게 나타날 뿐 아니라 서·논술형 지필평가의 경우, 채점 과정에서 교사가 학생의 배움 여부와 역량의 신장을 직접적으로 느낄 수 있는 방안이기도 하다.

이처럼 기존의 여러 평가를 새롭게 인식하고 교-수-평-기의 과정을 긴밀히 연계시킨다는 점에서 교사 대다수는 과정 중심 평가에 동의할 수 있을 것이다. 그런데 소홀히 여기던 평가의 과정을 제대로 살려낸다는 것과 평가가 우선되고 그 비중이 커지면서 다른 요소에 영향을 미치는 것은 다른 차원의 문제요, 결과도 예상과 다르게 나타날 우려가 있다.

과정 중심 평가의 기저에는 백워드 디자인(역행 설계)이 전제되어 있다. 교-수-평-기가 잘 연결되려면 무엇을 평가할 것인가(어떤 결과를 원하는가)를 먼저 생각해놓고 역으로 수업을 설계할 때, 누수도 궤도 이탈도 일어나지 않을 것이기 때문이다.

역행 설계는 2005년 무렵 위긴스(Wiggins)와 맥타이(McTighe)가 제시한 수업

이론이다. 바라는 결과를 먼저 확인하고(목적 설정), 수용할 만한 증거를 결정한 뒤(평가 계획), 이를 구현할 학습 경험(수업 계획)을 구안하는 것이다. 목표 확인과 동시에 평가를 고려하며, 평가를 통해 도달 목표를 확인하고 피드백을 하는 과정이다.[11] 수업한 다음 평가를 궁리하는 관행에서 벗어나 미리 수업의 결과로 획득해야 할 목표를 정하고 이를 확인할 수 있는 평가 방법을 생각한 뒤 그에 맞게 수업을 구상하라는 의미다. 새로운 발상의 역행 설계는 수업과 평가의 일관성을 극대화하여 마침내 일체화를 논하기에 이르렀다.

하지만 수업과 평가의 순서와 비중이 역전되는 데 따르는 우려도 커지고 있다. 첫째, 평가에 나올 것만, 혹은 측정 가능한 것만 수업에서 다루어야 하는가. 빠듯한 수업 시간에 평가를 겸하기가 쉽지 않으며, 피드백까지 하려면 결국 수업 내용이 축소되어야 할 텐데 줄어든 내용을 갖고 평가할 경우 과연 수준 높은 결과물이 나올 것인가에 대한 의문이 있다. 과정 중심 평가의 취지가 지식에 머물지 않고 핵심역량을 두루 신장시키는 것이지만, 지식만 다루기에도 버거운 수업 시간에 평가까지 감당할 경우 평가할 내용만 다루게 될 가능성이 높다.

둘째, 수업의 풍성함과 역동성을 저해하지 않는가. 수업은 교사와 학생의 상호작용이므로 학급 구성원의 성향과 태도에 따라 같은 교사가 같은 내용을 수업해도 무척 다양한 경로와 맥락으로 진행된다. 수업은 일종의 블랙박스요 교실 상황은 수시로 달라진다. 학급에 따라서는 질문이 많거나 엉뚱한 발상이 많을 수도 있고, 교사가 의도하지 않은 의외의 배움이 있을 수도 있다. 예컨대 불의 발견이 인류 역사에 미친 영향을 물었을 때, 학생들은 대개 보온, 조리, 조명 등을 읊조린다. 교사가 이 세 가지만을 염두에 두고 수업한 뒤 평가한다면 놓치는 부분이 있을 수 있다. 실제로 어떤 학생이 불의 발견으로 도구를 만들었다는 발표를 했을 때, 교사는 무릎을 쳤다. 토기, 청동기, 철기는 물론, 고려청자, 조선백

자, 오늘날의 제철소에 이르기까지 도구와 불은 떼려야 뗄 수 없는 관계 아닌가. 섣부른 예측이 예단이 될 수 있는 것이다.

셋째, 역사수업의 인문학적 특성을 살릴 수 있겠는가. 역사는 해석의 학문이다. 다양한 자료를 탐구하고 저마다의 해석을 내린 뒤, 생각의 차이에 대해 토의·토론하거나 발표하면서 공유하는 과정은 역사를 역사답게 배우는 '역사하기(Doing History)'다. 아무리 교육과정을 재구성하더라도 어느 정도의 지식과 사실을 알아야 배움으로 발전할 수 있지만, 논쟁적 질문이나 다르게 보기를 제시해야 역사적 사고력이 신장될 수 있다. 따라서 평가를 앞세워 다양한 논쟁과 상상의 가능성을 미리부터 차단하면 역사하기가 제약받을 가능성이 높다.

평가를 새롭게 자리매김하는 것이 곧 과정 중심 평가의 안착과 확산의 관건이 될 터인데, 위에서 제기한 문제를 불식하기 위해서는 교육과정, 수업, 평가의 위상과 포함 관계를 아래 그림처럼 이해하는 것이 가장 적절하지 않을까 싶다.[12]

교육과정에 근거하여 수업을 다양하고 풍성하게 실시하되, 평가는 성취기준을 고려하여 폭을 좁히고 엄정하게 하자는 뜻이다.

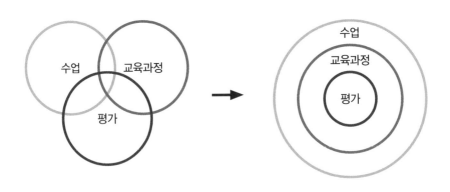

▨ 과정 중심 평가의 핵심, 루브릭과 피드백

과정 중심 평가에서 주목해야 하는 개념 혹은 과정이 있다면 루브릭과 피드백이 될 것이다. 루브릭은 사전적으로 '공유된 평가 기준'이라는 의미를 지니고 있는데, 흔히 채점 기준이라고 부르는 내용에 점수만 표기하는 것이 아니라 학생이 성취한 것과 더 노력해야 할 것을 문장으로 서술하고 있다.

대개 루브릭에는 평가할 과제의 하위 영역, 배점, 성취 수준에 대한 정보가 들어 있다. 예컨대 역사신문을 만드는 수행평가를 했다면 신문의 완성도, 사실의 정확성, 내용의 창의성, 구성원의 협동성 등을 평가 하위 영역으로 삼고, 영역마다 3~5점 정도의 배점을 부여하며, 영역별로 내용이 충실한 정도에 따라 상, 중, 하 또는 노력 요함의 수준으로 나누어 진술하는 것이다.

무엇을 기준으로 평가할 것인지 구체적으로 제시되어 있어 학생들이 과제를 수행하기 전에 참고하기도 하고, 자신의 평가 결과를 받아 들고 어느 정도 수준에 도달했는지 스스로 확인할 수 있다. 교사 입장에서는 학생의 성취 수준을 구체적으로 가늠하고, 수행 결과의 한계와 장점을 명확하게 알 수 있으며, 동 교과, 동 학년 담당 교사들과 함께 수업과 평가의 문제를 두고 연구할 근거를 확보하는 작업으로서 의미가 있다.

무엇보다 루브릭의 필요성은 교사들에게는 정밀한 채점 기준이 되며, 학생의 성취 수준을 구체적으로 파악할 수 있기 때문에 학생에게 실질적인 피드백을 해줄 수 있는 정보가 되는 데 있다. 점수만 통보하는 것이 아니라 학생들에게 무엇을, 어떻게 해야 성취할 수 있는지 친절하게 그 경로와 목표점을 알려주는 효과가 있는 것이다.

그런데 루브릭은 작성 과정에서 여러 가지 고려할 점이 있다. 평가할 과제의 성격과 방식에 맞게 평가 영역을 정확히 설정하고, 영역의 특성에 따라 배점을 모두 같게 할 수도 있고, 달리 할 수도 있다. 예컨대 기한 맞춰 과제물을 내는 것과 창의적으로 과제물을 작성하는 것이 같은 배점일 수는 없기 때문이다. 무엇보다 성취 수준을 감안하여 학생들의 수준을 단계별로 나누어 진술하는 것이 만만치 않다. 아래 예는 미흡하지만 이러한 점을 고려하여 작성한 것이다.

· 역사신문 만들기(배점 30점, 모둠별 평가)

영역	상(5)	중(4)	하(3)	비고
내용의 정확성 (5)	필요한 내용을 모두 정확하게 진술함	진술한 내용에 일부 부정확한 요소가 있음	진술 내용이 전반적으로 부정확함	진술한 내용이 없을 경우 0점
자료의 충실성 (5)	필요로 하는 4개 항목의 자료를 다 갖춤	3개 항목만 있거나 자료 내용이 단순함	2개의 항목만 있거나 내용을 거의 채우지 못함	자료 조사를 안 했을 경우 0점
구성의 완결성 (5)	핵심 내용을 짜임새 있게 정리함	핵심 내용이 들어 있으나 다소 체계가 부족함	여러 내용 요소를 산만하게 제시함	구성한 내용이 거의 없는 경우 0점
표현의 창의성 (5)	핵심 내용을 독특한 방식으로 표현함	핵심 내용을 평범하게 표현함	핵심 내용을 단순하게 나열함	타인의 내용이나 사이트 자료를 표절한 경우 0점
모둠의 협동성 (5)	모둠원이 서로 상의하여 신문 코너의 배열과 편집에 참여함	모둠원이 부분적으로 상의하여 일부 내용을 편집함	모둠원 일부가 편집하고 신문 코너가 단순 조합되어 있음	구성원이 서로 소통하지 않고, 작업에 소홀한 경우 0점
발표의 명료성 (5)	신문의 특색을 부각시키고 코너를 설득력 있게 안내함	신문의 특색을 잘 설명했으나 개별 코너에 대한 소개가 부족함	신문의 특색과 코너의 내용이 잘 드러나지 않음	설명 내용이 빈약하거나 거의 설득력이 없을 경우 0점

위와 같은 루브릭은 피드백의 직접적인 자료가 된다. 이제 피드백을 살펴보자. 피드백은 수업의 결과를 보고 환류하는 작업으로서 수업-평가의 종료이자 새로운 시작에 해당되는 작업이다. 피드백의 사전적 의미는 '학습자의 학습 행동에 대해서 교사가 적절한 반응을 보이는 일'이다.[13] 종전의 피드백은 교사 중심, 인지적 영역 위주로, 결과를 놓고 교정하려는 성격이 강했다.

최근에는 피드백의 영역이 확장되었다. 첫째, 평가 주체의 변화다. 그동안 교사만이 평가자로 존재했으나 점차 평가 장면에 학생들을 참여시키고 있다. 교육부에서 펴낸 자료를 보면 학생들이 수업뿐만 아니라 평가에도 더 많이 참여하기를 강조하는 추세다.[14] 이에 따라 동료 평가(모둠 내 평가/모둠 간 평가), 자기 평가 등이 권장되고 있다. 교사가 평가를 독점했을 때, 객관성의 측면에서 학생들이 수긍하지 못하는 경우도 있고, 학생들을 평가에 참여시킴으로써 동료 학생의 발표를 훨씬 더 경청하도록 만들려는 의도도 있다.

둘째, 피드백의 기능이 달라졌다. 예전처럼 평가 결과에 대한 교정에 머물지 않는다. 평가가 수업을 돕기 위한 일 또는 수업의 일부로서 기능하기 때문에 결과를 지적하는 데 그치지 않고, 성취한 것과 이루지 못한 것을 판단하고 이에 따라 어느 부분을 보완해야 하는지 짚어주는 것이다. 피드백을 통해 학생들이 평가 점수를 받아 들고 돌아서는 게 아니라 다시 노력해서 한 단계 더 성장하고, 성취기준에 도달할 수 있도록 동기를 부여하는 역할을 한다.

셋째, 지식 외에 정서와 감수성, 학습 태도 등에 대해서도 피드백하는 등 영역 확장이 뒤따른다. 2015 개정 교육과정에서 강조하는 핵심역량의 신장을 고려해볼 때, 단순한 지식의 획득이 아니라 공부하고 싶은 마음을 갖도록 격려하는 것, 포기하지 않고 도전하도록 의욕을 북돋우는 등의 피드백도 필요한 까닭이다.

이렇게 중요해진 피드백에는 두 가지 유형이 있다. 무심코 하는 부적절한 피드백과 다소 고민해서 제시하는 좋은 피드백이다. 예를 들어, "신분제도 문제들을 모두 정확히 풀었구나. 역시~ 너는 역사 천재야!"와 "어려운 신분제도와 역사용어에 대해 잘 설명했구나. 그러나 만적의 난에서 노비들이 느꼈던 고통을 충분히 설명하지 못한 것 같아. 다음에는 그는 왜 그랬을까, 나라면 어떻게 할까를 싱싱하면서 글을 준비하면 더 실득력이 있을 거야"를 보자.

전자는 전형적인 결과 칭찬, 나아가 천재라는 비약이 있는 반면 후자는 잘된 점을 칭찬하되 아쉬운 부분을 짚고, 그에 대한 해법도 제시한다. 여기에 몇 가지를 더 보탠다면, 결과보다 노력을 칭찬하여 '과정'을 중시하는 교사의 태도도 필요하고, 과제의 성격에 따라 파악 즉시 피드백할 수도 있고, 조금 말미를 두고 추이를 지켜본 후에 피드백하는 방법도 있다.

순회 지도 시 조언이나 힌트를 주는 것도 적절한 피드백이 될 수 있고, 먼저 과제를 끝낸 모둠과 그렇지 못한 모둠의 시차가 발생할 경우, '1분 스파이' 활동을 허용하여 짧은 시간에 다른 모둠으로 이동해서 설명을 듣고 와 자기 모둠의 과제를 완료하게 하는 방법도 있다. 교사만의 피드백이 아니라 학생끼리 피드백도 있을 수 있다. 이로써 교사의 수고를 덜고, 친구 가르치기도 활성화시킬 수 있다. 발표 후 칭찬, 박수 유도 등도 간단하지만 좋은 피드백이며, 포스트잇 메모나 줄글 써주기로 개별적인 격려를 해줄 수도 있다.

말과 글 외에 도표나 연대표, 그림, 지도, 사진 등을 활용하여 다양하고 구체적으로 피드백을 한다거나 긴 말보다는 결과물의 핵심을 짚어서 부각시키는 센스, 관심을 틈틈이 보이며 슬쩍 한마디 얹어주는 피드백, 때로는 모둠활동할 때 곁에서 독려하는 선제적 피드백 등의 노력이 필요하다. 특히 배움이 느린 학생이나 학습된 무기력에 빠져 있는 학생을 챙기는 일에는 많은 인내와 다양한 접근이 필요하리라 본다. 중요한 건 일회적이지 않고, 단편적이지 않고, 애정을 담아 학생들에게 용기와 의욕을 주는 교사의 태도가 될 것이다.

끝으로 위의 피드백 내용을 정리하여 학기말에 교과별 세부능력 및 특기사항(이하 교과세특)을 기록하면, 교-수-평-기의 과정이 완성된다. 일상적으로 진행된 피드백을 한소끔 정리한 내용이 생활기록부에 담기게 된다. 이를 두고 교사의 평가권 측면에서 설명하는 사람들은 기록에 상당히 큰 의미를 부여한다. 기록이 상급 학교 진학을 위한 입시 자료로 기능하는 측면이 있지만, 교-수-평의 과정을 거쳐 학생이 성장한 이력이요, 교사의 언어로 학생의 성장 과정과 성장 가능성을 진술한 것이기에 진정한 의미의 평가라는 점을 강조하고 있다.[15]

아래의 예시는 기록을 하되 나름의 절차와 내용을 정리하여 제시한 것이다.[16] 중학교는 자유학기제나 정규 역사수업에서 다룬 내용을 중심으로 서술하면 되고, 고등학교의 경우는 좀 더 많은 양을 충실하게 작성할 필요가 있겠다.

마인드맵, 모의재판, 문화재 조립, 모둠 토론, 역사 글쓰기 등을 하면서(활동 영역) 역사적 사실과 인과 관계에 대해 기본적인 이해를 하고 있으며(성취 수준) 수업 시간에 주어진 과제를 충실하게 수행하는 가운데(수업 태도) 모둠에서 자기 역할을 잘 하여 동료들로부터 좋은 평가를 받았고(동료 평가), 활동지도 학기 초에 비해 성실히 작성하여 차츰 완성도가 높아짐(성장 진단)

🏢 그래도 남는 문제들, 소박한 해법

과정 중심 평가에는 동의할 수밖에 없는 대목과 실현하기 어려운 측면이 공존한다. 원칙적으로 옳고 추구해야 할 방향이지만, 실행 과정에 무리가 따르거나 비틀리게 될 가능성이 높은 것도 함께 살펴야 한다. 평가는 민감하고 조심스러운 작업인데, 고민이 충분하지 않으면 교사들이 시류에 떠밀리며 지쳐가거나 형식적으로 모양새를 취하면서 수업 혁신이라는 지향을 놓칠 수도 있기 때문이다.

첫째, 평가보다 수업 개선이 먼저이고 본질이다. 앞서도 지적한 것처럼 평가가 우선되다 보면 수업이 왜소해지고, 다양성과 풍부함을 잃게 될 가능성이 높다. 평가가 잦아지고 중시되는 과정에서 어느 순간 평가를 위한 평가를 하는 상황이 벌어져 본말이 전도될 우려가 있다. 먼저 수업 디자인을 충분히 고민하고 나서 학생의 능력을 확장할 평가를 구안하는 것이 수업의 생동감과 평가의 정확성을 함께 살리는 방안이 될 것이다.

여담이지만 평가로 수업을 바꾸려는 시도는 대부분 성과를 거두지 못했다는 사실도 기억할 필요가 있다. 1994년 대입 시험에 도입된 대학수학능력시험은 강의와 주입식 교육을 바꾸고 학생의 사고력을 증진시킨다는 목표를 표방했지만 초반의 참신함이 사라지고 수업의 변화는 별로 일어나지 않았다. 시도 교육청마다 수업을 바꾼다며 서·논술형 시험을 강조하지만, 현장에서 널리 확산되지 못하고 단답형의 변형된 문제 정도로 출제되고 있다.

둘째, 피드백보다 피드포워드(feed forward)가 더 중요하다.[17] 피드백을 통해 학생 개인별 맞춤형으로 성장 진단을 하고, 학습 방안을 알려주는 것은 교사로서 늘 꿈꾸는 일이지만, 이것이 일상성과 지속가능성이 있는지 걱정이 된다. 대다수 교사가 학교의 각종 업무에 치이고, 학급 운영과 생활 교육에 시달리는 와중에 근근이 수업하고 있는 형편인데, 수시로 평가하고 즉각적인 피드백을 하라고 주문하면 과연 교사들이 충실히 해낼 수 있을까? 곧이곧대로 수업과 평가를 무한 반복 하다 보면 교사들이 과로사(?)할 우려가 있다. 교사에게 쉼이 있고, 성찰이 먼저 있어야 학생을 품고, 친절하게 격려하는 것이 가능한데, 격무에 시달리면서 학생 개인별로 충실히 피드백하기란 쉽지 않다.

그렇다고 피드백을 안 할 수는 없으니 최소화하는 걸 고민해볼 필요가 있다. 앞서 제시한 루브릭을 상세하게 다듬어 학생들에게 과제 수행 전 미리 제시하고 이를 가이드라인으로 삼는 것이다. 이것은 일종의 피드포워드가 되겠다. 사전에 여러 요소와 상황을 예측하여 학생들이 오류를 범하거나 소홀히 하는 부분이 적도록 안내를 충실히 하는 것이다. 그렇게 되면 학생들의 과제 수행 결과에 따른 교사의 뒷수습이 훨씬 수월해질 것이다. 또 일의 효율성을 생각해서 활동지를 검사할 때, 단순히 빈칸이 있는지, 오답이 있는지 등은 짝끼리 활동지를 맞바꿔서 점검하게 하고, 교사는 수업(성찰) 일기에 적힌 내용을 살펴보고 필요한 피드백을 하는 방식으로 진행하면 부담을 덜 수 있을 것이다.

셋째, 평가와 채점은 다르다.[18] 평가는 가치를 매기는 작업이다. 학생의 학습 상황을 판단하고 다음 단계를 제시하는 성격이 짙다. 반면에 채점은 점수를 매겨 줄을 세우고 등급을 판정하는 작업이다. 이 둘은 상당한 차이가 있음에도 우리는 오랜 관행으로 평가=채점이라는 관념에 사로 잡혀 있다. 평가가 곧 채점이라면 과정 중심 평가는 큰 의미가 없다. 점수만 산출하면 되니까 과정에 그렇게 공을 들일 필요가 없는 것이다. 평가의 본질이 진단과 격려, 성장 가능성 모색이라는 데 동의한다면, 평가를 통해 학생의 성취 여부를 파악한 후 학생의 기 살리기가 핵심이 되어야 할 것이다. 빠듯한 수업과 잦은 평가로 바쁜 교사들이 무심코 점수 부여에만 신경을 쓴다면 다시금 결과 평가로 회귀할 우려가 있으니 주의를 기울여야 한다.

넷째, 수업 태도 기록부를 활용할 필요가 있다.[19] 두 가지 의미에서 그렇다. 수행평가 항목에 곧잘 등장하는 '태도'는 사실 벌점의 영역에 해당하는 행동들이 대부분이다. 늦게 입실했다거나 교과서나 활동지 파일을 안 갖고 왔다거나 주위가 산만하다, 떠든다 등의 행동들로 수행 점수에서 삼섬하는 경우가 많다. 수행평가 과정에서 일어난 일이 아니라 수업 준비가 부실하거나 수업에 방해가 되는 태도를 문제 삼아 감점하는 것은 바람직하지 않다. 교육청에서도 태도 문제로 감점하지 말라는 지침을 해마다 내려보내고 있다.

그럼 이 문제를 어떻게 해결해야 하나? 수업 태도 기록부를 활용하여 부정적 행동을 구체적으로 기록하고 학생 면담, 혹은 학부모 면담의 객관적 증거로 삼아 몇 차례 주의를 줘도 시정되지 않으면 벌점을 주면 된다. 흔히 '나만 미워해!' 하는 녀석들일수록 여러 과목에서 체크를 당하면 할 말이 없어진다.

긍정 행동도 여기에 기록하기를 권한다. 수업 중에 칭찬한 일이나 독특한 발표, 참신한 질문, 친구를 적극 돕는 행동 등을 구체적으로 기록했다가 이를 추려 교과세특에 써주는 것이다. 바쁘게 지내다 보면 학기말에 긍정 행동을 써주고 싶어도, 어떤 피드백을 해줬는지 잘 기억나지 않으므로, 일상적으로 긍정 행동을 메모해두었다가 이를 토대로 생활기록부에 잘 기록해주는 것이다.

앞에서 태도는 점수화하지 말라고 했지만 수행평가에서 태도를 평가하는 경우도 있다. 모둠활동에서 협동성이 필요한 때다. 학생의 태도 여하에 따라 모둠 활동이 잘될 수도, 안될 수도 있으니 이때의 태도는 매우 중요한 변수요 활동의 영역이므로 평가 가능한 것이다. 다만 태도라는 명칭보다는 협력성, 협동성 등의 영역으로 설정하여 점수를 부여하면 좋을 것이다.[20]

수업 태도 기록부(예시)

※ 긍정: 스스로 배움, 적극 참여, 모둠 협력, 탁월한 발표 등
　부정: 지각, 준비물 없음, 휴대폰, 방해 등

일자	시간	과목	번호	이름	사유, 내용	교사 확인

지금까지 과정 중심 평가 논의를 하면서 필요성과 방향성에 공감하면서도 교실 현장에 적용함에 있어 신중을 기해야 한다는 입장을 줄곧 피력했다. 수업과 평가의 일관성이 학생의 배움을 넓고 깊게 한다는 개혁적 지향에 공감하되 실천 과정에서 작업량이 만만치 않으므로 원칙과 현실 사이에서 균형감 있게 접근해야 한다는 것이다. 일거에 모든 것을 바꿀 수는 없기에 교사 스스로 나름의 호흡을 갖고 장·단기 계획을 세워서 평가를 바꿔야 하는 것이다.

한편으로 상급 교육 기관에서 하달하는 관료적 추진 방식에 문제를 제기하면서도, 이런 여건을 활용하여 교사의 평가권을 확립하기 위해 노력해야 한다. 평가라면 불안해하거나 귀찮아하는 학생들에게 새로운 평가 방침을 차분하게 설명해야 하며, 켜켜이 쌓인 학부모들의 불신과 평가에 대한 고정 관념도 설득해 나가야 한다. 이를 통해 평가다운 평가, 수업에 자양분이 될 수 있는 평가로 새롭게 자리매김해야 한다.

나는 예전에 전국역사교사모임과의 평가 관련 대담에서 과정 중심 평가에 대해 '일하면서 싸우고, 싸우면서 일하자'는 논지를 펼친 바 있다.[21] 잘못된 관행과는 싸우고, 더 나은 수업을 위해서는 일(노력)해야 하는 이중의 과제가 우리 앞에 있는 만큼 신발 끈을 단단히 고쳐 매야 할 것 같다.

수업 연구 공동체,
성장의 디딤돌

📚 수업 연구 공동체의 역사

2010년대 중반부터 초보교사가 학교 현장에 연착륙하고, 수업에서 자신의 역량을 발휘할 수 있도록 도우며, 경력교사는 자신의 수업을 성찰하는 방안으로 멘토-멘티제가 유력하게 거론되고 있다. 초보교사가 수석교사나 지역 교육청 단위의 수업 나눔단 경력교사로부터 멘토링을 받기도 하고, 교내의 선배교사로부터 도움을 받는 모습도 가끔 볼 수 있다. 수석교사는 교과의 수업 내용 재구성 면에서 실질적인 지원을 하고 있으며, 수업 나눔단의 선배교사들도 다양한 지원을 해줄 수 있으나 같은 학교의 선배교사가 학교 실정에 맞는 길 안내를 해주면 가장 좋을 것이다. 하지만 개별적이고 고립적인 교직 문화 속에서 각자도생하고 있고, 멘토 역할을 하는 교사들에게 특별한 인센티브가 없기 때문에 아직까지는 활성화되지 않고 있다.

이런 풍토에 변화의 계기가 될 수 있는 것이 수업 연구 공동체 활동이다. 저마다 학교 생활에 바쁘고 힘든 가운데 함께 공동체를 구성하여 젊은 교사는 경력교사의 노하우를 취하고, 경력교사는 젊은 교사들의 열정과 참신함을 서로 배우는 공간이 되는 것이다. 교과가 다른 사람들이 함께 수업 논의를 하면서 내용 재구성의 다양한 발상을 공유하기도 하고, 학급 운영과 학생 파악에 있어 유용한 정보를 주고받거나 위로와 지지를 받으면서 교사로서 자존감과 에너지를 키워나갈 수 있다. 특히 원격수업을 만드는 과정에서 젊은 교사들이 경력교사들에게 수업 제작에 필요한 기술적인 부분을 도와주는 역(逆)멘토링(reverse-mentoring)이 일어나기도 했다.

이렇듯 함께 궁리하고 더불어 성장하는 과정에서 교사 개인이 외롭게 노력하는 것보다는 훨씬 많은 성과를 거둘 수 있다. 집단지성의 힘이 곧 교사 집단의 내공으로 다져지는 과정이다. 서경혜에 따르면, 집단지성은 대개 아래와 같은 특성을 지닌다.

❶ 모두에게 분산된 지성: 모든 것을 다 아는 사람은 없다.

❷ 끊임없이 진화하는 지성: 서로의 지성이 발휘되도록 존중하고 돕는다면 진화하게 되어 있다.

❸ 실시간으로 조정되는 지성: 온라인 소통이 확산됨에 따라 시공간의 제약을 넘어 서로의 지성을 자유롭게 교류, 공유하면서 실시간으로 조율한다.

❹ 유감없는 기량 발휘로 나타나는 지성: 상호 존중과 인정 속에 개인의 능력을 극대화하며, 집단지성은 개인의 개별성에 가치를 부여한다.

그는 이를 코러스나 심포니처럼 모두 다 똑같은 소리를 내는 것이 아니라 각자 서로 다른 음을 내되 아름다운 화음을 만드는 것이라고 비유했다. 화음을 이루기 위해 내 소리를 온전히 내는 동시에 타인의 소리에 귀 기울이며 서로의 소리를 조율하는 모습이라 할 수 있다.[22]

원래 사람은 혼자서 고민하다 책에서 길을 찾기도 하고, 책에 나온 얘기가 가슴에 와닿지 않을 때 다른 사람과 얘기하면서 실마리를 찾기도 하는 법이다. 책은 나름의 논리와 체계로 설득력 있게 머릿속을 정리해주지만 모든 걸 해소해주지도, 설명해주지도 못한다. 이럴 때 선배교사나 함께 공부하는 동료교사가 온몸으로 실천한 사례나 발상을 접하면 자신도 수업의 고민들을 풀어나갈 방도를 떠올릴 수 있다.

이 대목에서 수업 연구 공동체의 의미를 새겨볼 필요가 있다. 수업 연구 공동체는 교사의 수업 전문성 신장과 학생의 학습 증진을 위해 교사들이 연구하고 실천하고 반성하는 연구 실천 공동체를 뜻한다. 비판적 탐구와 협력적 실천으로 부단히 진화하는 교사들의 결속체라고도 한다.[23] 교육 활동에 있어서 문제해결을 위한 학습과 교육 개선을 추구하고, 현장에서의 실행을 위한 공동 논의가 이루어지는 집단인 셈이다.[24]

수업 연구 공동체의 역사를 돌이켜 보면, 공동체에는 다양한 유형이 존재한다. 널리 알려진 조직으로 전국 단위 교과 교사 모임이 있다. 전국역사교사모임을 비롯해 국어, 영어, 수학 등 거의 대부분의 교과 모임이 조직되어 활동하고 있다. 지역에 따라서는 시도 교육청 산하에 교과별로, 주제별로 조직된 그룹이나 1년 단위로 모집하는 프로젝트 팀도 흔하게 볼 수 있다. 교원 학습 공동체로 명명된 조직도 최근 늘어나고 있는데, 학교 간 공동체와 학교 내 공동체로 나뉘어 활동하고 있다. 학교 간 공동체는 특정 교과나 거꾸로 수업 등의 방식을 중심으로 1년 단위 예산을 받아 움직이는 경향이 강하며, 학교 내 공동체는 수업 연구 모임이나 독서 모임 형태로 조직되어 있는 편이다. 공동체 논의가 활성화되기 전부터 관례적으로 있었던 모임으로는 교과협의회를 들 수 있다.[25]

역사과로 한정하여 수업 연구 공동체의 역사를 잠시 살펴보자. 자발적인 노력의 결과로 전국 단위로 조직되어 수업에 관한 연구 성과를 수시로 보급한 예는 전국역사교사모임이 처음이다. 산하에는 늘 역사수업을 연구하는 모임이 있었고, 18개 시도 단위의 지역 모임에도 수업 연구 모임은 거의 다 조직되어 있다. 초기의 수업지도안 만드는 모임부터 교육과정 재구성 모임, 대안적인 교재를 만드는 모임까지 다양한 형태로 존재했으며, 2014년 이후에는 동일한 명칭의 반복을 피하기 위해 사초(역사초보교사모임), 사연(역사수업연구모임) 등의 약칭을 쓰고 있다. 2017년부터는 공동 수업 연구 프로젝트를 실시하여 다양한 수업 연구 공동체 활동을 장려하고 있으며, 해마다 10여 팀의 다양한 분야의 수업 성과물들이 만들어지고 있다.

2009년 역사교육연구소의 창립으로 수업 논의는 새로운 국면을 맞았다. 역사교사와 연구자가 공동 연구와 실천을 함께하고자 뜻을 모은 것이다. 특히 주목할 부분은 초·중·고 및 대학에서 역사를 가르치는 사람들이 모여 수업 연구 분과를 조직한 점이다. 이 분과는 수업을 성찰적으로 바라보고 심층적으로 궁리하는 활동을 10년 넘게 꾸준히 수행했다. 공동으로 수업을 연구하며 기획하고, 함께 실천한 결과를 2019년『역사수업, 함께 궁리하고 더불어 성장하다』라는 책으로 펴내기도 했다. 2019년부터는 부산 지역에서도 수업 연구 분과가 조직되어 같은 학교 교사 4인이 함께 수업을 실천하고 대학의 연구자가 정기적으로 협의하면서 공동의 수업 실천을 하고 있다.

이제 수업 연구 공동체는 차시별 수업이나 단원의 재구성에서 벗어나 2017

년부터는 역사과 교육과정을 교사와 연구자가 함께 '구성'하는 단계로 나아가고 있다. 역사교육연구소에서 대안적 교육과정 분과를 운영하고 있으며, 전국역사교사모임에서는 교육과정위원회를 구성하여 새로운 교육과정을 모색하고 있다. 2018년부터 2년간 역사교육연구소와 전국역사교사모임은 함께 '역사교사, 교육과정을 디자인하다'라는 학술 행사를 열 차례 실시하면서 현장 교사의 광범위한 의견을 수렴하여 새로운 교육과정의 청사진을 만들고자 했다.

학교 안팎에서 공동체 만들기

역사교사 입장에서 학교 내에 역사교사들만의 공동체를 만들면 바로 수업에 그 고민을 녹여낼 수 있으니 좋겠지만, 여러 가지 이유와 여건의 어려움 때문에 광범위하게 조직되지 못하고 있다. 또 학교 밖에서 열심히 논의를 해도 정작 같은 학교 교사와 뜻이 안 맞으면 협업이 잘 안 이루어지는 경우가 많다. 수업 개선이 실질적으로 이루어지려면 같은 학교의 역사교사가 의기투합하는 것이 가장 좋지만, 여의치 않거나 시야를 확대하고 다양한 수업을 도모하기 위해 학교 단위의 수업 연구 공동체를 꾸리는 것도 권장할 만하다. 자기 교과에만 매몰되지 않고, 다른 교과의 접근법을 알고, 내 수업의 자양분으로 삼을 수 있으며, 교과 간의 융합 수업이나 공동으로 실천하는 프로젝트도 가능하기 때문이다.

학교 내 수업 연구 공동체 중에서 주목할 만한 부분은 주로 혁신학교에서 엿보인다. 서울 한울중, 영림중, 경기 장곡중 등은 다양한 교과의 교사들이 매주 모여 수업 공개를 위한 논의를 하고 지도안과 활동지를 가다듬은 뒤 함께 수업을 관찰하고 수업 나눔을 하는 것으로 유명하다. 같은 교과 교사끼리 논의하는 것도 좋은 수업의 바탕이 되지만, 교과가 서로 다르기 때문에 수업 내용을 낯설게 보고, 학생 입장에서 짚어주며, 훨씬 더 친절하게 수업을 디자인해서 학생들의 배움을 일으키는 수업으로 발전시키는 성과를 거두었던 것이다.[26]

다만 이 학교들이 혁신학교여서 진취적인 학교 분위기와 열성적인 교사들이 있다는 점에서 일반화하기 어려운 측면이 있는데, 기존의 교과협의회를 충분히 활용하여 수업 논의를 밀도 있게 진행하는 방안도 현실적으로 유용하다. 교과협의회는 주로 학년 초에 수업 시수 배정, 평가 계획 수립, 정기고사 전 진도 협의 등의 극히 실무적인 일을 논의하기 위해 부정기적으로 열리는 것이 대부분이지만, 일부 학교에서는 교사들이 협의회를 적극적으로 진행하기도 한다. 1992년 서울 여의도중의 경우, 다양한 수업 자료 공유로 시작하여 수업 내용 논의, 나아가 연간 교과 활동 계획까지 논의한 사례가 있다.[27] 2014년 서울 수락중의 경우도 매주 한 시간씩 서로의 공강 시간을 맞추고 티타임으로 삼아 역사교사들이 실무 논의와 수업 내용 공유를 진행한 바 있다.

수업 연구 공동체 활동은 여러 가지 장점이 있지만, 학교 생활이 바쁘기도 하고 의무적인 활동도 아니어서 교사들의 관심과 의지에만 맡겨져 있었는데, 2010년대 후반부터는 특정 요일에 학교 일정을 비워 공동체 모임의 날로 정함으로써 활동 시간을 보장하거나 활동 자체를 직무연수로 인정함으로써 활동도 하고 연수 시간을 얻는 등 제도적 뒷받침도 되고 있어 내실 있는 수업 연구 공동체 활동이 가능해졌다.

김현섭은 수업 연구 공동체의 성장이라는 관점에서 보자면 약간의 단계가 있다고 했다. 가장 초보적인 것은 뜻 맞는 사람끼리 수업 고민을 나누는 수업 친구, 좀 더 여러 사람이 모이면 수업 수다 모임, 체계적으로 공부하기 위해 텍스트를 정해서 함께 읽는 독서 토론 모임, 수업 공개와 나눔을 펼치는 수업 나눔

모임, 함께 수업을 구상하는 공동 수업 디자인 모임, 교육과정의 재구성을 시도하는 모임에 이르기까지 여러 수준과 스펙트럼이 있다. 물론 수업 연구 공동체가 반드시 이런 순서로 진화한다거나 한 단계에서 어느 하나의 활동만 하는 것이 아니고, 동시에 독서도 하고 수업도 나누고, 교육과정도 살피는 등의 활동을 하기도 한다.

학교 안팎의 어떤 수업 연구 공동체에 속하든 젊은 교사와 경력교사가 함께 수업 전문성을 키워가는 길은 동료교사들 간에 수업을 참관하고 함께 성찰하는 것이다. 누가 더 잘했는지, 누가 우월한지를 따지지 않고, 동업자 정신으로 함께 연구하는 과정이 필요하다. 특정 주제나 단원을 가르칠 때, 어떻게 접근하고, 어떻게 전개하며, 어떻게 학생들의 생각을 한 차원 높일 것인지 의논하면서 서로가 많이 배우게 된다. 어떤 이는 수업을 임상 장학이라고도 했다. 마치 의사들이 병상에 누워 있는 환자를 치료하기 위해 실제 상황을 놓고 머리를 맞대듯이 교사들도 더 나은 수업을 위해 함께 노력하는 과정에서 교수 내용 지식이 확보될 수 있다는 뜻이다.

이 자리에서 경력교사는 젊은 교사에게 자신의 수업 사례, 노하우, 고민할 지점 등을 소개하고 공유하는 것이 필요하며, 젊은 교사는 진지하게 탐색하면서 경력교사의 수업에 비판적으로 접근하면서도 풍부한 경험을 전수받는 노력이 필요하다. 동료교사끼리 협의하여 교수 내용 지식을 확장해나가되, 자신의 고유한 수업 철학, 학생과의 교감 방식 등 현재의 장점은 충분히 살리면서 진화해나갈 필요가 있다.

수업 전문성을 쌓아갈 때, 가장 중요한 것은 제도적 장치나 외부적인 환경보다 교사들 자신의 노력이다. 더 나은 역사수업을 위한 열정의 끈을 놓지 않고, 학생들과 더 긴밀하게 만나기 위한 노력을 게을리 하지 않으며, 교사이기 이전에 역사학도로서 탐구 정신을 꾸준히 지켜가야 한다. 이런 노력이 있어야 초보 시절의 미숙함이 금세 극복되고, 경력교사라서 방심하지 않을 것이며, 나이 들수록 영글어가는 보배로운 지식과 다양한 수업 레퍼토리를 갖게 될 것이다.

그런 의미에서 교사의 수업 전문성은 선승들의 몸에서 나오는 사리에 비유할 수 있다. 수업 내용과 방법에 대한 고민, 쉽지 않은 학생 파악, 한 걸음 더 나아가기 위한 질문과 과제, 활동 등에 대한 구상들이 체현된, 생동감 있으며, 또한 생명력 있는 결실이기 때문이다. 교사들의 집단지성을 넓혀나가고 깊게 탐구하는 것 자체가 교사의 수업 내공을 아름답게 다져나가는 과정이기도 하다.

이를 위해 누군가가 일방적으로 도움을 받으려고만 하거나 가벼운 팁을 얻겠다는 마음을 갖기보다 교사로서 함께 성장하려는 자세와 노력이 필요함은 물론이다. 학교 내에서 만든 수업 연구 공동체와 학교 밖의 수업 연구 공동체 사례를 통해 작은 단위의 모임이라도 만들어 서로 도와가며 성장하는 방안을 소개해보겠다.

수업 연구 모임(수수밭) 운영 계획[28]

1. 목적

교사들이 정기적으로 모여 바람직한 수업에 대해 토론함으로써 일상의 수업에 변화를 꾀하고, 이 모임을 중심으로 진지한 수업 논의가 확산되어 학교 전체의 수업 혁신에 기여하고자 한다.

※ 약칭: 수수밭(수업 수다의 터전)

2. 방침

가. 정기적으로 수업 혁신에 관한 토론을 실시한다.

나. 토론 결과를 바탕으로 공개 수업을 준비하거나 협력학습 실천을 도모한다.

다. 필요시 수업 혁신 예산을 활용하여 도서를 구입하고, 책자를 제작한다.

3. 세부 계획

가. 일시: 매월 2주 차 수요일 3시 30분

나. 장소: 3층 사회교과실

다. 회원: 10명 내외

라. 진행 방식

① 수업 실천과 성찰에 관한 토론 주제를 제안하여 자유 토론을 실시한다.

② 공개 수업에 대비하여 수업 디자인과 운영, 방식 등에 대해 서로 제안

한다.

③ 수시로 수업 관련 도서를 읽고 토론하면서 수업 혁신의 방향을 탐색
한다.

4. 주요 활동(예시)

연번	일자	활동	내용
1	3. 11.	연간 계획 논의	계획 수립
2	4. 8.	과정 중심 평가 방안에 대한 토론	평가 방침 공유
3	5. 13.	수업 연구 교사의 수업지도안 검토	공동의 수업 디자인
4	6. 10.	『교사, 전문가로 살아야 행복합니다』	독서 토론 ①
5	7. 8.	교구를 활용한 수업 방법 개선	외부 강사 초청 특강
6	9. 9.	『교사, 전문가로 살아야 행복합니다』	독서 토론 ②
7	10. 7.	수업 성찰 및 분석에 대한 토론	수업 코칭
8	11. 11.	수업 혁신 워크숍	전체 토의

수업 나눔 카페 조성[29]

(2019. 10. 18)

1. 카페 조성 개요

- 조성 목적: 수업 연구 공동체 활동 공간 확보 및 학생, 학부모 면담 장소로
      활용

- 조성 방식: 기존 교사 식당 리모델링

- 공사 기간: 2019. 8. 23.(금)~10. 18.(금)

- 카페 명칭: 토담방(토론과 담소가 있는 방)

2. 공간 구성: 회의 및 토론 공간과 휴게 담소 공간

1) 수업 연구 공동체 회의 장소

2) 휴게 공간 및 장식

사연 활동 계획

(2017. 2. 24)

1. 목적

- 새내기 교사들의 수업 나눔을 통해 충실한 역사수업 만들기
- (역사)교사로서의 자존감, 정체성에 대한 고민 해소하기
- 수업, 생활 교육 관련 정보 교환, 아이디어 공유하기

2. 명칭: 역사수업 연구 모임(약칭 '사연')

- 역사교사라는 인연으로 모였습니다(史緣)
- 좋은 역사수업을 연모하고 있는 처지입니다(史戀)
- 우리는 역사수업을 연구하면서(史硏)
- 역사가 연속되는 것임을 깨닫고(史連)
- 역사의 발전을 믿는 이들의 연대를 통해(史聯)
- 역사수업에서 하나의 연꽃을 피우기를 소망합니다(史蓮)

3. 모임 운영

- 원칙적으로 격주 1회 모임(1, 3주 혹은 2, 4주 화)
- 분기별, 혹은 학기별 워크숍 혹은 MT 형식의 1박 2일도 가능

4. 여러 가지 커리큘럼 구상

- 당분간의 계획: 자기 수업 이야기 → 본인 수업 성찰 → 고민 공유 & 라포르 형성

- 이론적 접근 → 구체적인 작업(다각도 논의를 기초로 활동지를 만드는 방식)
  좋은 수업이란, 협력학습 이해, 사료와 인물 활용, 수업 속 대화법, 발문, 수업과 연계된 평가, 역사수업과 독서 교육, 답사 → 활동지 제작에 착수

- 활동지 제작 → 위의 논의를 반영하면서 작업(당장 급한 활동지부터 제작)
  한국사 → 세계사순

- 쟁점 중심 접근 → 물음표와 느낌표가 있는 수업 구상(논문에 근거한 재구성)
  시기별로 쟁점을 탐구하여 수업에 일정 부분 반영(질문 있는 수업)

- 교과교육연구회 등록 → 외부 프로젝트 수행(구체적인 성과물 축적)

5. 실무 사항

- 회비: 1인당 연간 10만 원 갹출 → 식사비 및 활동비(제본, 답사 등)로 사용
- 회장: 카톡방 운영, 주○○, 총무 & 회계: 이○○

6. 참고 자료

- 중학교 역사 교과서 PDF 및 '07, '09. '15 개정 교육과정
- 경북교육청 자료 '중등 한국사 교과서 교사용 참고 자료집'(필요시 제본)
- 전국역사교사모임 회보 『역사교육』의 수업 이야기 코너 분석

• 수업 성과물: 세계사 수업 자료집 발간

사초: 2018년 2월   사연: 2020년 2월

(구체적인 자료집 내용은 제3장 참고)

수업 연구 공동체 논의를 마감하면서 한마디만 더 보태려 한다. 언젠가 깃발
에 대해 새롭게 느끼게끔 하는 글을 본 적이 있다. 깃발은 처음에는 하나의 평면
이다. 바람에 나부끼는 순간 입체적인 사물이 되며, 바람이 세찰수록 자신의 존
재를 떨치듯 역동적인 모습을 보인다. 그리고 그 깃발이 여럿이 되면, 힘찬 군무
가 되어 보는 이의 가슴을 뛰게 만든다. 수업 연구 공동체의 작업도 이런 것이
아닐까. 그저 새로운 시도, 혹은 고민의 토로였던 것이 많은 사람의 관심 속에
다양한 수업 공간에서 그 의미가 되살아나고, 생동감이 커지면서 역사수업을 살
아 있게 만드는 깃발이 되며, 함께 펄럭이는 깃발이 있어 더욱 약동하고 세차게
고동치지 않는가. 수업 연구 공동체도 그랬으면 좋겠다.

교사의 독자적인 심층 연구

텔레비전 사극을 보고 타 교과 교사들이 실제 역사가 어땠는지 물어볼 때, 농담처럼 말하는 역사교사의 생존법이 있다. 첫째, 사극은 모두 '뻥'이라고 무시한다. 2000년대 초반 공전의 히트를 기록한 「대장금」이라는 사극은 『조선왕조실록』에 열 번 정도 나오는 의녀 서장금을 가지고 무려 56부작 드라마를 만든 것이다. 달랑 몇 줄의 기록을 가지고 7개월 정도 방영하려면(2003. 9. 15~2004. 3. 30), 얼마나 많은 작가의 상상과 가공의 이야기가 버무려졌는지 말할 필요가 없다. 따라서 터무니없는 내용을 전공자에게 묻지 말라는 방어적 태도를 보인다.

둘째, 전근대사(혹은 근현대사) 전공이라며 즉답을 회피한다. 삼국시대나 고려시대를 다룬 사극은 역사교사들도 잘 모르는 내용이 많기 때문에 선뜻 말하기가 어렵다. 근현대사의 주요 사건은 팩트 체크도 필요하고 관점의 차이도 크기 때문에 역시 간단명료하게 설명하기 쉽지 않다. 질문에 신중하게 응대하는 척하면서 일반적인 얘기 좀 하고, 슬그머니 화제를 다른 데로 돌리면 된다.

셋째, 역사 기록과 사극을 비교하며 제대로 짚어준다. 다행히도 잘 아는 내용이고 그 사극을 본 적이 있다면 자신 있게 설명하는 것이다. 역사 영화를 실제 역사 전개와 비교하여 근사하게 설명하는 모 강사처럼 간만에 실력을 발휘하는 것이다. 농담이라고 전제했지만, 역사에서 다루는 시대와 영역이 넓다 보니 타 교과 교사나 학생들의 질문에 역사교사들이 살짝 당황할 때가 있기 마련이다.

대다수 역사교사들은 특별한 전공 영역 없이 한국사, 세계사, 동아시아사 등을 두루 가르친다. 학교 사정상 그럴 수밖에 없고, 교사 자신을 위해서도 그렇게 해야 한다. 어느 한 영역을 고수하다 보면, 좁은 시야와 뻔한 지식에 머물며 다른 영역을 가르칠 엄두가 점점 더 나지 않게 된다. 한국사를 가르치다 세계사 영역으로 가면 약간의 시차(?)가 느껴지지만, 다양하고 풍부한 수업 내용을 구성할 수 있으며, 세계사를 가르치다 한국사 영역으로 가면, 여러 나라의 사례를 비교하며 한국사를 객관화시켜서 설명할 수 있다.

한편으로 역사교사는 태생적으로 박사(博士)다. 한 분야에 천착하여 평생 그쪽 분야를 연구하는 대학의 연구자는 박사 학위 소지자이지만, 실제로는 박사가 아니라 심사(深士)에 가깝다. 이에 비해 여러 분야와 영역을 가르치는 역사교사는 명실상부한 박사여야 한다. 넓게 아는 것이 일단 필요하다. 그렇다고 해서 얄팍한 지식으로 교과서 해설을 하는 수준의 공부로 충분하다는 의미는 아니다. 많이 알아야 잘 가르칠 수 있고, 깊이 고민해야 학생의 눈높이를 헤아릴 수 있기 때문에 공부를 많이 해야 한다.

공부를 한다면, 약간의 방향성이 필요하고 계획도 있어야 할 것이다. 일반적인 개론서 수준의 지식 쌓기가 아니라 민주 시민 교육이라든가, 여성사라든가, 세계사 공부 등의 방향 또는 목표 설정이 필요하다. 백화점식으로 여기저기 기웃거리기보다 어느 정도 윤곽을 잡고 스스로 내용 정리가 될 때까지 한동안 파고드는 노력이 필요하다. 계획을 세울 때도 약간의 단계 설정을 하는 것이 좋다. 예컨대, 교직 초반에는 일단 각 분야와 영역에 대한 기본적인 지식을 가다듬고, 경력이 쌓이면서 자신만의 전공 영역을 확대하는 식이다. 여기서 지식을 가다듬는다고 표현한 것은 교직 초반의 지식은 임용 시험에 대비한 지식이므로 학생의 수준과 성향과 관심을 고려한 지식과 자료의 가공, 접근법의 연마 등을 의미한다.

지금부터 소개할 교사의 심층 연구는 두 가지 사례다. 청소년의 눈높이를 고려한 설명과 교사 자신의 독특한 연구 주제 설정이다. 청소년의 눈높이를 고려할 때, 맨 먼저 생각할 부분은 청소년이 주인공이거나 청소년에 대한 역사 서술이다. 학생들과 비슷한 또래 옛사람들의 삶과 생각은 아무래도 호소력이 크기 때문이다. 시대별로 청소년의 역사를 공부해두었다가 적절한 시점에 제시하면 학생들의 주목도와 이해도가 높아진다. 민요처럼 옛날에는 흔하게 존재했으나 지금은 접하기 어렵고, 자세히 보면 존재를 느낄 수 있는 소재를 공부하여 역사 수업에 인용하는 것도 학생 입장에서는 낯설지만, 흥미로운 접근이 될 수 있다.

아름다운 청소년, 화랑도[31]

후퇴는 없다

장군: 원술아! 원술이 어디 갔느냐?

원술: 아버지, 어머니! 너무나 걱정을 끼쳐드려 죄송하기 이를 데 없습니다. 하지만 소자
는 앞으로 그 당나라 군사를 칠…

장군: 그 입 다물지 못하겠느냐? 도대체 네가 무어냐?

원술: 예?

장군: 네가 무어냐 말이다.

원술: 이 나라의 화랑이올시다.

장군: 그러면 화랑의 다섯 가지 신조를 알겠구나. 외워보아라.

원술: 나라에 충성하고, 부모께 효도하고, 싸움에 나아가 물러나지 않고, 동무를 사귀되
신의로써 하고, 산 것을 함부로 죽이지 않는다 하였습니다.

장군: 분명, 싸움에 나아가 물러나지를 않는다 하였것다! 그럼 죽지 않고 왜 살아 왔느
냐? 네가 떠날 때 내가 너에게 이른 말이 있지 않느냐? 자고로 화랑에게 죽음은 있
어도 패전은 있을 수 없다고.

(줄임)

원술: 장수란 물러날 때와 싸울 때를 알아야 한다고 하지 않았습니까? 하잘것없이 죽느
니보다 살아 뒷일을 도모함이 현명한 일이라고 생각했습니다.

장군: 구구한 변명 듣기 싫다. 이것은 적의 목을 베라고 너에게 준 칼이다. 내 앞에서 이 칼로 단박에 죽어라. 네놈은 우리 가문을 더럽혔음은 물론, 빛나는 화랑의 체면을 훼손하였고, 거룩한 이 나라의 이름을 망친 놈이다. 냉큼 이 칼을 거꾸로 물고 죽지 못하겠느냐?

이 장면은 한때 중학교 국어 교과서에 실리기도 했던 유치진의 희곡 「원술랑」의 절정 부분이다. 화랑의 계율을 어겨 아버지 김유신으로부터 호된 꾸지람을 듣고 있는 원술의 모습에 안쓰러움이 느껴지는 대목이다. 그렇다면 김유신 장군이 이토록 엄하게 자식을 꾸짖은 까닭은 무엇인가? 김유신은 일찍이 화랑으로서 젊은 시절 여러 차례 전투에서 큰 역할을 해냈으며, 화랑 관창과 반굴의 죽음을 직접 눈으로 보았기 때문에 자식의 비겁한 행동을 용서할 수 없었을 것이다. 특히 백제와의 전투에서는 비령자에게 곤경에 빠진 자기를 대신하여 돌파구를 열어달라고 부탁함으로써 사실상 그와 그의 아들까지 사지에 몰아넣은 장본인이었다.

진덕왕 원년 겨울, 백제 군사가 신라에 침입하여 여러 성을 포위하자 왕이 김유신을 보내어 보병과 기병 1만을 거느리고 이를 막게 하였다. 유신이 애써서 싸우다가 기운이 다해졌다. 이에 유신이 비령자에 이르기를 "오늘의 사태가 위급하여졌으니 그대가 아니면 누가 군사들의 사기를 격려할 수 있겠느냐" 하니 비령자가 (김유신에게) 절을 하며 명에 따르기로 하고 적진으로 달려 나갔다. 이에 그의 아들 거진과 그 집 종 합절이 비령자의 뒤를 따랐고 적의 칼과 창을 맞받아 힘껏 싸우다가 죽었다. 군사들이 이를 바라보고 감격하여 서로 앞다투어 나가 싸워 적군을 크게 깨뜨리고 3,000여 명의 머리를 베었다.

- 『삼국사기』 열전 '김유신' 중

그렇다면 신라의 젊은이들이 앞다투어 하나뿐인 자신의 목숨을 내던지게 한 화랑의 정신은 무엇인가? 흔히 화랑정신으로 원광법사의 세속오계를 손꼽는다. 이는 희곡에도 이미 나와 있는 내용이다. 그러나 이 세속오계를 고승 원광법사에게 전해 받은 귀산이나 추항이 화랑이었다는 기록은 없다. 물론 그들이 화랑일 가능성은 있지만, 그렇다고 해도 세속오계가 화랑정신이었다는 직접적인 증거는 될 수 없다. 오히려 『삼국사기』에는 화랑이 아닌 사람들도 전투에서 선두에 나서 장렬히 전사한 기록이 많이 남아 있기 때문에 세속오계는 당시 신라 청년들 사이에 이러한 용감한 정신 자세가 일반적이었음을 반영한 것이라고 보아야 하지 않을까?

꽃다운 사내

화랑은 꽃다운 사내란 뜻이다. 얼핏 듣기엔 그들의 행동과 별로 어울리지 않는 이름처럼 느껴진다. 당나라 영고징이라는 사람의 기록에 따르면, 신라에서는 귀족의 자제로 용모가 아름다운 사람을 가려 뽑고, 분을 바르고 곱게 단장하여 화랑이라고 했다. 화랑의 이름에 꽃이라는 말이 들어가게 된 것은 원래 화랑도의 모습이 원화(源花)였기 때문이라고 짐작된다.

진흥왕 37년 봄에 처음으로 원화를 받들었다. 처음에 인재를 구할 수 없어 근심한 끝에 많은 사람들을 무리 지어 놀게 한 후, 그들의 행실을 보아 이를 등용하려 하였다. 이에 아름다운 두 여자를 뽑았는데, 하나는 남모라 하였고, 다른 하나는 준정이라 하였다. 그들은 무리를 300여 명이나 모았는데 두 여자는 차츰 아름다움을 다투어 서로 질투하게 되었고, 준정은 남모를 자기 집으로 유인하여 독주를 권해서 취하게 한 뒤 그를 강물에 던져 죽여버렸다. 그러나 사건이 발각되어 준정은 사형되고, 그 무리들은 단합을 잃고 분산되고 말았다. 그 후 다시 아름다운 남자들을 뽑아서 곱게 단장하고 화랑이라 이름하여 이를 받들게 하였는데 그 무리들이 구름같이 모여들었다. 가무를 즐기면서 산수를 유람하는데 찾지 않은 곳이 없다. 이로 인하여 인간의 옳고 그름을 알게 되고 그중에서 훌륭한 사람을 선발하여 조정에 추천하게 되었다.

김대문의 『화랑세기』에 말하기를 "어진 재상과 충신이 모두 여기서 배출되었고, 훌륭한 장군과 용감한 군사가 이곳에서 생겨났다"고 하였다. (줄임)

－『삼국사기』 「신라본기」 제4 '진흥왕 37년' 중

인류학자들에 따르면 대체로 원시사회에는 다음 세대를 이어갈 청소년 집단을 힘써 기르는 관습이 있었다고 한다. 신라의 원화, 화랑도 이와 비슷한 전통 속에 나타난 것으로 차츰 그 모습이 변했으리라 생각된다. 삼국 가운데 막내로 성장한 신라는 6세기 지증왕 무렵부터 발전의 기틀을 다지기 시작했다. 소가 밭을 가는 우경이 널리 보급되면서 농업 생산이 풍부해지고 경제력이 성장했으며 이를 발판으로 주변 여러 나라에 대한 정복 사업도 가능하게 되었다. 이리하여 중앙과 지방의 제도 개편이 이루어지면서 옛 원시 공동체의 청소년 집단도 본격적으로 개편할 필요가 생겼다. 삼국 간의 군사 경쟁이 치열해지면서 우선 훌륭한 전사를 길러내야 하고, 나아가 뛰어난 인재를 구하여 나라를 이끌게 할 필요가 생긴 것이다. 그래서 조직된 것이 원화제도이지만, 실패하자 진흥왕은 종래의 청소년 집단의 공동체 정신을 살리면서 국가 조직과 연관되게 조직하여 화랑도를 만들었다. 말하자면 반관반민(半官半民)적인 조직인 셈이다. 이러한 모습의 조직은 고구려에도 있었으니, 경당이 그것이다.

화랑은 보통 3년간(15~18세) 수련했다. 경주 남산, 금강산, 지리산 등지의 명

산대천을 돌아다녔으며, 김유신의 경우 홀로 수련하다가 도사를 만나 신통한 재주를 갖게 되었다는 설화가 있을 정도로 신비로운 체험을 하기도 했다. 때로는 서로 굳은 맹세를 통해 나라를 위한 동지적 우정을 다지기도 했는데, 오랜 수련 기간 동안 단단히 인간적으로 연결되어 있어 사다함의 경우, 동료인 무관랑이 죽자 이를 슬퍼한 나머지 자신도 병을 얻어 죽고 말았다.

한편 화랑도라고 하면 흔히 귀족 자제인 화랑만을 생각하기 쉬운데 하나의 화랑을 중심으로 많은 수의 낭도가 모였으니 화랑+낭도=화랑도인 것이다. 하나의 화랑에 적으면 300명, 많으면 1,500명, 평균적으로 1,000명 정도의 낭도가 모여 있었는데, 낭도 가운데는 평민 출신이 많았다. 이를 두고 화랑도가 골품 귀족 중심으로 구성되어 있는 골품제 사회에서 귀족과 평민 사이의 계층 대립을 완화시켜주는 중요한 구실을 한 것으로 해석하기도 한다.

나라의 신선

6세기 이후 100여 년간의 전쟁 상태를 신라가 극복해나감에 있어 화랑이 매우 중요한 역할을 했음은 기록에 잘 나타나 있다. 하지만 화랑을 늘 싸움만 하는 조직으로 생각해서는 안 된다. 오히려 평소에는 산천경개 좋은 곳을 찾아 심신을 수련했다는 의미에서 신선으로 불렸음에 주목해야 한다. 화랑의 다른 이름이 풍월(風月) 또는 국선(國仙)인 것으로 보아 자연을 벗 삼아 도를 닦고 기개를 키웠음을 짐작할 수 있다. 특히 삼국통일 이후 화랑은 정식 군대로 편입되는 경우도 있었지만, 갈수록 도교적

화랑들의 수도처였던 단석산 화랑의 언덕

인 요소가 커지면서 풍류를 즐기는 기풍이 늘어났다. 최치원은 이를 두고 "나라의 깊고 그윽한 도가 있어 이를 풍류라 한다"고 설명했다.

그러나 화랑에 대해 가장 많은 기록이 남아 있었다는 김대문의 『화랑세기』에는 풍류를 즐기는 모습보다 치열한 전사의 모습, 훌륭한 인재의 모습으로 소개된 화랑이 더 많다. 이 책은 지금은 전하지 않고 『삼국사기』에 그 내용이 소개되고 있는데, 삼국통일 무렵 화랑의 활약상은 거의 이 책을 참고하여 쓰인 것으로 전해진다. 그렇다면 초기에 후퇴는 없다는 정신으로 산화해간 화랑의 정신은 통일 후에 약해졌고 풍류의 정신만 남았는데도 왜 화랑은 없어지지 않고 존재했을까?

화랑은 신라 사회의 특수한 사회적 필요에서 생겨났다. 인재를 발굴하고 키우기 위한 방법으로 화랑을 중심으로 인물을 모았으며, 아들 화랑의 빛나는 투쟁은 화랑의 부친인 진골 귀족에게는 중요한 정치적 기반이 되었다. 적진에 홀로 뛰어 들어가 장렬히 전사하는 화랑, 이러한 자식의 죽음을 명예로 여기는 아버지의 모습은 김흠순과 관창 부자만의 이야기는 아니다. 어쩌면 김유신이 원술랑에게 자결을 요구한 것도 자신의 정치적 기반, 원술랑의 정치적 기반이 무너져 내리는 것으로 판단했기 때문으로 보인다.

풍류를 즐기는 신선 같은 화랑으로 성격이 변화하면서도 화랑이 신라 말기까지 유지된 것은 역시 신라의 정치적 특성에 따른 것으로 생각된다. 후대의 과거제와 같은 공식적인 관리 선발 제도가 없는 상태에서 화랑도는 관직에 진출할 수 있는 유력한 수단이었다. 또한 귀족적 성격이 강한 중앙 정치 무대에서 화랑도는 그와 연결되어 있는 진골 귀족의 정치적 영향력과 직결되어 있었다. 더욱이 9세기에 접어들면서 왕권이 쇠약해지고 진골 귀족이 세력을 크게 떨치자 화랑들은 귀족들의 사병처럼 변질되어갔다. 또 그 반대로 822년 김헌창의 난이 일어났을 때, 왕을 위하여 이 반란을 토벌하려고 안락과 명기라고 하는 두 명의 화랑이 출전한 경우도 있어 신라 말기의 복잡한 상황만큼이나 화랑의 성격도 모호해지게 된다. 그러나 8세기 무렵에도 여전히 화랑은 존경받는 인물이며, 신라 사회의 중요한 위치를 점하고 있었다는 것 또한 사실이다.

열어젖히매

나타난 달이

흰 구름 좇아 떠가는 것 아니냐

새파란 내에

기파 화랑의 모습이 있어라

이로 냇가 조약돌에

화랑이 지니시던

마음의 끝을 좇고져

아으, 잣가지 높아

서리 모를 화판(花判: 화랑의 우두머리)이여

—「찬기파랑가」

원래의 화랑은 신라의 청소년들로 하여금 단체 수련을 통해 전통적 가치를 체득하게 하고 인재 양성을 목적으로 하는 교육적 기능을 지녔다. 또 골품제 사회의 계층 대립을 완화시키는 구실을 했다. 무엇보다도 중요한 것은 신라 사회의 특수한 사정으로 말미암아 진흥왕 이후 신라 팽창기에 화랑 조직을 필요로 했으며, 통일 이후에는 긴장이 풀리면서 신선, 풍류의 성격으로 바뀌어갔다는 점이다. 그리하여 신라의 쇠퇴와 함께 신라 사회의 특수성도 사라짐에 따라 화랑도는 소멸될 운명에 이른다.

민요로 본 독립 운동사[32]

민요 다시 보기

민요는 분명 우리나라의 옛 노래다. 하지만 민요를 대할 때 느낌은 너무나 낯설고, 어색하기까지 하다. 음악 시간에 서양식 창법으로 민요를 배우는 것 자체가 참 어울리지 않는 짓이다. 평소에 잘 보지 않는 국악 프로그램에서조차 민요는 별로 등장하지 않는다. 이런 까닭에 민요는 그저 그런 노래가 있었으려니 하는 정도의 빛바랜 기억으로 남아 있을 뿐이다.

그러나 민요의 생명력은 놀랍고도 끈질겨서 문득 되살아나 우리의 가슴을 스치고 지나간다. 아직도 강원도 정선, 경남 밀양, 전남 진도에서 불리는 「아리랑」 가락은 짙은 향토색과 어깨춤의 신명을 보여준다. 그런가 하면 국제 경기에서 울려 퍼지는 「아리랑」은 「애국가」의 엄숙함을 뛰어넘는다. 더욱이 남북이 함께 「아리랑」을 부를 때, 우리는 원래 하나였다는 감동으로 흠뻑 젖게 된다.

그렇다면 민요는 우리에게 무엇인가? 우선 민요의 뜻부터 자세히 살펴보자. 우리나라 민요 연구에 처음으로 체계를 잡아놓은 고정옥은 "민요는 개인이 아닌 집단, 지배층이 아닌 피지배층, 국가가 아닌 민중들이 부르는 노래다. 집단에 의해 공동적으로 제작되며 인민 대중에 의해 불리며, 민족의 전통적 피가 맥맥이 물결치는 노래"라고 했다.

한편 식민지 시기 문화운동사에 관심을 가졌던 송민호는 "민요는 민중적, 집단적 분위기에서 만들어지고 퍼지기 때문에 민심을 가장 솔직, 담백하게 드러내고 있다. 지배층 지식인들에 의해 만들어진 것이 아니고 일반 서민층의 생활에서 오는 희로애락의 감정을 즉흥적으로 불렀을 뿐 아니라 이것이 집단적으로 불렸다는 점에서 민중들의 마음을 가장 잘 알 수 있는 노래"라고 설명했다.

이러한 민요에 대한 정의를 대략 분석해보면 '민중의 생활 정서를 진솔하게 담아내어 삶의 현장에서 공동으로 불리어진 노래'라고 요약할 수 있다. 민요는 창작자의 익명성(누가 만들었지 모름), 연희의 현장성(일하는 자리에서 즉흥적으로 부름), 수용의 구비 전승성(입에서 입으로 전해짐), 향유의 공동체성(함께 일하며 노래함) 등의 특징을 지니고 있다. 한편으로 민요는 시대의 변화에 따라 그 내용과 가락이 계속 새롭게 만들어졌다. 평화로운 시기보다는 나라가 바뀔 때나 외적의 침략을 받았을 때, 커다란 정변이 터졌을 때와 같은 시기에 많이 만들어졌다. 그리고 민중들이 고통을 당하던 시기에 만들어진 것은 강력한 비판과 불만을 표현했다. 다음은 조선 후기 온 나라가 부정부패로 얼룩진 시기에 불린 민요의 한 자락이다.

두껍아 두껍아 네 등이 와 그렇노
전라 감사 살 적에 기생첩을 많이 해서
창이 올라 그렇다
두껍아 두껍아 네 눈이 와 그렇노
전라 감사 살 적에 울군불군 많이 먹고
붉힌 눈이 남았다[33]

－「두꺼비」중

민요를 잡아라

사정이 이렇다 보니 민요는 근현대에 접어들면서 자연스레 일제에 대한 저항을 노래하게 되었다. 우리 역사상 가장 어둡고도 힘든 시기에 저항과 비판을 내용으로 하는 민요가 많이 불린 것은 당연한 이야기라 할 수 있겠다. 그런데 그것은 단지 푸념을 하는 것이 아니라 싸움에 나서는 의지를 곧추 세우는 데 단단히 한몫을 했다.

이에 대한 일제의 정책은 교묘하고도 치밀했다. 조선에 대한 일제 식민 통치의 본질은 1910년대의 무단 통치건, 1920년대의 문화 통치건 간에 기본적으로는 같은 것이었다. 조선 민족의 말살이라는 목표 아래 이루어진 식민 통치에는 필수적으로 민족정신을 없애기 위한 문화적인 방법들이 동원되었다. 일본풍의 유행가를 널리 보급하고, 「이수일과 심순애」(일본의 「장한몽」이 원작이다) 같은 눈물 나는 신파극을 공연했다.

이렇게 함으로써 민족정신의 울타리가 되어준 판소리 가락을 잊게 하고, 탈춤으로 어우러지던 마당을 뒤로 한 채 얌전하게 무대 위의 장면을 받아들이는 모습으로 바뀌기를 기대했던 것이다. 일제의 의도대로 판소리와 탈춤은 눈에 띄게 사라져갔다. 이에 힘입어 일제는 '민중의 지하 방송'으로 민족의 저항성을 지녀온 민요의 탄압을 꾀했다.

일단 일제는 민요의 혁명성, 저항성 등을 없애려고 했다. 이를 위해 이른바 '순수 민요'만 뽑아 축음기에 녹음하고 권번(기생집)에서 불리게 했다. 예를 들자면 "짜증은 내어서 무엇 하나 성화는 부려서 무엇 하나 인생 일장춘몽인데 아니나 놀지는 못하리라"로 시작되는 「태평가」와 같은 노래였다. 이렇듯 민요의 생산 현장이라 할 수 있는 민중의 생활 터전과 동떨어진 '곱고 즐거운' 민요를 만들어 의도적으로 보급해나갔다.

그럼에도 불구하고 저항 정신을 담은 민요가 계속 유행하자 일제는 더 근본적인 대책을 마련했다. 세 차례에 걸쳐 민요를 조사하여 그들의 식민 통치 자료로 삼고자 했다. 잇단 조사를 통해 조선 민중의 정서와 사고방식을 알아차린 일제는 이제 조작된 민요를 만들어냈다. 식민지 현실을 탓하기보다는 개인이 성실히 일하면 더욱 잘 살 수 있다는 내용의 노래를 보급했다.

> 심어라 심어라 뽕나무를 심어라
>
> 우리 천황 폐하께옵서 뽕나무 농사 권하신다
>
> 길러라 길러라 누에고치 길러라
>
> 우리 천황 폐하께옵서 누에고치 권하신다
>
> 짜어라 짜어라 고운 옷감을 짜어라
>
> 우리 천황 폐하께옵서 옷감 짜기 권하신다
>
> 노와라 노와라 고운 옷감에 '목숨 수' 자 수노와라
>
> 우리 천황 폐하께 만수무강 바램을 드리세[34]

-「신 별곡」

「광복군 아리랑」

일제의 이러한 탄압과 왜곡에도 불구하고 민요는 나라 안팎 독립운동의 현장에서 새롭게 만들어지고 불렸다. 차츰 독립의 적극적 전망과 치열한 투쟁의식을 담아나갔다. 이즈음 민요가 독립운동의 흐름 속에 나타난 두드러진 모습은 크게 두 가지로 나눌 수 있다.

먼저 민족주의 계열의 무장 투쟁을 살펴보자(흔히 독립군으로 잘 알려져 있으므로 아래에서는 독립군이라 부른다). 독립군 투쟁은 험난한 지형을 타고 넘으며,

예측하기 힘든 나라 안팎의 정세를 견뎌내는 고난의 연속이었다. 게다가 일제의 잔인한 탄압은 독립군 부대 자체를 유지하기 어렵게 만들기도 했다. 이런 형편이었으므로 새로이 민요를 만들기 쉽지 않았을 것이다. 그래서 기존 민요의 가락을 활용하여 독립의 열망을 담아낸 작품들이 대부분이다.

닐니리야 닐니리야 니나노 난실로 내가 돌아간다

닐리리리 닐리리야

청사초롱 불 밝혀라 잃었던 조국에 내가 돌아간다

일구월심 그리던 곳 태극기 날리며 내가 돌아간다

잘 있더냐 고향산천 부모여 형제여 내가 돌아간다

-「광복군 닐니리야」

독립군 계열의 운동은 1940년대 광복군으로 대부분 통합되었다. 이후 광복군의 노래는 조국 땅을 밟을 날을 기약하며 늘 희망적으로 광복의 감격을 표현하고 있다. 그러한 감격은 한양성 복판에 태극기로 상징되기도 하고 가슴을 울리는 북소리로 표현되기도 한다.

석탄 백탄 타는데 연기만 펄펄 나구요

삼천만 가슴 타는데 혁명의 불길이 오른다

에헤야 데헤야 얼러리 난다 디여라

혁명의 불길이 타오른다

서울 장안 타는데 한강수로 끄련만

삼천만 가슴 타는데 무슨 수로 끄려나

사쿠라가 떨어져 태평양 속으로 묻히고

무궁화가 피어서 우주에 향기를 피운다

−「광복군 석탄가」

아리 아리랑 스리 스리랑 아라리요 / 광복군 아리랑 불러나 보세

우리네 부모가 날 찾으시거든 / 광복군 갔다고 말 전해주소

광풍이 불어요 광풍이 불어요 / 삼천만 가슴에 광풍이 불어요

바다에 두둥실 떠오는 배는 / 광복군 싣고서 오시는 배래요

아리랑 고개서 북소리 둥둥 나더니 / 한양성 복판에 태극기 펄펄 날리네[35]

−「광복군 아리랑」

「바위야 굴러라」

우리나라는 지리적으로 러시아(옛 소련)와 가깝다. 또 당시의 식민지 독립운동에 미친 사회주의의 영향은 세계적이었다. 이 땅에도 사회주의 계열의 운동이 엄연히 존재했다. 또한 그러한 운동이 없었다면 존재할 수도 없는, 그것도 민요의 형식을 분명히 띤 노래들이 여럿 있다. 이제 남북한이 새롭게 만나면서 이에 대한 보다 객관적인 연구가 더욱 필요하게 되었다.

바위야 굴러라 번개같이 굴러라

쪽발이 놈 콧등에 불벼락을 안겨라

바위야 굴러라 구시산의 바위야

쪽발이 놈 백 놈 천 놈 지끈지끈 족쳐라

이 노래는 입으로 전해지는 동요의 형식을 띤 것인데, 1937년 6월 구시산 전투에서 항일 유격대들이 바윗돌을 굴려 일본군을 물리쳤던 사건을 표현한 것이다. 형식은 민요의 고유한 4·4조 운율을 바탕으로 하고, 유치하다 싶을 정도의 쉬운 가사로 되어 있어 널리 유행했을 것으로 보인다.

벼락 맞았네 벼락 맞았네
왜놈 병정 벼락 맞았네
유격대의 꾀임에 빠져
병풍 골로 기어들다
우박 같은 총탄 벼락
집채 같은 바위 벼락
마른벼락 날벼락에
모조리 녹아났네[36]

이 노래는 최신 무기로 무장한 일본군이 지혜로운 유격대원들의 유인 작전에 말려들어 참패를 당했다는 내용을 담고 있다. 생생한 표현과 재미있는 운율이 눈에 띄는 작품이다. 북한 측 서적에서는 이러한 노래들이 조선 민중으로 하여금 일제의 숨 막히는 식민 통치 속에서도 조국 광복의 믿음을 잃지 않고, 항일 투쟁에 나설 수 있게 해주었다고 평가한다.

지금까지 살펴본 바와 같이, 민요는 늘 우리 민족의 삶의 현장에서, 혹은 투쟁의 현장에서 운명을 함께해 왔다. 작게는 며느리의 시집살이부터 목숨을 건 독립 투쟁에 이르기까지 많은 것을 담고 표현하는 역할을 했다. 우리 민족의 시름을 달래주고, 핏발을 서게 했다. 여기서 우리는 민요가 민족의 노래, 민중의 노래라는 역사적인 위치를 확인할 수 있었다.

이제 우리에게 남은 과제는 이렇듯 소중한 민요를 제대로 알고, 되살려가는 일이다. 서양 문화에 밀려 듣기조차 힘든 민요는 오늘날에도 여전히 필요하다. 우리 앞에 가로놓인 현실이 바로 그렇다. 남북한의 민족적인 화합에도, 세계화의 흐름 속에서 뚜렷하게 내세울 우리다움을 찾을 때도, 전통과 현대의 행복한 만남에도 항상 민요가 큰 몫을 할 것이기 때문이다.

1 강대일, 정창규,『과정 중심 평가란 무엇인가』, 에듀니티, 2018, 9쪽.

2 교육부, '교사별 과정 중심 평가 핵심교원 역량강화 직무연수 자료집', 2018, 15~16쪽.

3 교육부, '과정을 중시하는 수행평가, 어떻게 할까요', 2017, 4쪽.

4 최상훈 외,『역사과 평가의 이론과 실제』, 책과함께, 2012, 16쪽.

5 교육부, '2015 개정 교육과정에 따른 평가 기준', 2017, 7쪽.

6 2015 개정 교육과정에 따르면 총론의 핵심역량은 자기 관리, 지식 정보 처리, 창의적 사고, 심미적 감성, 의사
   소통, 공동체 역량 등 6개 영역이며, 역사과 교과역량은 역사적 사실 이해, 역사 자료 분석과 해석, 역사 정보 활
   용 및 의사소통, 역사적 판단력과 문제해결 능력, 성제성과 상호 존중 역량 등 5개 영역으로 구성되어 있다.

7 김덕년,『교육과정-수업-평가-기록 일체화』, 에듀니티, 2017, 24쪽.

8 윤종배,『역사수업의 길을 묻다』, 휴머니스트, 2018, 145쪽.

9 김덕년, 앞의 책, 126쪽.

10 윤종배, 앞의 책, 142쪽.

11 김덕년, 앞의 책, 25쪽.

12 성숙자 수석교사가 '2018 전국 중등 수석교사 역량강화 직무연수'에서 발표한 내용을 인용했다.

13 강대일, 정창규, 앞의 책, 208쪽.

14 교육부, '교사별 과정 중심 평가 핵심교원 역량강화 직무연수 자료집', 2018, 113~115쪽 양식

15 김덕년, 앞의 책, 221쪽.

16 윤종배, 앞의 책, 147쪽.

17 권영부, '리터러시 기반의 학생 활동 중심 수업 만들기', '2018 서울중등수업비평연구회 연수 자료집', 38쪽.

18 교원대 박영민 교수가 '2018년 전국 중등 수석교사 역량강화 직무연수'에서 언급한 것을 인용했다.

19 수락중학교, '수업 혁신, 성찰과 진화의 기록 2015', 198쪽.

20 교육부, '과정을 중시하는 수행평가, 어떻게 할까요', 2017, 21쪽.

21 전국역사교사모임,『역사교육』 2019 봄, 216쪽.

22 서경혜,『교사 학습 공동체: 집단 전문성 개발을 위한 접근』, 학지사, 2015, 48~49쪽.

23 위의 책. 171쪽.

24 김현섭,『수업 공동체: 수업 연구 실천 모임 어떻게 할까』, 수업디자인연구소, 2018, 25쪽.

25 역사교육연구소,『역사수업, 함께 궁리하고 더불어 성장하다』, 책과함께, 2019, 22쪽.

26 『아이들이 몰입하는 수업 디자인』(남경운 외, 맘에드림, 2014),『수업 고수들』(김현정 외, 살림터, 2017),『교
   사들이 함께 성장하는 수업』(남경운 외, 맘에드림. 2016) 등을 참조했다.

27 윤종배, '함께하는 교과지도',『우리교육』1994년 8월호.

28 2012년 서울 수락중에서 시작하여 2021년 명일중에서 필자가 운영하고 있는 수업 연구 공동체 사례다.

29 2019년에 만들어진 서울 중평중의 수업 나눔 카페 사례를 인용했다.

30 김종훈, 이근화, 윤종배가 2014년부터 2020년까지 사초 모임, 사연 모임의 좌장으로 활동한 사례다.

31 『독서 평설』(지학사, 1999)에 실린 필자의 글을 인용했다.

32 『5교시 국사 시간』(윤종배, 역사넷, 2005)에 실린 글을 인용했다.

33 조동일, 『한국 문학 통사』, 지식산업사, 1991, 231쪽.

34 임동권, 『한국 민요집 6』, 집문당, 1992, 부록 참조

35 독립군가 보존회, 『광복의 메아리』, 1991, 부록

36 사회과학원 문학연구소, 『조선문학사』, 열사람, 1992, 282쪽.

제7장

겨울방학

배움의 길, 교사의 길 걷기

하루하루 바쁘게 돌아가는 학교의 업무와 일상은
교사들을 수업에서 점차 멀어지게 만든다.
그럼에도 교사들은 수업을 고민한다.
당면한 현실을 끌어안으면서도 역사로부터 해답을 얻고,
익숙한 절망에서 불편한 희망을 찾아나가는 노력을 기울인다.
원격수업이 쏘아 올린 고민은
AI시대 역사수업이 어떠해야 하는지 씨름하게 만들었다.
민주 시민 교육에 대한 고민 또한 조금씩 밀고 나가야 한다.
세상의 절반인 여성의 역사를 찾는 일도 시급하다.
역사 속 다양한 삶의 궤적을 보면서 진정한 민주주의, 온전한 인권,
배려와 연대로 채워가는 평화의 가치를 새삼 배워야 하기 때문이다.
이런 공부를 하자면 학인으로서 교사가 배우며 성장하는 자세가 중요하다.
과연 나는 얼마나 정진하고 있는가?

역사를 가르치며
사는 삶

📚 교사의 일상과 수업 고민

교사는 1인 다역(多役)이다. 행정 업무와 담임 역할, 교과 수업이라는 임무가 동시에 주어진다. 이 가운데 행정 업무가 최우선이며, 담임 역할은 24시간 비상 대기인 가운데 가장 중요하다고 여기는 수업은 뒷전으로 밀리고 만다. 행정 업무는 공문 처리 기한을 지켜야 하므로 수업에 늦게 들어가면서까지 공문서 작성에 열을 올린다. 담임 반에서 누가 다치거나 사고를 치면 담임의 역할은 밤낮없이 계속된다. 이에 비해 수업은 좀 허술해도 남들에게 별로 티가 안 나고, 공문이나 학급 일 처리 때문에 수업을 늦게 들어가도 학생들이 오히려 좋아하니 교사로서 미안함이 자꾸 줄어들고 무덤덤해진다.

젊은 교사일수록 업무는 과중하다. 젊은 세대는 컴퓨터를 능숙하게 다룰 것이라는 생각으로 경력교사들이 NEIS, 생활기록부, 심지어 수업계를 맡긴다. 젊은 남교사는 바로 생활지도부에 배치된다. 정보 공시니 원가 통계 비목이니 하는 낯선 행정용어를 익히고, 공문서 기안하는 일로 쩔쩔매다 보면 내가 구청의 공무원인지 교사인지 헷갈릴 정도다. 또 세태가 바뀌다 보니 담임에게 학부모는 민원인일 때가 종종 있다. 젊은 교사일수록 학부모에게 경험 부족으로 휘둘리게 되고, 학교 폭력 사안은 서투르게 처리하다 보면 후폭풍이 커지기 일쑤다.

경력교사의 경우도 그의 일상은 '시시포스의 삶'과 같다. 교사는 해마다 나이를 먹지만 만나는 학생은 늘 그 또래다. 경험은 날로 쌓이지만, 소통에는 그만큼 어려움을 느낀다. 사춘기 학생들을 겨우 사람 만들어 학년을 올려 보내거나 졸업을 시키면, 다시 또 그 또래 학생들을 만나 처음부터 시작해야 한다. 산꼭대기까지 돌을 끌어 올리지만 다음 날 굴러떨어진 돌을 다시 끌어 올리는 시시포스의 운명이다. 예전 학생들은 「개그콘서트」 등의 개그 프로그램이나 아이돌이 나오는 음악 프로그램에 나오는 유행어를 함께 쓰면 통하는 부분이 있었는데, 요즘은 게임이 대세이며 웹툰, 유튜브 방송 등이 다양하게 소비되기 때문에 사제 간에 공유하는 부분이 더 적어졌다. 가끔 한류 아이돌을 아는 척하는 수준에서 공감 지수는 맴돈다.

이런 주객전도와 불통 상황에서는 질 높은 수업 실천과 연구는커녕 당장의 학습 분위기 조성도 쉽지 않다. 학생들과 수업을 할라치면, 교사는 한 시간의 수업 동안에도 여러 번 고비를 넘겨야 한다. 중학생은 움직이거나 떠들어서, 고등학생은 자거나 수업을 안 들어서 교사를 힘들게 한다. 게다가 시춘기의 반항기까지 드러내면 수업을 평화롭게 해내기가 어렵다. 잘못을 지적하면 대들기 일쑤여서 일각에서는 교사를 '감정 노동자', '상처받은 치유자'에 비유한다. 학생들은 자기감정을 거침없이 드러내지만 교사는 그럴 수 없기에 참고 또 참으면서 학생에게 교육자로서 다독임과 치유의 손길을 내밀어야 하는 처지를 두고 하는 말이다.

수업이 어려운 근본적인 이유는 학생이 배우려는 의지가 그다지 높지 않고, 호기심도 별로 없기 때문이다. 도시 학생들은 어릴 때부터 학원을 다닌 터라 학교에 크게 기대하지 않고, 농촌이나 저소득층이 많이 사는 지역 학생들은 어차피 공부해도 잘될 것 같지 않으니 수업에 열의가 없다. 또 고등학교는 선택과목 여하에 따라 학생들이 수업을 대놓고 안 듣고 다른 과목을 공부한다. 이를 '공모된 수업 붕괴'라고 표현하는 이도 있다. 입시를 앞둔 고등학교 수업에서 역사는 후순위로 밀리기 때문에 학생은 수업을 안 듣고, 교사는 이를 묵인한 채 허공을 바라보며 진도를 나가기도 한다. 어느 학교의 교원능력개발평가에는 '밤늦게까지 학원 숙제하느라 피곤해서 자는데, 선생님이 자꾸 깨운다'는 불만을 써놓았다고 한다. 가히 역전 현상 아닌가.

그럼에도 불구하고 교사는 늘 좋은 수업을 고민한다.[1] 2018년 '수업 전문가 되기' 직무연수에서 2개월 차 새내기부터 28년 차까지 다양한 경력의 역사교사들이 모인 자리에서 나온 얘기를 한번 들어보자.[2]

> **A교사:** 즐겁게 배우고 머리에 남는 수업을 지향하지만, 현재 재미와 흥미를 두고 고민 중이다.
> (humour에서 interest로 나아가기)
>
> **B교사:** 나만의 학습지 만드는 게 고민이다.
> (역사적 사고력 기르는 수업의 디딤돌 마련하기)
>
> **C교사:** 고등학교 세계사 수업의 굴레에서 벗어나고 싶다.
> (진도 빼기, 괄호 넣기의 반복 피하기)
>
> **D교사:** 학생들의 어휘력이 너무 부족하여 단어 설명하기에도 버겁다.
> (문해력 길러주기)

E교사: 역사와 현실의 연결성을 찾고 있다.

(민주 시민 교육 차원에서 늘 생각하기)

F교사: 인권의 가치를 지향하는 수업을 추구한다.

(인권교육 방안 더 고민하기)

G교사: 가끔씩 열리는 공개 수업에서 무엇을 봐야 할까.

(내 수업에 도움이 되는 관찰 방법 찾기)

이 수업 대화에서 역사교사들은 재미와 흥미, 역사적 사고력, 학생들의 문해력, 인권·민주적 가치 지향, 수업 관찰 등을 키워드로 삼아 다양한 논의를 펼쳤다. 새내기 교사는 당장의 수업을 꾸려나가는 학습지를 만들어야 하고, 제법 경력이 쌓인 교사는 지금 내 수업이 학생들에게 배움을 일으키는지 궁금해하며, 고경력 교사는 자신이 하고 있는 것이 가치 지향적인 역사수업인지, 역사적 사고력을 키울 수 있는 역사수업인지 스스로 돌아보는 경향이 있다. 독자들은 과연 어느 쪽에 더 고민의 무게가 실려 있을지, 어떤 분야에 더 관심이 많을지 궁금하다.

그런데 좋은 수업은 마음만으로 되는 것이 아니다. 수업은 복합적이다. 교사와 학생, 수업 내용과 방법, 물리적 조건이나 수업 분위기 등 여러 변수가 공존 혹은 충돌, 협응하며, 교사가 매 순간 특정한 선택을 하게 되고, 그 선택에 정답이 없는 행위다. 제대로 된 수업을 하려면 교사로서 깊은 사색 끝에 다져진 수업 철학을 갖추어야 하고, 학생에 대한 이해로 눈높이를 맞출 수 있어야 하며, 이를 실제 수업에 반영하여 내용을 재구성할 수 있어야 하고, 내용에 걸맞은 방법을 활용할 수 있어야 한다. 나아가 수업에 대한 성찰과 피드백을 통해 수업의 성장을 도모해야 한다.[3]

특히 역사는 과거-현재-미래-그리고 나(학생)라는 4개의 요소를 부단히 연결 짓고, 수시로 환기시키지 않으면 수업에서 의미를 찾기가 어려운 과목이니 역사교사의 고민이 더 큰 편이다. 과거 사실에 휘둘려서도 안 되고, 현재의 필요에 따라 골라 보는 것도 안 되며, 나랑 상관없는 일로 치부해서도 안 되니 역사교사는 수업을 구상하는 단계부터 진행하는 내내 긴장을 해야 한다. 거기에 교사의 결론을 주입해서도 안 되며, 관심 없는 학생이 쳐다보게 만들고, 보면서 생각하게 하고, 그 생각을 친구들과 나누도록 유도하는 작업은 적당한 길 안내와 맞장구, 함께 만들어나가는 서사라는 뚜렷한 신념과 노하우를 동시에 요구한다.

나는 이 연수에서 유독 강사의 무게를 크게 느꼈다. 단편적인 수업 사례를 소개하던 강의와 달리 제목이 '수업 전문가 되기'인데, 과연 나는 전문가라고 부를 만한 내공을 갖추고 있는 강사인가? 단지 교직 경험이 많아서 몇 가지 수업 사례를 더 알고 있고, 공개 수업을 몇 번 더 해본 것에 지나지 않을까 하는 반성을 많이 하게 되었다. 말로만 반성하지 말고, 스스로 구축한 경험의 성(城) 안에 갇히지 않으려면 무엇을 더 해야 할까도 곰곰이 생각해보게 되었다.

앞으로 더 천착해야 할 과제로 나는 세 가지를 손꼽는다. AI시대 역사수업은 어떠해야 할까, 민주 시민 교육이라는 지향을 역사수업에 어떻게 녹일 수 있을까, 여성사를 어떻게 수업할까. 어느 하나도 쉬운 과제가 없고, 교직이 끝나도록 머리를 싸매야 하는 주제들이다. 조금이라도 고민을 진척시키려면, 책도 읽고, 논문도 살피고, 함께 세미나하는 작업도 해야 한다. 나의 체력과 지력으로 감당해낼 수 있을지 모를 일이다.

▨ 내 수업의 화두 1: AI시대 역사수업

꽤나 먼 얘기처럼 들렸던 AI시대, 원격수업 같은 말들이 코로나19 때문에 갑자기 현실이 된 느낌이다. AI시대가 실감이 난 건 2019년 바둑 고수 이세돌의 은퇴였다. 바둑에서 더는 이룰 것이 없어서가 아니라 인공지능과의 대국을 이길 수 없기에 돌을 던진 것이다. 후배 기사들이 AI에게 바둑을 배우고 있으니 그의 자괴감도 컸으리라. 일상에서 놀란 것은 조만간 택배도 드론으로 배달하게 된다는 예측이다. 이미 군사용 드론이 실전에 쓰이고 있으니 얼마든지 가능한 일이다.

2020년에 시작된 수업의 변화 양상은 더욱 놀랍다. 하루아침에 원격수업을 해야 했던 교사들은 처음에는 힘겨워하더니 이내 근사한 수업 영상을 만들고, 방송국 PD마냥 다양한 장면을 연출하면서 학생들을 주목시켰다. 분필가루 날리는 시끌벅적한 교실에서 학생들과 주거니 받거니 하던 수업의 모습은 영상에서 다르게 표현되었으며, 실시간 쌍방향 수업으로 새로운 소통의 가능성을 열어나갔다. 하지만 면 대 면 수업이 얼마나 소중한지를 절실히 깨닫는 계기가 되기도 했다. 수업의 변화가 얼마나 더 있을지 가능성과 불안감이 공존하는 모습이다.

예측 불가능성, 급격한 변화로 인간 사회 각종 패러다임의 대반전을 예고하는 시대, 자칫하면 인간이 무기력하거나 무가치하게 느껴지는 시대에 역사는 무엇을 해야 할까. 그리고 역사수업은 어떠해야 할까? 지나온 10년보다 훨씬 더 빨리 변하게 될 향후 10년을 어떻게 예측하고 대비할 수 있을까? 세상의 변화보다 더 빨리 변하는 아이들의 감수성을 어떻게 좇아가며 유의미한 수업을 할 수 있을까? 나는 해답을 찾지 못하고 실마리만 몇 가지 떠올리고 있는 실정이다.

첫째, AI시대도 사람 사는 세상이라는 점을 가르쳐야 한다. 기계나 자동화된 시스템, 프로그램들이 인간의 역할을 대체하지만, 이는 인간의 노동을 대신하는 것이고, 인간의 감수성과 창의성을 필요로 하는 영역은 아직도 많다. 오히려 인간이 위험하고 직접적인 노동에서 벗어나 다양하게 상상하고, 세상 사람들과 공감의 폭을 넓혀가면서 인간다운 삶을 영위할 수 있는 여건이 마련되었다고 보면 어떨까.

프로그램이 대신하기 어려운 복잡한 노동(셰프의 손맛), 다양한 해석이 존재하는 공간(특히 역사 논쟁), 기발한 상상과 참신한 표현(과학과 예술의 영역), 많은 경험과 상호 소통으로 질병이나 갈등을 해결하는 판단의 영역(치료, 재판) 등이 인간의 고차원적인 지적 노동의 영역으로 남아 있고, 축구, 야구 등 인간이 몸으로 구현하고 그 모습에 환호하는 스포츠나 따스함과 안온함이 필요한 간호와 돌봄의 영역 등은 앞으로도 인간의 몫으로 남을 것이다.

AI가 하루에 1만 권 이상의 소설을 쓸 수 있다고 하지만, 지금껏 나온 작품들의 복제와 다양한 조합일 뿐이어서 사람들이 작가 고유의 매력을 느끼지 못한다. 무한 복제가 가능한 작품은 공산품이지 예술품이 아니라는 견해도 있고, 작품이 탄생하게 된 사회적 맥락이나 작가의 고뇌가 소거된 채 결과물로 다수가 존재하는 것은 인간과 작품의 유한성, 희소성에 비추어 볼 때 본질적으로 예술품이 될 수 없다는 견해도 있다.[4] 요즘은 기계로 음을 합성하여 대중가요를 만들지만, 가수가 약간의 음 이탈을 하면서 현장 분위기나 자기감정에 따라 부르는 노래의 맛을 능가하지 못하는 이치다. 학생들에게도 자신만의 개성이 묻어나는 일을 하도록 안내하고, 역사 속에서 닮고 싶은 인물, 다르게 볼 수 있는 사건, 새롭게 꾸며보고 싶은 문화유산 등을 생각해볼 기회를 부여해야 할 것이다.

둘째, 위의 낙관을 우려로 바꾸어버리는 현실의 문제를 직시하도록 가르쳐야 한다. 이미 존재하는 정보화의 불평등, 근본적으로 접근 기회의 불평등을 해소해야 함을 일깨워야 한다. 정보화 네트워크를 활용한 긴밀한 소통과 공유가 필요함을 학생들이 생각할 수 있게 해주는 것이다. 예로부터 정보를 소수 집단이 독점하면서 심각한 사회 문제가 발생하고, 불평등이 곧 갈등과 대립으로 이어졌으며, 현대에 와서는 '빅브라더'처럼 사회를 통제할 가능성 또한 존재하기 때문이다. 이와 달리 개인적으로 정보를 악용하는 문제도 단단히 일러줘야 한다. 남의 개인 정보를 입수하여 온·오프라인에서 사생활이나 인권을 침해하는 일도 잦아지고 있고, 범죄로 이어지는 경우도 많다. 키보드 앞에서 모두가 겸손하고 신중해져야 함을 가르쳐야 할 것이다.

대한민국이 2020년 코로나19 위기를 견디며 나름의 대응을 한 것은 투명하고 빠른 정보 공유에 그 해답이 있었다. 정부는 정보화 기기와 네트워크를 바탕으로 정보를 실시간으로 공유하고, 국민들의 협조와 연대를 요청했다. 이에 호응하여 다수의 국민들이 자발적으로 참여하여 자신의 건강도, 사회의 건강도 지키는 구조가 바람직한 방역 모델로 자리 잡은 것이 좋은 예가 되겠다. 소소한 나눔과 참여, 작은 성취는 큰 성공의 디딤돌이다. 생활 속에서, 역사 속에서 서로 손을 내밀어 함께 위기를 극복하거나 새로운 세상을 열었던 사례를 공부하면서 학생들이 공유와 공존, 배려 등의 덕목을 몸소 느끼도록 해야 할 것이다. 세종이 공법을 시행하기 전에 여론 조사를 하며 민심을 살핀 일, 백년전쟁 당시 영국의 침략으로 위기를 맞은 칼레 시민들이 용기를 낸 일 등 서로를 살피고 공동체를 위해 앞장서고, 대의를 위해 선의 평범성을 발휘한 사례를 눈여겨보면서 AI시대에도 여전히 필요한 마음가짐과 삶의 태도를 고민하도록 해야 할 것이다.

셋째, 미디어 리터러시를 길러야 한다. 정보화 세상이라 정보가 빨리 유통되는 것은 좋지만, 엉터리 정보나 가짜 뉴스가 혹세무민할 가능성이 높다. 이미 사회적 논란이 된 경우도 많다. 그런데 이런 거짓 정보일수록 자극적이고 단정적이어서 속기 쉽다. 여기에 필요한 것이 매체를 제대로 읽는 문해력이라고 한다. 섣불리 예단하거나 확증편향으로 어느 한쪽만을 신뢰하고 출처나 근거가 불분명하고 문제가 있는데도 잘 살피지 않고 덜컥 믿는 것을 경계하도록 가르쳐야 할 것이다.

위의 문해력은 비판적 사고력의 다른 이름이다. 비판적 사고는 긍정의 반대말도, 부정의 반대말도 아닌, 있는 그대로의 정확한 실체를 보는 능력이다. 이 텍스트에는 어떤 메시지가 담겨 있는가, 담긴 내용은 과연 사실일까, 근거는 무엇인가, 발언자나 지은이의 의도는 무엇인가 등을 꼼꼼히 살피는 것이다. 역사 수업이 제대로 이루어진다면, 이 문제만큼은 학생들에게 큰 도움이 될 수 있다. 복잡한 겉모습을 한 꺼풀 벗기고, 가닥을 잡으며, 속내를 읽어내는 능력은 사료학습, 극화학습, 토의·토론 등 여러 가지 방식으로 비판적 사고를 일깨우는 가운데 성장할 수 있을 것이다. 이제는 정보와 지식을 주입하는 수업에서 과감히 벗어나 학생들의 사고와 감수성을 촉발하는 수업으로 나아가야 하는 시점이다. 이와 관련하여 '역사가처럼 읽기'를 제안한 샘 와인버그는 역사가들조차 가짜 뉴스에 속는 경우가 있다고 했다. 복잡한 맥락을 지닌 현실의 텍스트를 비판적으로 읽는 노력이 더 많이 필요한 시점이 되었다.[5]

넷째, 교사의 역할에 대해 전면적, 본격적으로 고민해야 한다. 지식 전달자에서 사고 촉진자로 변신하라는 논의는 늘 듣는 말이지만 더는 미루기 어려워졌다. 요즘 학생들은 교과서보다 모바일 앱이나 유튜브에서 더 많은 것을 찾고 공부한다. 컴퓨터의 정보 처리 속도가 18개월마다 두 배로 증가한다고 하니 지식을 먼저 알고, 많이 아는 교사의 권위는 좀처럼 유지되기 힘들다. 또 전체 학생들에게 두루 지식을 전하는 일은 가능하지도, 효율적이지도 않은 만큼 학생 개인별 맞춤형 진단과 피드백, 소통이 더욱 필요해졌다. 컴퓨터와 플랫폼, 프로그램 등 여러 면에서 기술이 발전하며 학생과의 긴밀한 소통이 가능해졌기에 여건 탓을 하기도 마땅치 않다. 이제는 새로운 실천이 필요한 것이다.

이와 관련하여 AI시대를 선도하는 디지털 교육 콘텐츠 전문가들은 이렇게 제안한다. '교사의 역할은 이제 교과서에서 읽을 부분을 정해주고, 정보 암기를 위한 연습 문제지를 내주고, 표준 시험에 의지해 학생을 평가하는 것이 아니다. 확장 가능한 질문을 던지고, 확장 가능한 활동을 통해 학생을 지도하며, 개인 맞춤 피드백을 제공하고, 학생에게 관련성이 있으면서 마음을 끄는 수업을 하며, 현실에 존재하는 사례와 가상의 사례를 제시하고, 협력과 창의성을 촉진하며, 문제해결 행동의 모범을 보여주어야 한다.'[6] 물론 학생들의 세계를 역사의 세계로 연결시키려면 섬세한 작업이 필요하지만, '과거에서 출발하여 현재를 살아가고 미래를 여는 열쇠로서 역사'를 가르쳐야 한다는 신념을 가진 교사라면, '지금-여기-나'라는 문제의식을 놓을 수 없을 것이다.

이제 정답과 결과보다는 저마다의 질문과 사고의 과정이 더 중요한 시대가 되었다. AI에게 물어보면 웬만한 지식과 정보는 10초도 안 돼서 답을 알려준다. 이제는 답을 기억하는 것이 아니라 질문을 잘 던지는 것이 중요하다. 고려시대 대몽항쟁의 과정을 예로 들어보자. 1231년부터 연도별로 일어난 일을 다 기억할 필요 없이 인터넷으로 검색해서 금세 확인하고, 사건과 사건 사이의 관계를 따져보고, 전체 항쟁의 흐름에서 어느 사건이 중요한 의미를 지니는지 되묻고, 전체적인 항쟁의 역사적 의의를 나름대로 정리하는 작업을 하는 것이다. 이 과정에서 필요한 사료나 자료 등은 다시금 검색해서 찾고 다음 단계의 탐구를 해내 가는 것을 생각해볼 수 있다.

여기서 AI시대 지식의 의미를 되짚어 볼 필요가 있다. 검색하면 다 나오니까 지식은 군이 기억하거나 되새길 필요가 없는 것일까? 사실과 사실, 지식과 지식 사이의 맥락과 관계, 비중 등을 가늠하려면, 다음 단계로 탐구를 진전시킬 방안을 찾으려면 최소한의 지식을 익히고 지식을 토대로 사고를 키워나가는 훈련을 해야 한다. 사실과 정보, 지식을 다루는 연습 없이 새로운 지식을 접하고 금세 맥락을 짚는다는 것은 불가능하다. 사료를 찾고, 사료 비판을 하고, 이를 토대로 사료를 분석하고, 해석하는 경험을 통해 사전에 보유한 지식과 새로운 지식이 의미망을 구성하면서 정교하고 설득력 있는 해석으로 나아갈 수 있다.

이와 관련하여 디지털 인문학자 구본권은 이렇게 역설한다. "모든 사람에게 무차별적으로 주어지는 우연에서 위대한 발견과 깊은 성찰을 낳은 호기심으로 연결하려면 그에 관해 준비된 지식과 관심을 갖추고 있어야 한다. 뉴턴이나 플레밍, 보엔처럼 호기심을 지적 발견이나 통찰로 연결시키기 위해서는 어느 정도 관련 지식을 갖추고 있어야 한다. 지적 호기심이 구체적인 의문으로 연결되도록 일종의 마중물 구실을 할 지식과 관심이 필요한 것이다. 호기심과 관찰, 사유로 이어지는 인간 고유의 정신적 상징체계를 가동시키려면 일정한 지식이 필요하다. 지적 호기심은 자신이 무엇을 알고, 무엇을 알고 싶고, 또 무엇을 모르고 있는지를 아는 데서 출발한다. 호기심은 인류 역사에서 결정적 역할을 했지만 기계가 지능을 획득해가는 디지털 사회에서 그 중요성이 더하다."[7]

불필요한 지식 암기와 입시의 폐쇄 회로에서 벗어나되, 지식을 다양한 질문으로 재구성하고, 생각의 길을 열어가는 작업은 교사의 조력으로 가능한 일이고, 교사가 자신의 존재를 입증하기 위해서라도 감당해야 하는 일이다. 어찌 보면 애초부터 교사는 이 일을 하기 위해 탄생한 존재이지만, 국민 국가 건설과 산업화 과정에서 지식 소상품 판매자 역할을 강요받은 측면이 있다. 이제 교사 본연의 역할로 돌아간다고 생각하면 AI시대의 역사 교육이 거창하게 느껴지거나 낯설지 않고, 한결 편안하고, 신나는 일이 되지 않을까 기대해본다.

📚 내 수업의 화두 2: 민주 시민 형성을 위한 역사수업

민주 시민 형성('양성'이 아니라 스스로 가꾸어가는 것을 말한다)을 역사 교육의 지향점으로 삼자는 제안이 나온 지 10년이 넘었다. 국가 주도로 민족 정체성, 국가 정체성을 강조하는 데서 벗어나자는 문제의식이 널리 확산되고 있다. 이를 토대로 민주공화국 대한민국의 헌법적 가치를 가르치는 역사 교육으로 나아가야 한다는 의견이 나왔다. 한편에서는 비판적 사고를 통해 역사 서술을 다양한 입장에서 살피며, 사회 변혁의 동력을 파악하고 공동체의 선을 추구하는 참여 민주주의를 체득하게 가르치자는 의견이 제기되었다.[8]

역사에서 추구하는 민주 시민 교육은 기존의 일반사회나 도덕에서 다루던 민주주의와는 다르다. 민주주의의 역사적 형성 과정을 살피고, 새롭게 조명하며, 현실의 민주주의 발전을 학생 스스로 고민하고, 실천하도록 이끈다는 측면에서 차별성이 있다. 역사수업 내부로 보자면, 국가나 지배층 위주의 서술에서 벗어나 다수의 피지배층, 사회적 약자들의 다양한 목소리가 드러나도록 고려한다는 점에서도 의미가 있다.

때로 민주 시민 교육론에서는 역사 서술을 과감하게 하자고 제안한다. 시대나 단원을 구분할 때, 1910년 한일 강제 병합 말고 1919년 3·1운동을 기준으로 삼자는 것이다. 1905년 을사늑약 때 사실상 빼앗긴 주권에 연연하지 말고 민주공화국을 선언한 3·1운동부터, 즉 우리의 주권 선언을 한 그때로부터 새로운 시대 구분을 하자는 뜻이다.

다만, 민주 시민 교육에 대해 보완이 필요하다는 비판도 있다. 전근대사에서 민주주의적인 요소를 찾아서 일관성 있게 설명할 수 있는가, 근현대사를 민주주의 서사로만 서술할 경우, 놓치는 많은 내용들을 어떻게 포괄할 수 있는가 등의 과제가 있다. 근본적으로 현재의 관점이 많이 반영된 역사 서술이 될 텐데, 탈맥락적이거나 현재주의의 함정에 빠지지 않을까, 민주주의라는 프레임으로 모든 것을 설명하면서 또 다른 정체성을 강요하는 결과를 초래하지 않을까, 하는 우려가 있는 것도 사실이다.

이 부분은 민주주의 역사 교육을 어떻게 전개할 것인지에 대한 깊이 있는 연구와 활발한 토론으로 조금씩 진척시켜나가야 할 과제라고 본다. 구체적으로는 어떤 자료에 무슨 질문을 던지고, 학생의 의견을 어떻게 공유하고 생각을 확대할 것인가 고민하면서 수업을 꾸려가고 수많은 실천 사례를 점검하면서 역사수업의 기틀을 정비하는 꽤 긴 숙성 과정이 필요할 것이다.

민주주의 역사 교육의 내용에는 민주주의 자체는 물론, 인권, 평화, 다문화의 관점이 있으며, 통일 교육이나 세계 시민 교육과 긴밀히 연계하는 입장도 있다. 인권은 민주 사회의 개인이 온전하게 존중받는 출발점이며, 평화는 민주주의를 완성해가는 과정이자 세계 여러 나라와 관계 맺는 방식이 그래야 한다는 뜻이다. 다문화를 고려한다면, 세상에는 다양한 문화가 있음을 알고, 나와 다른 이들을 존중할 때, 그들과 교류하고 협력할 실마리를 찾을 수 있을 것이다. 특히 이미 우리 교실 안에 들어와 있는 다문화 학생들을 일방적으로 한국 문화에 적응하라고 하지 않고, 그들 부모의 고유한 문화가 한국 문화와 섞여 더 큰 콘텐츠가 될 수 있도록 다문화 교육의 기틀을 새롭게 만드는 작업이 필요하다. 이를 통해 '공존이 평화의 다른 이름이요, 관용은 평화의 지름길'이라는 것을 깨달을 때, 우리는 세계 시민으로서 다양한 이들과 함께 할 수 있을 것이다.

민주 시민 교육의 수많은 논점 가운데 내가 관심 갖고 있는 부분이자 민주 시민 교육의 핵심 고리는 행위자 관점과 '선의 평범성'을 가르치는 것이다.[9] 행위자 관점이란 뭉뚱그려서 당대 사람들로 칭하지 않고, 사건과 상황에 관련된 가해자, 동조자, 피해자, 희생자, 그리고 방관자의 관점으로 스펙트럼을 나누어서 면밀히 보며, 그의 행동에 주목하는 것이다. 역사는 일정한 사회 구조 속에서 전개되는데, 구조는 필연적으로 어떤 딜레마 상황을 빚어낸다. 예컨대 제국주의라는 구조는 식민지라는 상황을 만드는데, 이때 어떤 사람이 어떤 행위자로 처신하는가를 중요한 학습과 실천의 영역으로 보려는 것이다. 구조적 요인도 당연히 살피지만, 개인의 결단과 행동을 주목해봄으로써 역사 학습 이후에 유의미한 실천을 도모하려는 의도가 있다.

이를 통해 학생들이 악의 평범성에 기대지 않고, 깨어 있는 시민의식으로 올바른 판단을 하도록 돕고자 한다. 어떤 인물은 긍정적 선택을, 다른 인물은 부정적 선택을 했다. 그렇다면 나는 어떻게 했을까, 앞으로 유사한 상황이 오면 어떻게 할 것인가를 생각해보도록 만들고자 한다. 나는 우리 학생들이 장차 역사적 선택의 순간에 공공선을 위한 의지로 두려움과 탐욕을 버리고 의로운 판단을 하는 데 역사수업이 도움이 되기를 바란다.

이를 위해 막연한 선행 다짐이 아니라 역사 속에 존재했던 의인들을 발굴하여 그의 행동에 의미를 부여하고, 나라면 어땠을까를 고민하면서 자신이 할 수 있는 최선의 선택을 찾도록 해야 한다. 일제 강점기를 예로 든다면, 모든 사람이 김구, 김원봉이 될 수는 없다. 그들의 조력자가 될 수도 있고, 양심을 지키려고 애쓰는 사람, 적어도 친일은 하지 않는다며 은둔하는 사람도 존재할 수 있다. 제주 4·3에서 예를 들자면, 무장대와 협상을 시도한 김익렬 소장도 있고, 성산포 경찰시장으로서 부당한 진압 명령을 거부했던 문형순도 있고, 마을 사람들을 지키기 위해 그들의 이념 성향을 모른다며 버텼던 '몰라 구장(區長)' 김성홍도 있고, 산으로 간 마을 사람들의 행방을 모른다며 입을 굳게 다문 이름 모를 아낙도 있다.

홀로코스트가 벌어지는 와중에 독일 군인으로서 유대인을 구조한 사람들이 있고, 일본의 스기하라 공사처럼 외교관으로서 도움을 준 사람도 있었지만, 목숨을 건 구조 활동에 나선 대다수의 인물은 다양한 직업을 지닌 '평범한 사람들'이었다.[10] 저마다의 위치에서 할 수 있는 최선을 다하고 의로운 선택을 한 역사 속 다양한 사람들의 모습을 배우도록 할 필요가 있다.

이와 관련하여 선의 평범성을 이끌어내는 질문을 여러 각도에서 던져볼 수 있다. 단순히 '너라면 어떻게 할래?' 수준에서 나아가 구체적인 고민을 하도록 단계를 설정하는 것이다. 아래 질문은 원래 직업윤리 교육에 관한 글에서 나온 것인데, 민주 시민 교육 차원에서도 유력한 방안이 될 수 있어 소개한다.[11]

순서	가치평가 기준	질문
1	상호성	너라면 어떻게 할까
2	일관성	다른 상황에서도 그렇게 할까
3	일치성	이 판단이 주위 사람들에게 도움이 될까
4	통합성	만일 모든 다른 사람이 이렇게 한다면 어떨까
5	적절성	혹시 이 판단이 다른 결과를 만들지는 않을까
6	지속성	10년이나 20년 후의 결과는 어떨까

이렇게 정교한 질문을 던지려면, 생각이 많아지는 자료를 주고 학생들이 서로 다른 생각을 나누면서 최선의 방안을 추구하는 수업을 수시로 해야 한다. 이와 관련하여 역사의 해석적 성격을 바탕으로 한 논쟁식 수업에 대한 관심이 높다. 서로 다른 해석을 내리고, 각자의 근거를 갖고 논쟁하는 가운데 서로의 초점이 명료해지고, 논리가 더욱 가다듬어진다는 기대를 품고 있다. 논쟁적 사고를

일으키는 활동으로 토론과 글쓰기가 하나의 완결적인 수업 형태로 제기된다.

이 대목에서 논쟁식 수업의 현실적인 문제를 고려할 필요가 있다. 학생들의 전반적인 지식이나 경험치가 논쟁을 할 만큼 되지 않는다는 점에서 우리의 수업은 출발해야 한다. 논쟁식 수업을 표방한 수업 연구를 직접 관찰해보면, 몇몇 토론 선수(?)들이 발언을 사실상 과점하면서 다수의 학생은 구경꾼이 되는 일이 자주 있다. 이를 최소화하기 위해 모둠별 토론을 곁들이거나 각자의 글쓰기(예컨대 배심원의 판결문 작성 등)를 시도하는데, 한계가 있어 보인다. 또 서로 대결적인 분위기가 조성되다 보니 상대의 합리적인 주장조차 수용하지 않고, 확증편향에 빠져 자기주장만 고수하는 모습도 흔하다. 또 이거냐 저거냐 일도양단의 문제로 치우쳐 제3의 대안을 찾는 노력도 잘 보이지 않는다.

발해의 역사가 어느 나라 역사에 속하는가를 묻는 과제가 한때 많이 유행했다. 그런데 이 문제는 '답정너(답은 정해져 있어, 너는 대답만 해)'에 가깝다. 실제 수업 결과물을 보면 100 대 1~2 정도로 발해사가 우리 역사라는 답이 압도적이어서 다른 답을 찾기가 어렵다. 분명 형식은 논쟁적이지만, 기울어진 운동장 상태이므로 큰 의미가 없고, 사고의 진전도 일어나지 않는다. 또 '5·18은 운동인가, 폭동인가'처럼 역사적, 법률적 해석이 이미 내려진 문제를 토론 주제로 삼는 경우도 아쉬움이 있다. 폭동의 관점은 소수 역사부정 세력의 주장인데, 이를 운동과 같은 반열에 놓음으로써 오히려 역사부정 세력의 존재감을 키워주는 결과를 초래할 수도 있다. 사실과 맥락에 근거하지 않고, 몇 가지 사실에 매몰되어 역사부정식 주장을 하는 학생들에게는 적절한 대응이 필요하다. 예컨대 찬반양론 어느 한 팀의 주요 발언자로 세우는 것이 아니라 모둠별로 토의를 시키고 전체 발표 때는 자기 모둠의 의견을 수렴하여 1/n의 무게로 발언하게 하는 것이다. 이런 방식으로 모둠 안에서 이미 그의 주장을 상대화시키거나 교사가 학생에게 질문하는 방식으로 편협한 논리에서 깨어나게 해줄 필요도 있다. 이와는 별개로 토론 자료가 부족하고, 많은 설명을 필요로 해서 교사가 '우회적으로' 자신의 결론을 제시하는 '논쟁 없는' 논쟁 수업이 되는 경우도 있으니 고민이 필요하다.

이처럼 논쟁 수업은 제대로 구현하기가 만만하지 않다. 수업의 기초가 되는 토론 주제를 잡는 것부터가 쉬운 일이 아니다. 한 차시 혹은 한 단원을 관통하는 핵심 발문이라고 생각해서 깊이 고민하고 정교하게 수업을 디자인해야 한다. 이거냐 저거냐 하는 식의 발문에서 양자가 같은 무게를 지니는지, 그 밖에 다른 가능성은 없는지, 거기에 필요한 근거가 될 만한 텍스트는 어떤 것이 있고, 어느 시점에 제시할 것인지 등을 수업 흐름과 논의의 맥락을 감안하여 디자인해야 하는 것이다.

개인적인 생각으로는 처음부터 토론을 시도하기보다 토의를 먼저 하라고 제안하고 싶다. 토론이 서로 다른 생각을 부각시키고 이에 대한 선택을 학생들에게 요구한다면, 토의는 서로 다른 생각을 모아나가고 조율하는 과정이므로 학생들이 편하게 자기 생각을 꺼내 놓을 수 있다. 이를 위해 학생들이 저마다의 수준에서 논제에 대해 한마디라도 할 수 있게 브레인-라이팅(brain-writing)을 먼저 한다. 각자의 배움이 일어나게 한 다음, 서로의 의견을 모아서 가장 좋은, 잘 다듬어진 해답을 만들어가는 과정을 통해 학생들이 공동체의 지혜를 모으는 집단 지성을 경험하도록 유도할 필요가 있는 것이다.

위와 같은 수업 철학과 다양한 수업 실천을 통해 궁극적으로는 민주 사회를 주체적으로 살아갈 민주 시민, 건강한 역사의식을 지닌 민주 시민을 길러내는 것이 하나의 교육 목표라면, 이를 뒷받침할 수업의 원칙을 세워야 한다. 이와 관련하여 2018년 유럽평의회에서 발표한 '21세기 양질의 역사 교육: 원칙과 가이

드라인'은 주목할 만하다.[12]

> 1. 문화 다양성을 수용하는 유연한 교육과정과 상호 소통하는 교수법을 개발하기
> 2. 민주주의 역사에 관한 복합적인 교수·학습을 구현하기
> 3. 평범한 개인과 집단의 활동이 역사를 만들어왔다는 방식으로 사고하기
> 4. 서로 다른 문화적, 종교적, 민족적 배경을 가진 사람들이 오랫동안 사회에 자리 잡았음을 인식하기
> 5. 타자와 우리 양자 모두의 다양한 정체성에 대한 가치를 인정하기
> 6. 사료를 평가하고 조작된 정치 선전에 맞서기 위한 도구를 제시하기
> 7. 민감하고 논쟁적인 주제를 제시하기
> 8. 역사의 교수·학습에서 인지적, 정서적, 윤리적 차원 균형을 찾기

위의 원칙은 유럽 상황을 토대로 수립되었으나 한국 사회도 다문화가 현실적인 과제로 부상하고 있고 계층, 세대, 성별, 이념 등의 갈등이 커지고 있으므로 새겨볼 부분이 많다. 다만 추상화된 원칙인 만큼 우리 현실에 맞는 수업 실천 사례를 다방면으로 수합하여 재평가하고, 원칙과 실천 방안을 조정하는 작업을 거쳐야 할 것이다. 이렇게 현장의 사례를 토대로 탄탄히 논리를 갖추고, 구체적인 내용을 재구성한 경험을 살려 차기 교육과정을 수립할 때, 민주 시민 교육의 방향성을 구현하는 역사수업이 가능할 것이다.

▨ 내 수업의 화두 3: 여성을 온전히 품은 역사수업

바야흐로 남혐, 여혐의 시대인가. 남자를 한남충(한국 남자를 벌레에 비유하는 말), 여자를 김치녀나 된장녀(한국 여자를 비하하는 표현)로 부르며, 일부 사이트

에서는 더 험악하고 극단적인 언설이 난무하고, 백주대낮에 길거리에서 남자가 여자를 폭행하는 사태까지 발생했다.

교실에 짝꿍으로 앉아 있는 남녀 학생도 사안에 따라서 친구가 아니라 적대 감을 노골적으로 드러내는 사이로 돌변한다. 양성평등 교육을 과거보다 더 많이 하는데도 페미니즘 문제만 나오면 교실에는 긴장이 고조된다. 남학생들의 정서 속에는 시대가 바뀌어 여성들이 더 대접받는다는 억울함이 묻어 있고, 여학생들의 반응에는 여전히 남성 위주의 권력 체계, 여성에게는 유리천장에 불과한 많은 벽들이 존재한다는 분노가 서려 있다.

제아무리 인권, 평화, 민주주의라는 가치를 내세워도 일상의 여성 문제 앞에서 무력해지고 있으니 이를 심각하게 검토하고 잘 풀어내지 않으면 역사수업도 학교 교육도 의미가 퇴색될 것이다. 기실 나 자신도 역사를 가르치면서 '역사 속 여성의 삶'을 조망하거나 '여성의 눈으로 역사 읽기'를 변변히 시도한 적이 없다. 또 예전에는 발굴된 자료가 많지 않아 수업에 활용하기도 쉽지 않았다. 하지만 그게 면죄부가 될 수는 없으니 이제라도 양성이 모두 인권을 존중받고, 공존하고 연대하며 함께 살아갈 세상을 꿈꾸려면 여성 문제를 수업에 어떻게든 담고, 잘 녹여내기 위해 씨름을 해야 한다.

여성 문제는 '여성 없는' 역사 서술과 페미니즘에 대한 논쟁, 현실의 여성 문제 해결 등으로 구분하여 볼 수 있는데, 역사수업에서 해야 하고, 할 수 있는 것은 여성사로 역사를 다시 보는 접근법이라고 생각한다. 당장의 심각성 때문에 현실의 여성 문제를 역사수업 장면으로 갖고 들어와서 진행하려는 시도도 있었으나 다소 부정적인 결과를 초래했다. 일상의 문제와 역사적 전개는 서로 층위가 다르다 보니 적잖은 비약이 있을 수 있고, 비역사적인 판단이 나올 수도 있으며, 교사 간, 학생 간 충분한 라포르 형성 없이 실행했다가 수업도, 관계도 망가질 우려가 있기에 신중한 접근이 필요하다. 또 독자적으로 하기보다 국어, 역사, 사회, 가정, 음악 및 미술 등의 과목과 협업하여 융합 수업의 방식으로 다양하게 접근하고 공동으로 풀어가면서 문제의식을 공유하고, 역사와 일상 속에서 깊이 생각하게 만드는 방식도 있다.

개인적으로는 역사 속 여성 인물 찾아보기 → 여성 인물 발굴하기 → 여성 인물 재조명하기 순서로 수업 실천의 호흡을 가져가면 어떨까 싶다. '여성 없는 역사 교과서'에 대한 문제를 제기하고, 새로운 여성 인물을 찾아보고, 그 인물의 생애에 의미를 부여하는 작업이다. 이는 남학생들을 설득하는 과정이기도 하다. 교과서를 확인하다 보면, 누가 봐도 세상의 절반인 여성이 교과서에 없다는 사실에 공감할 수밖에 없다. 그렇다면 정말 없는가, 하는 시선으로 다시 보며 단편적인 기록을 모아서 정리하고, 당대의 사회상을 고려하면서 역사 속 여성을 조명하는 활동을 하면 현실의 여성 문제에 대해서도 긍정적 시선으로 점차 변하는 과정을 예상해볼 수 있다.

특히 전쟁 속 여성의 삶은 비참하기 이를 데 없으며, 인간의 존엄성조차 훼손당하는 사례가 비일비재한데, 그들이 우리의 어머니요 누이라고 생각하면 성별을 떠나서 깊은 절망과 인간적 연민, 부당한 권력과 비윤리적인 전쟁에 대한 문제의식을 스스로 갖게 될 것이다. 물론 이 정도 인식 수준에 그쳐서는 안 될 것이다. 일본군 '위안부' 문제를 예로 들자면, 일본 제국주의에 의해 짓밟힌 가녀린 조선의 소녀로만 볼 것이 아니라 몸소 전쟁의 야만을 극복하고 당당히 일본의 잘못을 꾸짖으며, 제3세계 여성들에게 전쟁 속에서도 자신을 지키는 용기를 불어넣어 주는 인권운동가로 거듭난 사실을 주목해서 봐야 한다.

역사 속 여성으로 수업 방향을 잡더라도 다시 통사로 접근할 것인지, 주제사로 접근할 것인지는 고민이 필요하다. 먼저 통사에서 선사시대의 지모신(地母

神), 빌렌도르프의 비너스부터 시작해서 허스토리(her-story) 관점에서 시대별로 여성의 삶을 찾아보는 방식을 생각해보자. 신라에는 여왕이 있었다, 고려시대 여성의 지위는 꽤 괜찮았다, 조선시대에는 여성이 심하게 차별받았다, 일제 강점기에는 일본군 '위안부' 생활을 강요받았다, 현대 사회 여성의 지위는 점차 남성과 동등해지고 있다 등의 서술이 대체로 눈에 띌 것이다. 주제사로 보면 주로 여성의 일상생활, 경제 활동, 종교 활동 등을 찾아볼 수 있다.

이 서술의 진위 여부는 차치하고, 대체로 여성 인물에 대한 묘사는 남성의 시선으로 가공된 것이며, 대상화되어 언급되는 경우가 많다는 점을 학생들이 발견하도록 해보면 어떨까. 장희빈은 과연 요녀였을까, 마리 앙투아네트의 말은 어디까지 사실일까 등을 살펴보면서 여자이기 때문에 더 폄훼된 측면은 없는지도 살펴보면 좋겠다.

한편, 대체로 역사적 진전이라고 평가하지만 과연 여성에게도 그럴까 되묻는 일도 필요하다. 청동기시대에 농경이 확산된 것을 두고 다르게 생각할 수 있다. 예컨대 한자로 사내 남(男) 자는 밭 전(田)에 힘 력(力)이 조합된 글자다. 자전에 '사내 남' 변은 없다. 반면 여성의 여(女) 자는 애초부터 있었고, '여자 여' 변이 따로 있다. 사내 남은 청동기시대 들어와 남자가 수렵, 어로를 뒤로 하고 농경에 주력하며 생산 활동의 중요한 존재가 되면서 형성된 글자인 셈이다. 이는 모계 중심 사회에서 가부장 사회로 변화하였음을 보여주는 사례다. 영어에서도 woman은 wo+man의 조합인데, wo가 누군가의 소유물이라는 뜻이어서 결국 여자는 남자의 것이라는 뜻이 된다.

이와 같은 시선으로 들여다보면, 과연 신라 사회는 여자를 존중해서 여왕을 셋이나 배출했는가, 고려시대 여인들이 조선시대보다 사회적 지위가 높았는가 등을 의심해보게 된다. 역사 교과서 서술에 잘 나타나지도 않지만, 있더라도 실상과는 거리가 있는 묘사, 여성의 시선이 배제된 진술 등이 숱한 만큼 이에 대한 비판적 접근도 유의미한 수업의 방안이다.

학년말 시간적 여유가 있을 때, 역사 속 여성을 두루 살피면서 '미즈 코리아 (Ms Korea)' 선발 대회를 해보면 어떨까? 예컨대, 선덕여왕부터 여성 독립운동가까지 다양한 여성이 등장하여 자신을 소개하고 듣고 있던 다른 학생들이 순위를 매기거나 자신이 역사적 의미가 있다고 생각하는 인물을 한 명 선정하는 방식으로 진행할 수 있다. 이를 통해 어떤 여성 인물이 있으며, 무슨 일을 했고, 어떻게 평가할 수 있는지 각자의 생각을 적거나 모둠활동 형태로 의견을 모아보는 특별 수업도 가능하다.

하지만 한꺼번에 많은 여성 인물을 일별하기 어렵고, 제한된 시간에 표피적으로 파악하는 데 그칠 가능성이 크기 때문에, 주제를 정해 역사 속 여성을 조망하는 방식을 시도할 수 있다. 2019년 3·1운동 100주년 기념으로 일제 강점기 여성 독립운동가를 발굴하는 프로젝트가 정부 차원에서 추진되었는데, 여기 등장하는 인물을 살펴보는 것도 좋은 방법이다. 사료와 영상 등이 함께 있기 때문에 자료가 풍부하고, 여러 여성 인물의 다양한 삶이 있어 학생들의 선택지도 넓은 편이다.

이를 응용해 전쟁 속의 여성, 여성의 공식/비공식 교육, 여성의 문화, 예술 활동 등 다양한 주제로 학생들의 흥미를 돋우어 가며 여성들의 역사적 성과를 탐구하는 방법을 고려해볼 만하다. 통사적 접근보다 주제의식이 명료하고 범위도 넓지 않아서 한 차시 수업으로 꾸려갈 수 있으며, 두 차시로 꾸린다면 문제적 인물의 활동에 대해 토론해보는 것으로 확대할 수도 있다. 신여성 나혜석의 행보에 대해 서로 다른 의견을 나눌 수도 있고, 신사임당과 허난설헌의 대비되는 삶을 보면서 조선시대 여성을 다양한 시선으로 이해할 수도 있다.

조금 더 문제의식이 진척되면 일제 강점기 신여성의 면모를 살펴보면서 현대 여성 문제의 원형을 진단해볼 수 있고, 3·1운동이라는 특정한 시점을 정하고 전반적인 운동의 흐름 속에서 어떤 인물의 어떤 활동을 주목해야 하는지, 서대문 형무소에 유관순 외에 수감된 여성 인물은 또 누가 있고 어떤 활약을 했는지 탐구해볼 수도 있다.

교실 수업에서 밀도 있게 여성사를 배우는 것도 좋지만, 국립여성사전시관 등 외부 시설을 활용하는 것도 효과적이다. 수행평가의 일환으로 학생들이 다녀오게 하거나 동아리나 학급 단위로 함께 가서 현장감 있게 전시물을 보고, 전문가의 설명을 들으면 생생하게 이해하는 데 도움이 될 것이다. 교실의 여성사 수업은 교사 개인의 의지로 여성 문제를 부각시켜 제시한다는 오해를 받을 수도 있는데, 정부 차원에서 설립된 국립 전시관을 찾아가면, 학생들이 여성사의 문제가 공인된 과제임을 느끼게 된다. 또 여성사 자료를 시각적으로 배치하여 스토리텔링한 것들을 보면서 감정이입하도록 돕는 방법도 교육적 효과가 있다.

나아가 한국사 외에 세계사에서 공부해볼 여성 인물도 많다. 역사의 변곡점에 서 있었던 사람들의 다양한 삶과 울림을 음미해보면 학생들의 시야가 확대되고, 인식 수준이 높아질 터다. 프랑스 혁명 때 활약한 올랭프 드 구주나 전쟁을 앞둔 서프러제트의 서로 다른 생각들, 현대의 다양한 여성 인물을 보는 것도 역사를 입체적으로 균형 있게 이해하는 방안이 될 수 있다.

한 가지 더 고민이 되는 것은 진도를 빠듯하게 나가며 적절히 여성사에 관한 문제의식을 수업에 녹여낼 수 있을까 하는 점이다. 단기적으로는 학년 말에 특별 수업을 시도하는 것으로 시작하여 시대별로 문제의식을 환기시키거나 여성 인물을 통해 시대를 읽는 수업을 간간이 하고, 궁극적으로는 '여성의 시선으로 보는 역사'라는 일관된 입장으로 여성의 목소리를 꾸준히 담는 수업으로 나아가

는 점진적 방안을 고민하고 있다. 아래에서 그 수업의 가능성을 몇 가지 제시해 보겠다.[13]

❶ **고대사**: 소서노, 선화공주, 평강공주, 선덕여왕 등을 이야기할 수 있는데 지배층만 을 다루면 피지배층 여성의 이야기가 간과될 수 있으므로 설화 속 인물 이야기를 다 룸으로써 피지배층 여성의 삶을 이야기해보고 상상해보는 시간을 가지는 것도 좋을 것 같다. 예를 들면 비형랑 이야기, 도미 이야기, 효녀 지은 이야기 등

❷ **고려시대와 조선시대**: 사료를 통해서 피지배층 여성의 삶을 찾아보고 가상 일기를 써보는 활동을 하거나 고려시대, 조선 전기와 후기 여성의 위치를 비교하여 수업을 할 때, 분재기를 가지고 이야기해보거나, 제사나 장례 문화를 가지고 여성의 위치를 알아보는 수업도 가능하다.

❸ **근현대사**: 개화기 신여성의 삶, 일제 강점기 때 여성의 삶, 여성 독립운동가, '위안 부' 문제를 이야기할 수 있으며, 가부장제 문화 속에서 각 시대 여성들의 한계와 나 아간 점을 찾아보는 수업도 좋을 것이다.

나는 혼자서 이 문제를 꾸준히 공부할 자신이 없어 2020년 전국역사교사모 임의 여성사 연구 모임에 참여하기로 했다. 개인적인 수업 경험이 일천하므로, 지속적으로 시도하면서 문제의식을 구체화하려면 이 방법밖에 없겠다고 생각 했다. 여성사 모임을 만들기로 의기투합한 사람들이 모임의 이름을 어떻게 붙일 까 의논했는데, 결국 '여유당'으로 낙점되었다. 본래 뜻은 여성사를 사유하는 사 람들이라는 뜻에서 여유당(女惟黨)이라고 했는데, 굳이 의미를 더 보탠다면 정 약용처럼 살자는 뜻에서 與猶堂, 그렇지만 무리하지 말고 지속해나가자는 뜻에 서 餘裕堂으로 정했다.

📖 김매기하는 농부처럼

이제 내 나이가 환갑을 바라본다. 새내기 시절, 부장 자리에 앉아 결재 서류에 도장 찍던 선배교사들의 연령대도 한참 지났다. 어느덧 내가 고참급 선배가 된 셈이다. 살다 보니 이제는 선배보다 후배들의 시선이 더 두렵다. 나아가 뭔가 본을 보여주려고 노력하게 된다.

특히 수업에 관한 한, 누구보다 많은 발언을 했기에 과연 나의 주장대로 살고 있는지 문득 되돌아보게 된다. 허명은 높아졌으나 실질은 없는 것 아닌지, 그간에 썼던 글이며 말들이 마치 업보를 쌓아놓은 것처럼 부담스러울 때도 있다. 그럼에도 불구하고 때때로 이 문구를 되새긴다. "생각하는 대로 살지 않으면, 사는 대로 생각하게 된다." 프랑스의 소설가 폴 부르제의 이 말은 내 마음에 죽비 구실을 한다. 핑계대지 말고, 의지대로 살기. 그래서 조금이라도 나아가기. 버겁더라도 매일, 조금씩, 천천히!

비단 수업만이 아니라 고참교사가 된 만큼 나는 학교에서도 괜찮은 선배가 되려고 노력 중이다. 일상에서 큰일까지 든든하게 학교를 지켜주고, 힘든 일도 먼저 팔 걷어붙이는 선배, 관리자들의 불합리를 지적하되 후배들의 비판도 겸허히 받아들이는 어른 말이다. 때로는 후배교사들에게 적극적으로 배움을 청할 마음도 먹고 있다. 어떤 이는 돈을 주면서까지 젊은이들에게 배우라 했거늘 나의 부족함을 메우기 위해 당연히 해야 할 일이다.[14]

이런 선배교사는 현실에 존재하기 어려울 수도 있다. 일단 체력이 뒷받침돼서 노년까지 당당히 수업할 수 있어야 하며, 수업 내용에 있어서도 낡은 파일을 뒤적이지 않고 새로운 이론, 참신한 접근법을 밝은 눈으로 살필 수 있어야 한다. 무엇보다도 나이 차이 많이 나는 어린 학생들, 후배교사들과 코드를 맞출 수 있

는 열린 감수성을 유지해야 한다. 한마디로 체력, 정신력, 지적 능력이 빼어나야 가능한 일이다.[15]

　이 대목에서 러시아의 교육학자 수호믈린스키의 말이 새삼 다가온다. 그는 교사에게 네 가지 자질이 필요하다고 보았다.[16] 첫째, 아이들을 좋아하고 아이들의 생각에 공감하며, 아이들과 함께하는 것을 즐거워하고, 그들에게 선천적으로 선량함이 내재되어 있다는 신념을 갖는 것을 가장 중요한 자질로 꼽았다. 둘째, 자신이 가르치는 과목에 열정이 있어야 하며, 교육과 관련한 최신 정보들을 꿰고 있어야 한다. 셋째, 심리학과 교육 사상에 조예가 깊어야 한다. 넷째, 학생들에게 전수해줄 노동 기술이 있어야 한다. 마지막 항은 노동 교육을 중시하는 그의 독특한 사상에 따른 것이지만, 나는 이를 잘 가르칠 수 있는 기술, 또는 교수 내용 지식이라고 해석하고 싶다. 과연 나는 네 가지 자질 중 어느 하나라도 자신할 수 있는가.

　그래서 요즘 가장 어려운 일이자 두려운 욕심으로, 선배교사로서 멋지게 살아가는 것을 꼽고 있다. 이를 위해 지금부터라도 나의 생활을 돌아보고, 교사로서 소명감을 가다듬으며, 역사교사로서 역사에 당당한 존재로 서는 노력을 부단히 해야겠다고 다짐한다. 무엇보다도 내가 역사를 가르치면서 학생들에게 이렇게 살았으면 했던 대로 나 자신이 살아가기를 간절히 소망한다. 선인(先人) 중에서 선인(善人)을 찾아 배우고 우리도 선인(善人)이 되며 나아가 서로가 서로에게 선린(善隣)이 되는 삶 말이다. 참 좋은 나, 더 좋은 우리가 되기를 바란다.

　나는 중·고등학교의 교사 노릇을 김매기에 비유한다. 초등학교 입학 때는 모든 학부모가 관심을 갖고 있어 모내기 때처럼 성황을 이룬다. 대학교 입학 때는 인생이 걸린 관심사를 앞두고 마치 벼 베기 하는 농부처럼 결실을 기다린다. 이에 비해 중·고등학교는 공부 외에는 그다지 주목을 받지 못한다. 아이들도 집에서, 학교에서 엄청 삐쭉거리며 겉돈다. 이 시기에 관심을 쏟지 않으면 잘못되는 경우가 많다. 마치 김매기를 잘하면 티가 안 나는데, 안 하면 소출이 적은 이치와 같다.

이름하여 '김매기론(論)'이다. 크게 주목받지 못하지만 묵묵히 자기 자리에서 최선을 다하는 교사가 되고 싶은 것이다. 앞서 주절주절 내세웠던 말들이 강력한 희망 사항이라면, 김매기하는 농부의 삶은 나의 소박한 바람이다. 생색내기보다 자신을 낮추고, 화려한 겉모양보다 알곡을 튼실하게 챙기는 역할을 하고 싶다. 그리하여 나도, 우리 아이들도 서로에게 밀알이 되어주는 삶을 더불어 살았으면 좋겠다. 그것은 역사교사이기 이전에 교육자로서 내가 해야 할 몫이며, 역사교사이기에 반드시 해야 할 일이라고 믿는다. 역사 발전의 수레바퀴를 밀며 의연하게 살아간 사람들처럼.

다행히 가까운 벗들 가운데 비슷한 꿈을 지닌 사람이 많다. 그들과 함께 물질적으로 풍요롭기보다 정신적으로 풍성하게 존재하고 싶다. 나아가 그 풍성함이 학생들에게 잔잔한 감동을 줄 수 있기를 바란다.

1 좋은 수업에 대해서는 매우 다양한 정의가 있다. 여러 학자들의 논의를 정리한 힐베르트 마이어는 좋은 수업을 '민주적인 수업 문화의 틀 아래서 교육 본연의 과제에 기초하여, 성공적인 학습 동맹이라는 목표를 가지고 의미의 생성을 지향하면서 모든 학생의 능력이 향상되도록 돕는 수업'으로 보았다. 역사과에서는 대체로 '역사적 사고력을 키우는 수업'을 좋은 수업으로 꼽고 있는데, 당대를 풍미한 화두로는 1990년대 '재미있고 의미 있는 수업', 2000년대 '학생, 교사의 문제의식이 살아있는 수업'이 크게 부각되었다. 2010년대 후반에는 학생의 배움을 일깨우는 수업을 좋은 수업으로 보고 있다. – 『역사수업의 길을 묻다』(윤종배, 휴머니스트, 2018) 참고

2 2018년 4월 25일, 서울교육연수원에서 열린 직무연수에서 나온 교사들의 수업 고민 일부를 발췌했다.

3 역사교육연구소, 『역사수업, 함께 궁리하고 더불어 성장하다』, 책과함께, 2019, 20쪽.

4 구본권, 『로봇시대, 인간의 일』, 어크로스, 179쪽.

5 샘 와인버그 저, 정종복, 박선경 역, 『내 손에 스마트폰이 있는데, 왜 역사를 배워야 할까』, 휴머니스트, 2019.

6 존 카우치, 제이슨 타운, 『교실이 없는 시대가 온다』, 어크로스, 233~236쪽.

7 구본권, 앞의 책, 298~305쪽.

8 백은진, '민주 시민 양성을 위한 역사 교육: 접점과 간극', 『학습자 중심 교과 교육 연구』 19, 2019, 965~967쪽.

9 윤종배, 『역사수업의 길을 묻다』, 휴머니스트, 2018, 84쪽.

10 이동기, 『현대사 몽타주』, 돌베개, 2018, 164쪽.

11 '학교 민주 시민 교육 플랫폼 사례 모형 개발 연구' (최호근 외) 중간보고회 자료(2019. 11. 14)에 소개된 장유정의 서울대 박사 학위 논문 「직업윤리 교육의 내실화 방안 연구」(2016) 도표를 재인용했다.

12 김육훈 외, '교육 자치 시대 민주 시민 교육을 위한 교과 교육과정 구성 방안 연구', 전국 시도 교육감 협의회, 2019, 39쪽.

13 2020년 8월에 열린 부산 역사교사 1정 연수에서 나온 아이디어를 인용했다.

14 김영민, 『공부란 무엇인가』, 어크로스, 2020, 95쪽.

15 『역사교사로 산다는 것』(전국역사교사모임, 너머북스, 2008)에 실린 필자의 에피소드를 인용했다.

16 앨런 코커릴, 함영기 편역, 『바실리 수호믈린스키 아이들은 한 명 한 명 빛나야 한다』, 한울림, 2019, 50쪽.

제 8 장

환절기

원격수업의 길 찾기

어느 날 갑자기 시작된 원격수업은 역사교사들에게 무척이나
당황스러운 일이었다. 기존의 원격수업 콘텐츠가 별반 없다 보니
강의식 수업으로 퇴행하는 양상을 보이기도 하고, 모둠활동, 토의·토론 등의
협력적 작업은 큰 제약을 받게 되었다.
내용을 깔끔하게 정리하고 기억하기 좋게 만드는 것 이상의 유의미한
수업을 구현하기 쉽지 않은 가운데 많은 교사의 분투가 전개되고 있다.
아직도 많은 부분에서 원격수업은 역사교사들의 고민거리다.
매 시간 직면하는 수업 구성의 문제이기도 하고, 장기적으로 역사수업이
어떠해야 하는지 전망도 세워야 하는 까닭이다.
단번에 원격수업의 왕도를 논할 수는 없겠지만,
좋은 수업을 꿈꾸는 역사교사들의 생생한 이야기를 통해 더 나은
원격수업에 대한 약간의 가능성을 찾아볼 수 있을 것이다.
독자들이 혼자 앓고 있던 문제를 패널들과 나누면서
원격수업의 길을 함께 찾아보기를 권한다.

원격 대세:
원격수업에 대처하는 우리의 자세

수업 수다를 함께 한 사람
문순창 선생님(경기 운산고등학교)
정미란 선생님(서울 초당초등학교)
제희은 선생님(서울 창덕여자중학교)

여는 말

필자(이하 윤) 안녕하세요? 평소 뵙고 싶었던 분들을 한자리에 모시게 돼서 더욱 반갑습니다. 코로나 상황이 엄중해져서 원격수업에 대한 수다조차 원격으로 진행할 수밖에 없는 상황이라 몹시 안타깝습니다. 느닷없이 시작된 원격수업을 일상적으로 하게 되면서 이제는 우리가 여건을 탓하기보다 수업을 제대로 정돈해야 할 시점이 되었습니다. 오늘은 '역사다운 역사 원격수업의 길 찾기'라는 문제의식을 가지고 다양한 의견을 나누었으면 합니다.

1. 처음 원격수업을 시작할 때, 떠올렸던 것은 무엇인가?

문순창(이하 문) 처음에는 '대증적' 대처에 바빴던 것 같습니다. 그나마 저는

혁신학교에 있기 때문에 선생님들끼리 협력해서 새로운 수업을 모색해왔는데도 어려움이 많았습니다. 원격수업에 관련해서는 크게 두 가지 입장이 나타났다고 생각합니다. 하나는 미래교육에 대한 호들갑, 다른 하나는 비관이었죠. 일찍부터 구글 클래스룸이나 스마트교육을 연구하신 분들은 예견했던 미래교육이 도래했다며 그동안 쌓아놓은 각종 멀티미디어 활용 능력을 선보였습니다. 각종 앱, 툴, 디바이스, 플랫폼 등이 쏟아져 나왔지요. 그런데 과연 테크놀로지 활용이 곧 미래교육인가에 대해서는 의문이 있습니다. 한편으로는 학생들과의 대면수업이 진짜 수업이며, 원격수업은 한계가 많기 때문에 그저 강의나 하면서 빨리 팬데믹이 멈추기를 기다리는 게 상책이라는 입장도 있었죠. 대면수업의 장점이야 말할 나위가 없지만, 언제까지 계속될지 모르는 원격수업을 손놓은 채 기다리는 것은 교사에게 가장 중요한 수업을 내려놓는 게 아닌가, 하는 비판이 있었지요. 저 개인적으로는 일찍부터 테크놀로지를 활용하는 수업을 궁리해봤습니다만, 그것은 수업을 원활하게 해주는 도구, 즉 툴(tool)일 뿐 수업 디자인에 대한 더 깊은 고민이 필요하다는 생각을 하고 있었습니다.

제희은(이하 제) 저는 서울의 미래학교에 있습니다. 2020년 전근을 가서 제가 가장 테크놀로지에 미숙한 상태입니다만, 다수의 선생님은 예전부터 소위 에듀-테크(edu-tech)를 토대로 수업 문화의 변화를 추구해왔어요. 교사는 물론 학생 전원에게 MS 서피스 프로(윈도우 태블릿)를 제공한다거나 융합 수업, 통합 수업 등을 꾸준히 실천하고 있습니다. 그래서 우리 학교에서는 학습지가 없고, 다 온라인으로 자료를 올리고 피드백하는 것이 자연스러운 상태입니다. 그래서인지 처음 원격수업을 준비하면서도 주변 선생님들의 도움을 받아 MS 팀즈, 원노트, 패들렛(Padlet) 등의 낯선 것들을 쉽게 배우고, PPT 슬라이드를 만들고 탑재할 수 있었습니다. 이 과정에서 계속 놓치지 않겠다고 생각한 것은 내용 정리와 더불어 학생들에게 질문을 던져 생각이 깊어지게 하는 글쓰기였습니다.

정미란(*이하 정*) 저는 초등학교에 있습니다. 초등의 특성상 담임교사가 모든 과목을 가르쳐야 합니다. 하지만 원격수업을 만들기가 어렵다 보니 우리 학교에서는 교사들이 과목을 분담해서 수업을 만들어 올리기로 했어요. 해당 학급의 수업이 원활하게 실행되는지 점검하기와 학생들의 과제를 챙기는 것은 담임교사들이 하기로 의견을 모았어요. 제가 만든 사회 수업을 5학년 전체 학생들이 봅니다. 저는 저대로 다른 담임 선생님들이 만든 여러 과목의 수업에도 참여하여 진행 상황을 점검하는 작업을 하고 있습니다. 제가 원격수업 만드는 여러 방법들에 서툴다 보니 하나하나 새로 익히고, 그게 잘 실행되는지 확인하기 위해 한 시간 빨리 출근하고, 한 시간 늦게 퇴근하는 일상의 연속이었습니다. 문순창 선생님이 테크놀로지는 도구일 뿐이라고 했지만, 저처럼 처음 접하는 사람은 일단 그걸 익히고, 수업에 어떻게 활용할지를 고민하는 데 적잖은 시간이 필요했던 거죠.

윤 저는 평범한 중학교에 근무하고 있는 데다 '늦게 어답터(얼리 어답터(early adopter)의 반대 표현)'라서 참 난감했지요. 각종 테크놀로지에 취약한 사람인지라⋯ 그런데 제가 수석교사로서 학교의 원격수업 T/F팀의 좌장을 맡아 마이크를 잡아야 하는 상황이었습니다. 그때 제가 생각한 것은 최대한 교사의 실재성을 느끼게 해주자는 것이었죠. 비록 원격 상황이지만, EBS

강의에 기대거나 남이 만든 동영상 주소를 링크하지 말자, 세련되지 않더라도 내 수업을 만들어 올리자는 생각이었습니다. 우선 저는 제 얼굴을 보여주는 수업을 만들었어요. 전근 간 첫해라 학생들을 전혀 모르고 학생들도 저를 모르니 라포르가 형성되기 어려우므로 제 모습을 드러내서 조금이라도 친근하게 수업을 하고 싶었던 겁니다. 강의만 하는 게 아니라 수업 후반부에는 늘 글쓰기 주제나 자신의 생각을 표현하는 과제를 제시하고 학생들 답에 피드백하는 방식을 구상했습니다.

2. 원격수업을 진행하면서 어려웠던 점이나 해보니 좋았던 부분은 무엇인가?

정 저는 원격수업을 하면서 예전보다 수업 준비를 더 많이 하고, 이것이 학생들에게 어떻게 받아들여질지 많이 살피는 계기가 되었다고 봅니다. 초등은 모든 수업이 생방송이죠. 다양한 과목의 수업을 딱 한 번만 하고 지나갑니다. 5학년 전체에 제 수업이 송출되고 반복해서 볼 수도 있다 보니 신중하게 내용을 선정하고 흥미를 유지하는 수업 방법을 계속 찾게 되더라고요. 한편으로는 제 수업의 기록이 차곡차곡 쌓여 스스로가 얼마나 일관성 있게 수업하는지, 수업이 더 발전되고 있는지도 살펴보게 되었습니다. 초반에는 힘들었지만, 차츰 수업 만들기에 재미를 붙여 나름 다양하게 PPT를 만들고, 영상도 추가하고, 퀴즈도 넣게 되었죠. 처음에는 학생들이 자료와 질문에 클릭, 클릭하며 수업을 따라오게 하는 것으로 충분했는데, 학생들이 재빨리 적응해서 더 새로운, 더 다양한 무엇을 넣으려다 보니 혹시나 원격수업이 학생들을 분주하고 피곤하게 만드는 쪽으로 가는 건 아닌지 돌아보기도 했습니다.

문 먼저 원격수업의 한계부터 논하자면, 강의와 지필평가의 연결과 고착이 더 심해졌다는 점입니다. 원격수업에 참고할 만한 수업 영상을 이리저리 찾아보니 결국 일타 강사처럼 강의하는 모습이 가장 많이 눈에 띄었습니다. 게다가 원격수업에 관한 텔레비전 뉴스 화면이 EBS 강의와 같이 비쳐 학부모들이 화상 강의처럼 오해하는 경우도 있고, 입시를 걱정하는 고등학교라는 여건 때문에 더 심화된 측면이 있지요. 이 과정에서 단조로운 강의를 벗어나기 위한 방법으로 카훗(Kahoot)이나 퀴즈엔(QuizN) 등의 다양한 앱과 툴이 주목을 받았는데, 본질적으로 지식과 개념을 외우고 익히는 도구로만 활용되고 역사수업을 풍요롭게 하는 역할을 하지 못했다는 생각이 듭니다. 같은 툴을 가지고도 전혀 다른 수업을 할 수 있는데 말이죠. 예컨대 패들렛으로 모둠활동을 할 수 있는데, 문제 풀이를 공유하는 데 그치는 경우도 있고요. 무엇보다 수업의 기본 구상을 탄탄히 하면서 다양한 활용 방안을 모색해야겠지요. 어쨌든 여러 테크놀로지가 제시되면서 역사수업을 다양하게 할 수 있고, 원격수업과 대면수업의 장점을 서로 살릴 수 있는 길이 열렸다는 점에서는 반가운 일이었습니다.

제 저도 완전 공감하는 얘기입니다. 테크놀로지의 실용성을 인정하지만, 누구를 위한 것인지, 무엇을 위한 것인지, 어떻게 소통할 것인지를 먼저 고민해야 된다고 봅니다. 수업 주제와 전개 방식에 대한 고려, 학생에 대한 배려가 부족한 원격수업은 화려한 겉모습과 금세 지루해하는 학생으로 귀결되지 않을까 우려됩니다. 제 경우는 작년부터 가르치고 있는 3학년 학생들과 올해 처음 만난 2학년 학생에 대한 감이 매우 달랐습니다. 한 번이라도 더 만난 학생들과의 수업이 더 생동감 있었죠. 그나마 2학년 학생과 더 가까워지기 위한 다양한 앱, 툴 등을 쓰면서 간극을 좁혀가고 있습니다. 한편으로는 테크놀로지 덕분에 이렇게도 수업할 수 있구나, 원격수업도 장점이 많구나 생각하게 되었습니다. 예컨대 패들렛으로 모둠활동을 하거나 PPT 슬라이드에 모둠별 생각을 함께 적어 공유하고, 학생들이 서로 댓글도 달고, 제가 피드백을 하면서 대면수업 때보다는 좀 더 밀도 있고, 다양한 소통이 가능했던 것이 좋았습니다.

문 수업과 더불어 평가의 퇴행도 안타까운 부분입니다. 원격수업에서 강의를 주로 하고, 실제로 눈앞에서 확인되지 않으면 평가로 인정할 수 없다고 하는 바람에 화상수업 시 평가를 하거나 등교수업 때마다 학생들이 수행평가를 하게 되었죠. 학생들 입장에서는 수행평가하러 학교에 가는 격이고, 친구들과 만나서 즐거운 시간을 갖지 못했죠. 정기고사는 거의 선다형 100퍼센트로 치러져 10년 전으로 우리 교육이 후퇴하는 느낌이 들었습니다. 과정 중심 평가도 다분히 형식적으로 진행되고, 거의 의미를 갖지 못하게 되었다고 봅니다.

윤 저도 문 선생님의 평가 진단에 동의합니다. 중학교의 경우, 5개년 동안 모든 교사가 과정 중심 평가 연수를 받고, 이를 실천하라고 강력하게 권하더니 하루아침에 그 논의가 사라져버렸죠. 올 한 해 저는 평가 계획을 수차례 바꾸면서 과정 중심 평가의 취지를 지켜보려 했으나 참 난망한 일이었습니다. 그나마 위안이 된 건 원격수업을 만들다 보니 제 수업의 기록이 제법 쌓였다는 사실입니다. 저는 누구보다 공개수업을 많이 한 사람이지만, 하나의 이벤트처럼 개별 주제들의 수업 화면이 있을 뿐이었는데, 한 단원, 한 학기 동안 제 수업을 연속적으로 성찰할 수 있는 자료들이 생긴 셈이죠. 또 원격수업을 하면서 실시간으로 소통하고, 개인별 맞춤형으로 피드백하면서 학생들과 오히려 가까운 느낌이 드는 장점도 있었습니다. 학생의 활동 자료와 제 피드백 내용도 모두 기록되고 저장되어 있으니 교육과정-수업-평가-기록의 일관성도 확인할 수 있고요. 더불어 저처럼 50대 후반의 '늦게 어답터'가 PPT, 영상, 구글 설문지 등을 두루 활용하며 수업한 것도 특별한 경험이고, 제 수업의 레퍼토리가 늘어난 겁니다.

3. 원격수업에서 어떻게 역사다운 역사수업을 모색할 것인가?

제 저는 2020년에 중학교 3학년 학생들과 수업을 했는데, 2년 동안 가르치는 학생들이라 라포르가 형성되어 있어 대면수업과 원격수업의 간극이 크지 않은 가운데, 사료와 질문이 있는 수업을 잘 만드는 데 역점을 두었습니다. 한국 근현대사를 가르치면서 독립운동가 수형 기록표를 학생들이 모둠활동으로 만드는 작업을 했는데, 학생들도 열심히 참여했고, 저도 열심히 피드백하면서 보람을 느꼈습니다. 2021년에는 이 경험을 살려 더 좋은 사료와 적절한 질문을 하는 데 주력할 생각입니다. 2학기부터 시작한 줌(Zoom)을 활용한 실시간 화상수업의 장점도 최대한 살려서 모둠활동을 강화하는 쪽으로 진행하려고 합니다. 소회의실 기능을 이용해서 학생들의 다양한 목소리를 들을 수 있으니 좋더라구요.

문 줌 이야기가 나왔으니 한마디 거들자면, 교육부에서 줌으로 수업하라고 강권하는 게 참 쓸쓸했습니다. 줌은 하나의 선택 사항인데, 마치 그것이 정답인 듯 공문을 시행하고, 뉴스에서도 그렇게 보도를 하니 그동안 다양한 수업을 자발적으로 꾸려오던 선생님들께는 오히려 제약이 생기는 결과를 낳았죠. 물론 우리네 수업이 느슨해서 학부모들이 문제를 제기한 측면도 있지만요. 줌을 쓰더라도 잘 써야 할 텐데 너무 협소하게 보고 있는 것 같습니다. 줌은 원래 화상회의 도구이니만큼 일방적 강의가 아닌 모둠활동과 같은 상호작용의 도구로 써야 할 텐데, 학생들은 음소거해놓고 교사의 강의로 일관하니 제 기능을 살리지 못하는 셈이죠. 오히려 줌에서 부진아를 따로 불러 학습 결손을 챙겨주는 도구로 쓰는 선생님을 봤는데, 원격수업이 놓치고 가는 학생들을 원격수업의 방식으로 잘 보듬는 방법이라는 생각이 들었습니다. 이런 접근법이 시사하는 바가 큰 만큼 원격수업의 장점은 그것대로 살리면서 대면수업의 고유한 장점을 살려내고, 원격수업과 대면수업이 서로 잘 연결돼서 전체 역사수업에 리듬이 생기고, 시너지가 커지는 방안을 모색할 필요가 있다고 봅니다.

정 저는 이 대목에서 미래사회에 대한 책, 『미래를 모릅니다만 감히 토론해 봅니다』의 한 구절이 생각납니다. "미래는 특별하지만 특별하지 않다." 여러 가지 사회 환경이 급변하지만, 인간 삶의 본질이 크게 다르지 않은데, 기술이 교육을 압도하면 교육은 없다는 내용이었지요. 그래서 저는 지금의 원격수업은 코로나 상황에서 이루어지는 특별한 수업이지 이 모습이 곧 미래교육은 아니라고 봅니다. 오히려 서로 만나고 부대끼는 수업이 얼마나 소중한지를 역설적으로 깨닫게 해주었다고 생각해요. 제가 가르치는 초등학생들은 하루빨리 마스크를 벗고 친구들과 어울리며 수업하는 것을 간절히 바라고 있기도 하구요. 저는 줌을 쓰면서 아침 자습 시간에 학생들과 역사동화 읽기를 하고 있는데, 정규 수업 시간보다 학생들이 더 열심히 참여해요. 소회의실에서 역사 인물이나 사건에 대해 저마다 얘기하느라 신나 있는 모습을 보면 교사가 고민할수록 좋은 원격수업 방안이 나올 수 있지 않을까 싶습니다.

윤 원격수업 논의를 마무리하면서 앞으로 저의 계획을 소개할게요. 사료 활용 수업, 모둠활동 수업, 원격과 대면수업을 연계한 수행평가 등에 역점을 둘 생각입니다. 저는 원격수업에서 대면수업보다 오히려 사료를 더 많이 활용했는데, 이것이 역사다운 역사수업의 출발점이라고 생각했기 때문이죠. 그냥 사료를 던져주는 게 아니라 사료를 적절히 가공해서 제시하고 학생의 생각을 촉발시킬 질문을 던지고, 이를 학생들이 서로 공유하고, 교사가 구체적인 피드백을 해주는 방식을 더 정교하게 해보려고 합니다. 예컨대 제도사처럼 재미없는 부분도 사료를 잘 녹여서 흥미롭게 구성하는 방식도 있고, 병자호란에 대한 원격수업에서 주화론 대 척화론을 다루는 사료를 주고, 단계별로 학생들에게 질문을 던지고, 스스로 생각을 정리하게끔 하는 방안을 시도해봤어요. 사료와는 별개로 문제의식을 담는 것도 중요하다고 생각해요. 조선의 성리학 질서가 공고해질 때, 여성들의 삶은 어땠을까? 서원과 향약을 다룰 때는 당시 학생이나 민(民)들은 어떤 처지였을까 등을 생각해보게 하는 거죠. 역설적으로 원격수업인데도 조선 후기 문화를 소개하면서 탈춤 영상을 보여주는 게 아니라 제가 직접 탈춤 동작을 보여주며 교사가 바로 멀티미디어임을 보여주려고도 했습니다. 여기에 줌이나 패들렛 등으로 모둠활동을 강화하고, 원격과 대면수업의 연계성(블렌디드 러닝)을 높이는 방안도 고민 중입니다.

제 그 자료 좀 볼 수 있을까요?

정 사료학습을 하고 싶은 사람들에게 구체적인 사례 제시가 될 것 같습니다.

문 내년 수업을 구상할 때, 영감을 얻을 수 있을 것 같은데, 공유해주시죠.

윤 너무 '짜고 치는' 것 같아 민망하지만 뒷면에 예시 자료를 소개할게요.

맺는 말

윤 평소 좋아하는 분들과 수다를 떨다 보니 시간이 금세 지나갔네요. 남은 얘기는 실제로 만나서 즐겁게 하기로 하고 화상 회의는 여기서 마무리해야겠습니다. 원격수업에 대해 고민만 많고 지혜는 부족했던 제게 여러 선생님들의 실천 사례가 큰 도움이 되었습니다. 아마도 이 책의 독자분들께도 적지 않은 시사를 주시지 않았나 싶습니다. 다양한 실천과 더 깊은 내공으로 역사다운 역사 원격수업의 길을 함께 열어가기를 바라며 다음 만남을 기약하겠습니다.

[예시 1: 사료를 활용한 수업]

① 매 시간 사료를 반드시 1~2개 제시한다.

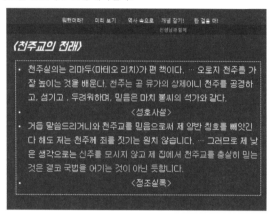

② 사료를 활용한 역사뉴스

기자: 의금부 관리들은 이번 사태 때문에 몹시 난처해하고 있습니다. 맡은 바 임무가 이같은 시국 사건을 조사하고 처벌하는 것이지만, 이번 일은 유교 정신에 투철한 학생들의 순수한 행동인 데다, 관리 자신들도 학생들과 생각이 같기 때문에 처벌을 꺼려하고 있습니다. 오히려 의금부 고급 간부들은 학생들을 벌주기보다는 자기들이 대신 벌을 받겠다고 나섰습니다.

앵커: 사회부 ㅇㅇㅇ기자, 이러한 학생 시위에 대해 의금부의 입장은 어떻습니까?

[예시 2: 수업의 문제의식 견지]

① 조선시대 여성들은 어떻게 살았을까? – 신사임당, 허난설헌, 농민 여성의 삶 비교

② 청소년의 눈높이를 고려한 과제 제시 – 400년 전 학생과 요즘 학생의 닮은 점 찾기

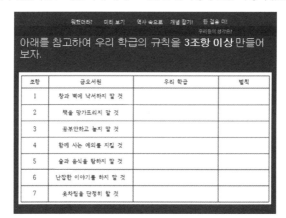

〈병자호란 읽기 자료〉

주화론 대 척화론

• 1단계: 논지나 내용 파악하기

1. 주화론: 화해를 주장하는 논리

최명길: 자기의 힘을 헤아리지 않고 경솔하게 큰소리를 쳐서 오랑캐들의 노여움을 도발, 마침내는 백성이 절망에 빠지고 종묘와 사직에 제사 지내지 못하게 된다면, 그 허물이 이보다 클 수 있겠습니까? 늘 생각해보아도 우리의 국력은 현재 바닥나 있고, 오랑캐의 병력은 강성합니다. 정묘년의 맹약을 아직 지켜서 몇 년이라도 화를 늦추시고, 그동안을 이용하여 좋은 정치를 베풀어서 민심을 수습하고, 성을 쌓으며, 군량을 저축하여 방어를 더욱 튼튼하게 하되, 군사를 집합시켜 일사불란하게 하여 적의 허점을 노리는 것이 우리로서는 최상의 계책일 것입니다. (줄임)

* 이 글의 핵심어나 주요 문장에 밑줄을 긋고, 그에 대한 내 생각을 한 줄 적어보자.

2. 척화론: 화해를 배척하는 논리

윤집: 다른 나라와 화의를 꾀하다가 나라를 망친 사례는 지난날의 역사에서 너무도 많이 보아 알고 있습니다. 화의로 백성과 나라를 망치기가 오늘날과 같이 심한 적이 없습니다. 중국(명)은 우리나라에 있어서 곧 부모요, 오랑캐(청)는 우리나라에 있어서 곧 부모의 원수입니다. 신하된 자로서 부모의 원수와 형제가 되어서 부모를 저버리겠습니까? 하물며 임진왜란의 극복은 털끝 하나도 모두 명 황제의 힘이어서 우리나라에서는 먹고 숨 쉬는 것조차 잊기 어렵습니다. 차라리 나라가 없어질지라도 의리는 저버릴 수가 없습니다. 병력이 미약하여 정벌에 나가지는 못하겠지만, 이런 상황에서 어찌 차마 화의를 주장하는 것입니까? (줄임)

* 이 글의 핵심어나 주요 문장에 밑줄을 긋고, 그에 대한 내 생각을 한 줄 적어보자.

- **2단계: 시간대별로 재구성하기**

  3. 논리의 핵심 찾기

  1) 유교적 명분: 부모와 오랑캐, 누구를 섬길 것인가?

  * 부모/군주로 여기고 사대하던 명나라 대 부모로 대접받던 여진족의 청나라

  – 주화론:

  – 척화론:

  2) 상황 판단: 우리는 과연 싸워 물리칠 수 있는가?

  * 우리의 전투 무기와 물자, 비축한 식량, 군사 수, 기동력, 전략 등

  – 주화론:

  – 척화론:

  3) 향후 대책: 앞으로 어떻게 대처할 것인가?

  * 굴복하고 사대하기 대 멸망을 무릅쓰고 싸우기

  – 주화론:

  – 척화론:

- **3단계: 다중 주체의 관점 살피기**

  4. 당시 사람들 살펴보기

  * 각자 어떤 생각을 품고 있을까?

  1) 인조(왕):

  2) 양반 관리:

  3) 참전 군인:

  4) 일반 백성:

- **4단계: 내 생각 정리하기**

5. **나의 최종 결론**

* 적어도 두 가지 이상의 근거를 들어서 주화론 또는 척화론을 지지하는 자신의 주장을 적어보자.

나는 (주화론/척화론)을 지지한다. 그 이유는

첫째,

둘째,

그리하여 나는 (주화론/척화론)을 지지한다.

[예시 4: 원격수업과 평가(등교 수업)의 연계]

① 1차시

* 원격수업: 동영상+질문

② 2차시

* 원격수업: 토론 자료+설문지

– 온라인상으로 논술형 평가 사전 예고

📄 논술형 수행평가 안내

윤종배 · 6월 19일

다음 주 등교 개학 때 '삼국통일 모의재판 판결문쓰기' 수행평가를 실시합니다.
배점은 10점이며, 판결문 양식은 수업 중에 나눠줄 예정입니다.
오픈북 시험이므로 자신이 필요한 자료를 가지고 와도 좋습니다.
단, 미리 답을 써오는 것은 안됩니다.
시간표 변동 때문에 실제 평가 날짜는 학급마다 다를 수 있습니다.
날짜가 확정되면 다시 안내하겠습니다.

수업 댓글

③ 3차시

* 등교 수업 시 논술형 평가(오픈북)

〈삼국통일 모의재판 판결문 쓰기〉

* 갖고 있는 자료와 아래 자료들을 참고하여 삼국통일에 대한 판결문을 작성해보자.

> 연개소문: 김춘추가 당이라는 외세를 끌어들여 같은 민족을 멸망시킨 것은 옳지 못했어. 그는 비굴한 태도로 당에 군사 동맹을 요청했고, 그 대가로 고구려 땅을 중국에 넘겨줬어. 그 때문에 결국 우리 민족의 영토가 좁아졌잖아. '삼국통일'이라는 말도 옳지 않아. 기껏해야 백제를 통합한 것일 뿐이야. 신라 자신도 '삼한일통'이라고 했지 '삼국통일'이라는 말을 쓰지 않았어. 결국 김춘추는 사대주의자일 뿐이고, 지나친 욕심으로 당을 끌어들인 신라의 외세 의존적인 모습도 비판을 받아야 해. 우리 고구려가 삼국을 통일했더라면 훨씬 나았을 거야.
>
> 김춘추: 연개소문의 말이 황당하네. 삼국이 처음부터 같이 출발한 나라도 아니었고, 각자 생존을 건 힘겨운 전쟁을 벌이던 상황에서는 단지 적국이었을 뿐이야. 그리고 내가 사대주의자라면 중국과 왜의 힘을 빌려 고구려를 견제했던 백제의 근초고왕도 사대주의자라고 해야 하지 않을까? 우리 신라는 고구려와 백제의 연합 공격을 받는 위기 상황에 직면하여 국가의 생존을 도모했을 뿐이야. 중국에 가기 전 먼저 고구려에 협력 요청했던 사실은 왜 말 안 해? 전쟁에는 승자와 패자가 있기 마련이고, 고구려와 백제가 망한 것은 자신들의 잘못 때문이지 우리 신라의 책임은 아니야.

* 판결문의 개요
  – 일자: 2020. 6.
  – 장소: 명일중학교 역사 법정

- 피고: 김신라
- 주문: 피고 김신라를 (   )에 처한다.
  * 무죄일 경우: 공소 기각-재판 자체가 불필요, 무죄 석방
    유죄일 경우: 집행 유예-죄가 있으나 형 집행을 미룸
        실형 선고-예: 징역 ○○년

* 필수 포함 내용
  - 주문
  - 삼국통일 과정에서 있었던 주요 사실
  - 판결의 근거: 3가지
  - 최종 판결 내용: 3가지 근거를 간단히 요약+결정 내용 최종 선고

〈판결문〉

판사 2학년   반   번 이름:

주문: 피고 김신라를
주요 사실:

판결의 이유:
  첫째,
  둘째,
  셋째,

최종 판결:
  - 3가지 근거(이유)를 간단히 요약

이에 피고 김신라를 _____

2020. 6.
서울 동부지방법원

[예시 5: 수업에서 충실한 피드백과 질의응답]

문: 세종이 훈민정음을 만들 때, 직접 백성들에게 의견을 물어보았나요?
답: 세종이 궁녀에게 발음에 대해 물어본 것은 있는데, 직접 백성을 만났는지는 잘 모르겠네요. 집현전 학자들을 통해서 간접적으로 백성들의 반응을 보았을 가능성은 있습니다.
문: 봉수대는 비가 오면 꺼지지 않나요?
답: 봉수대는 위로 뻥 뚫린 구조가 아니라 옆으로 난 구멍으로 불이나 연기가 나오게 되어 있으므로 비가 와도 연기가 피어오를 수 있답니다.
문: 조광조는 어떻게 죽었나요?
답: 중종이 왕권을 강화하려고 조광조를 등용했는데, 점점 부담스러워했어요. 결국 조광조는 중종이 내린 사약을 받고 세상을 떠났습니다. 38살이었죠.

[예시 6: 향후 블렌디드 수업 활용 방안]

• 디딤 영상 탑재 – 수업 내용을 요약한 파워포인트, 활동지 등을 탑재하여 학생들의 흥미를 유발하고, 본시 수업에서 학생들의 활동 시간을 충분히 확보한다.
• 수업 일기를 활용한 피드백 – 해당 시간에 배운 점, 느낀 점, 궁금한 점에 대해 댓글을 쓰면서 학생과 소통하고 개인 맞춤형 피드백을 실시한다.
• 수행평가 관련 자료 제시 – 수행평가 안내 자료, 양식, 루브릭, 작년 모범 답안 등을 탑재하여 학생들이 쉽게 과제를 수행하고, 충실한 답변을 할 수 있도록 유도한다.
• 구글 설문지를 통한 수업 성찰 – 역사수업에 대한 설문 조사를 통해 학생들의 의견을 수렴하고 차시 수업에 반영하며, 교사의 수업 성찰의 근거 자료를 확보한다.

부록

더 행복한
수업 꿈꾸기

1. 교과서 진도를 어떻게 맞춰야 할까?

문 저는 늘 진도를 맞추기가 어려워 고민입니다. 교과서를 끝까지 가르쳐본 적이 없어요. 학생들이 잘 못 알아듣는 것 같아 진도를 마냥 나갈 수가 없거든요. 수행평가하기도 벅찹니다.

답 교사가 교과서를 끝까지 가르쳐야 할 의무는 없습니다. 교과서를 재구성하면서 얼마든지 진도를 조정할 수 있고, 교사의 판단에 따라서는 가감, 확대, 축소, 생략도 가능합니다. 하지만 교과서는 교육과정을 담은 자료이기 때문에 다 가르칠 가치가 충분히 있습니다. 재구성을 하더라도 교사의 편의에 따라 어떤 단원을 건너뛰는 것은 바람직하지 않지요. 예컨대 중학교 역사에서 세계사를 가르칠 때, 이슬람, 인도, 동남아시아 쪽은 다루지 않는 경우가 많습니다. 관행적으로 한국사를 길게 가르치고, 세계사 쪽으로 가면 교사가 잘 아는 서양사, 중국사 위주가 되므로 시간에 쫓겨 결국 '어쩔 수 없이' 포기하는 일이 반복되지요.

이는 단지 시간 부족만이 아니라 교사의 고민과 성의의 문제일 수도 있습니다. 우리 안에 들어와 살고 있는 이슬람인, 동남아시아인에 대한 인식을 바꾸려면 그들의 문화를 아는 것부터 시작해야 하는데, 현재는 거의 무관심한 상태로 선입견을 키우고 있는 실정입니다. 저는 학생들이 비교적 잘 알고 자료도 구하기 쉬운 서양사를 수행평가로 돌려 학생 발표-교사 피드백으로 속도감 있게 진도를 나가고 이슬람, 인도, 동남아시아사는 정상적으로 진도를 나가는 경우가 많습니다. 그리고 수행평가한 부분은 시험 범위에서 제외하여 학생들의 시험 준비 부담을 줄여주고 이슬람, 인도, 동남아시아사 공부에 집중하게 만드는 시도를 한 바 있습니다.

지금까지 제 경험으로 보건대, 힘들더라도 일단 진도를 다 마친 다음에 다시 정리하거나 활동을 추가하는 것이 효율적입니다. 해당 주제를 천천히, 자세히 설명하는 것도 좋지만, 끝까지 진도를 나가서 학생들이 흐름을 파악하게 하거나 부족한 부분은 교사가 채워주는 것이 더 낫다고 생각합니다. 만약 제게 양자택일하라고 한다면, 부실하게라도 다 배우는 것이 충실하게 조금 배우는 것보다는 낫다는 입장입니다. 그리고 중학교 역사처럼 이듬해 수업으로 연결되는 경우는 역사 1에서 진도를 덜 나가는 것이 역사 2를 맡는 다음 학년 동료교사에게 큰 부담을 떠넘기는 결과를 낳습니다.

진도를 조절하는 방법은 크게 네 가지입니다. 우선 단원이나 시대를 살펴보고 특정 단원은 길고 자세하게, 특정 단원은 축약해서 가르치는 방법이 있습니다. 고려시대를 간략하게 가르치거나 길게 가르치거나 하는 것이지요. 또 단원 안에서 어떤 주제는 길게, 어떤 주제는 간추려서 수업하는 경우도 있습니다. 정치, 경제는 자세히 하고 사회, 문화는 간단히 할 수도 있습니다. 한 차시 안에 기-승-전-결 중에서 어떤 부분에 중점을 두고 시간을 배정하는 방법도 있는데, 사건의 배경이 중요하다고 판단되면 이를 자세히 가르치고 경과는 사건들을 간단히 훑고 지나가는 식입니다.

고등학교의 경우 입시의 압박이 크고 수능에 대비한다는 이유로 마냥 진도 빼기와 괄호 넣기로 흐르기 쉬운데, 그 와중에 수행평가를 해야 하는 어려움이 있습니다. 한국사는 수능이 절대평가로 바뀌면서 다양한 활동(토의 및 토론, 역할극 등)이 가능한데 관행상 강의와 설명으로 진행하는 경향이 많지요. 또 학생들이 활동을 부담스러워할 수도 있고, 같은 학년을 맡

은 교사와의 입장 차이도 있을 수 있으므로 지혜로운 수업 운영이 필요합니다. 매 시간 유의미한 활동을 하면 좋겠지만 여의치 않기 때문에 한 달은 진도 빼기로 가고, 한 달은 활동 및 수행평가로 운영하거나 격주로 이 과정을 진행하거나 2주 정도 강의하고 한 주 정도 수행평가를 하는 등 적절히 섞는 방안이 효율적이라고 봅니다.

2. 동료교사와의 협업을 어떻게 잘할 수 있을까?

문 같은 학교 역사교사와 뜻이 안 맞아서 교과협의회가 힘듭니다. 정기고사는 교과서를 기준으로 하니 그럭저럭 합의할 수 있지만, 수행평가는 수업 스타일이나 평가 마인드가 너무 달라서 불편해요. 더 다양한 수행평가를 하고 싶은데, 자꾸만 제가 위축이 됩니다.

답 같은 학교에서 역사교사끼리 뜻이 안 맞으면 힘이 드는 게 사실입니다. 상대가 나이가 제법 있는 선배교사라면 조심스럽지요. 젊지만 개인주의적인 성향이 강한 교사도 마찬가지입니다. 그래도 최소한의 합의로 시작해서 조금씩 확대해나가기를 권합니다. 좋은 자료와 평가 방식을 입수하여 좀 더 쉽게 운영할 수 있는 방법을 선생님이 먼저 고민해서 제안하는 것이지요. 예컨대, 잘 꾸며진 루브릭을 구해서 이를 손질하고 학교 실정에 맞게 정비하거나 참신하고 힘이 덜 드는 수행평가 아이디

어를 제시해보세요.

그것도 어렵다면, 과정 중심 평가를 활용하는 방법도 있습니다. 2017년부터 교육부에서 강조하고 있는 과정 중심 평가 연수의 맨 앞에 '교사별'이라는 단서가 붙어 있습니다. 앞반의 수행평가와 뒷반의 수행평가가 담당 교사에 따라 서로 다를 수도 있다는 뜻입니다. 예컨대 평가 배점, 시기 등은 어느 정도 조율하고 평가 방식만 조금씩 다르게 운영하는 것입니다. 모둠별 평가를 앞반은 역사신문, 뒷반은 카드 뉴스 제작으로 한다거나 발표 항목을 말 그대로 발표로 할 수도 있고, 질의응답을 발표로 간주할 수도 있고, 포트폴리오 항목을 활동지 묶어 제출하기로 운영해도 되고, 활동지에다 간단한 과제를 덧붙여 내는 방식으로 꾸려갈 수도 있습니다.

이 제도는 2005년 무렵 노무현 정부 때부터 거론되었지만, 평가에 민감한 우리네 교육 풍토에서 자리 잡지 못하다가 2017년에 다시 제기되었습니다. 자율과 창의를 모토로 학생도, 교사도 다양한 선택지를 갖는다는 점에서 바람직한 방향이라고 본 것이지요. 하지만 아직 교사의 평가에 대한 학부모의 신뢰도가 높지 않고, 교사 스스로도 평가 방식이 다를 경우 학생들의 유불리가 발생하고 민원으로 이어질 가능성이 높기 때문에 몹시 주저하고 있는 실정입니다.

현재로서는 동일한 수행평가를 함께 진행하는 것이 더 낫기 때문에 동료교사와 협의하여 매년 조금씩 천천히 새로운 시도를 해보기를 권합니다. 과정 중심 평가를 강조하는 추세가 지속된다면, 어차피 과거와 같은 방식으로 단순한 수행평가를 하기가 어렵고, 서·논술형 평가가 확대되는 경향 또한 지속될 것이기 때문에 선생님이 먼저 적절한 수행평가 사례를 찾아보고 평가 방식을 제안하면 이후에는 연착륙할 가능성이 높아질 것입니다.

특히 고등학교의 경우, 여전히 수시의 비중이 정시보다 높고, 일반고나 특성화고는 정시보다 수시에 중점을 둘 수밖에 없기 때문에 다양하고 참신한 수행평가의 필요성은 높습니다. 수시는 대체로 생활기록부 교과세특이 충실해지는 방법으로 대응하게 되는데, 이때 수업을 크게 바꾸기 어렵다면, 수행평가를 다양화해서 학생들의 결과물을 교과세특에 적는 것이 유효하므로 동료교사를 설득하는 데 도움이 될 것입니다. 협의가 힘들어도 혼자 몇 발짝 가는 것보다 함께 한 걸음 나아가는 것이 더 낫다는 일반적인 첨언을 하게 되네요.

3. 정당한 분노를 가르치는 것도 좋은 수업이 아닐까?

문— 일본군 '위안부'나 강제 징용 문제의 경우, 부당하고 후안무치한 일본에 대해 당연히 분노해야 한다고 봅니다. 점잖은 톤으로 논리 정연한 설명을 하는 수업도 필요하지만, 주먹을 불끈 쥐게 만드는 것도 역사수업의 한 장면이 될 수 있지 않을까요?

답_ 좋은 수업에 대한 정의나 양상이 수업하
는 교사의 수만큼 다양하기 때문에 즉답을 하
기 어렵습니다만, 분노로 끝나는 수업은 바람
직하지 않다고 봅니다. 당연히 분노가 생길 수
있지만, 분노로 끝내면 감정과 이미지만 남고,
정확한 대응이 어려워질 가능성이 높습니다.
특히 일본과의 관계를 다루는 내용에 그런 요
소가 많이 있고, 분노로 일관하면 갈수록 해결
가능성이 낮아진다는 점에서 더 우려가 됩니
다. 2019년 강제 징용 문제에 대한 한국 대법
원의 배상 판결에 반발하여 일본 정부가 보인
행태는 한국인의 분노를 일으키기에 충분했습
니다. 제국주의 시절을 반성하기보다는 한국
에 반도체 부품 수출을 제한하는 일본 정부에
맞서 일본 제품 불매운동이 뜨겁게 일어났습
니다. 그때도 처음에는 노 재팬(No Japan)으
로 시작했다가 이성적으로 접근하여 노 아베
(No Abe)로 중점을 바꾸었습니다. 일본 국민
전체를 적으로 돌리지 않고, 극우적 분위기로
정권을 연장하려는 아베 정부를 겨냥하자는
것이었죠.

일본군 '위안부' 문제는 대표적으로 분노를
일으키는 주제인데, 분노로 끝내면 일본에 복
수하자는 결론이 나는 경우가 많습니다. 심지
어 일본 여성에게 우리도 똑같이 해주자는 남
학생도 있지요. 과연 이것이 역사수업의 결론
이자 실천 방안이어야 할까요? 이제는 수업의
구상을 달리해야 한다고 봅니다. 우선 일본군
'위안부' 할머니를 국가가 지켜주지 못한 '가

녀린 소녀', '순결을 짓밟힌 여인', '한 많은 인
생' 등으로 묘사하지 말고, 일본군 '위안부' 할
머니들이 수요 집회를 비롯한 문제 제기 과정
에서 스스로 피해자 이미지를 극복하고 인권
운동가로 성장하는 노력을 소개할 필요가 있
습니다.

이제는 제3세계의 전쟁 위험 속에 내몰린 여
성들을 위한 나비기금을 조성하고 그들을 돕는
인권운동가로 변신한 모습에서 할머니들의 당
당함을 보고 학생들이 배우도록 하는 것이지
요. 그리고 더는 가해자와 피해자 사이에 동조
자나 방관자가 되지 않도록 자기 처지에서 참
여하거나 기여할 수 있는 방안을 학생들이 고
민하게 만들 필요가 있습니다. 가수 이효리가
나비기금의 1호 기부자였고, 영화 예술을 하는
감독, 배우들이 일본군 '위안부' 문제를 다룬
영화를 제작하여 이 문제를 공론화한 것처럼
학생들도 뭔가 할 일을 찾아보는 것입니다.

앞서 제1장에 소개된 주한 일본 대사관 터
앞에서 소녀상을 지키는 경찰이 비 오는 날 소
녀상에게 우산을 씌워주는 행동도 주목해볼
만하고, 중·고등학생 가운데는 방학을 이용해
서 수요 집회에 참여하거나 관련 단체의 홈페
이지에 응원의 글을 남기는 활동을 한 경우도
있으니 자기 수준에서 할 일을 고민하도록 도
와주는 것이지요. 아울러 일본인 부모를 둔 학
생이 한 교실에 있을 수도 있으니 감정을 다치
지 않게 이성적으로 접근할 필요도 있습니다.
예컨대 수요 집회에 참여해서 울며 사과하는

일본 시민의 사례를 소개하면서 적대감이 아니라 연대감을 쌓아가는 과정을 보여주는 것이죠. 이를 통해 정당한 분노를 진지한 해결책 모색으로, 자그마한 실천으로 승화시키는 작업이 필요합니다. 역사수업이 여기에 좋은 영감이나 실마리를 던져주는 계기가 되어야 한다고 봅니다.

4. 한국문화사 수업을 어떻게 할까?

문— 한국문화사 수업이 생각보다 쉽지 않습니다. 보여줄 것은 많은데, 시간은 부족하고, 학생들의 관심도 반짝하는 수준에 불과합니다. 유교, 불교 등은 하자고 들면 심오한 내용이 많아서 가르치기 버거운데, 교과서 수준에서만 가르치려니 겉으로 보이는 특징만 읊고 지나가는 것 같아 마음이 불편합니다.

답— 문화사는 예술, 공예 등의 영역만 다룰 수도 있고, 정치, 경제, 사회상의 반영물로 폭넓게 볼 수도 있는데, 우리 교과서에서는 애매하게 여러 영역을 건드리고 있지요. 학문과 종교, 과학 기술, 예술 등이 두루 나옵니다. 자칫하면 백화점식의 아이쇼핑을 하고 지나가기 쉽고, 한 시대나 단원의 마지막 부분에 나오기 때문에 진도가 늦어지면 대충 넘어가는 경향이 있습니다.

게다가 이미 필자의 판단이 담긴 문구들이 많이 있어 학생들에게 감흥을 주지 못하는 경우가 많습니다. 고구려의 패기, 고려 귀족의 취향, 조선 선비의 검소한 심성 등의 표현이 관행적으로 나오는데 막상 학생들은 그런 걸 못 느끼거나 별 고민 없이 암기하는 식의 반응을 보입니다. 왜 그런지에 대한 충분한 설명이나 공감 없이 점만 찍고 가는 격이지요.

제2장에 소개된 고구려 벽화 수업도 삼국시대 신분제도를 설명하기 위한 수단이나 고구려의 용맹을 입증(?)하는 매개로서 제시되는 것에 문제의식을 가지고 실행한 것입니다. 단순하게 제시되어 있는 서술과 이미지 때문에 학생들이 흥미를 못 느끼는데, 하나라도 깊이 있게 살펴보면 학생들의 태도가 달라집니다. 이를 수행평가로 연결하여 학생들이 문화사의 내용을 스스로 찾아보고 해석과 감상을 표현하도록 하는 것도 좋습니다.

이때, 여러 작품을 제시하기보다는 시대정신과 당대의 분위기, 현재성을 고려하여 좋은 작품 하나를 집중적으로 보면서 하나하나 찾아나가는 것이 효율적입니다. 학생들이 겉으로 보이는 특징부터 작품에 표현된 것들의 관계를 파악하고 나름의 해석까지 하도록 유도하면 더욱 좋은 수업이 될 수 있을 것입니다.

불교, 유교 등의 종교 및 사상의 문제는 교사가 교과서보다 깊이 공부하되 학생들이 이해할 수 있는 범위 내에서 가르치는 것이 낫다고 봅니다. 종교와 사상이 지닌 심오한 진리는 성인도 잘 이해하기 어려운 측면이 있고, 고도로 추상화된 논리와 비유 등이 등장하므로 쉽게 풀이해주기도 어렵기 때문에, 교과서보다 조금 더 설명하는 수준이 적절하지 않을까 싶습니다. 예컨대, '성리학은 우주 만물의 성질과 이치를 따지는 학문이다. 하늘과 땅의 원리를 인간 세상에도 적용하여 임금과 신하, 남편과 아내, 부모와 자식의 분수와 도리를 규정해놓고 이를 바탕으로 사회질서, 신분질서를 설명한다' 정도의 설명조차도 학생들에게 어렵기 때문에 당대의 사례나 현재까지 이어지는 단면을 보여주며 이해를 돕는 게 좋습니다. 단, 불교학이나 성리학 등은 우리 역사의 심연에 해당하는 사상과 종교이므로 관련 연구 논문이나 연구자의 특강 등을 들으며, 교사가 무엇을 중심으로 가르쳐야 할지 계속 알아나가는 작업이 필요합니다.

한편으로 문화사는 다른 분야 사(史)에 비해 학생들이 직관적으로 판단할 수도 있고, 저마다 느낀 바를 표현할 수도 있기 때문에 비교적 학생의 배움을 확인하기 좋은 영역입니다. 교사가 문화사 내용 가운데 상징적이고, 설명거리, 탐구거리가 충분한 재료를 골라 단계적으로 발문하고, 학생들끼리 생각을 나누고 다양하게 표현하고 이를 공유하게 하는 과정을 잘 디자인한다면, 학생들 저마다의 다른 감수성과 이해 정도를 파악하고 배움의 깊이를 가늠할 수 있는 좋은 기회가 될 수도 있습니다. 백화점식 나열에서 탈피하여 하나라도 집중해서 보고 씨름하는 것이 시대의 아이콘으로 당대를 느끼는 방안이 될 수 있으니 더 많은 수업 실천과 고민이 필요하다고 봅니다.

5. 모둠활동, 어떻게 평가해야 할까?

문 ─ 모둠활동이 중요하고 필요하다는 데 공감합니다. 그런데 막상 이를 수행평가로 연계시키기에 부담스러운 것이 사실입니다. 모둠활동에서 무임승차, 일벌레 등의 문제를 다 파악하기 어렵고, 학생의 동료평가나 자기평가도 주관적이고, 단계를 구분하기도 어렵습니다. 여기에 참고가 될 만한 사례나 루브릭이 있는지요?

답 ─ 수업과 평가가 하나의 일관된 과정이며, 수업 과정에서 평가를 곁들이고 피드백해가며 학생의 성장을 도모해간다는 데 동의한다면, 모둠활동 평가도 반드시 도전해야 할 부분입니다. 모둠을 구성하고, 운영하는 것부터 신중하고 치밀해야 하지만, 평가 기준을 마련하는 것이 가장 어려운 대목입니다. 그동안 여러 교과에서 모둠활동과 평가를 실천하면서 만든 루브릭을 토대로 몇 가지 영역으로 구분하여 시사점을 찾아보겠습니다. 과정 중심 평가를 컨설팅할 때 주로 언급하게 되는 모둠활동 평가 루브릭[1]을 소개합니다.

---

1 서울 동북고 수석교사 권영부의 '과정 중심 평가 컨설팅 자료(2020. 5. 8)'를 일부 재구성했다.

구분	성취 수준			
평가 요소	탁월함 (4)	능숙함 (3)	성장함 (2)	초보 수준 (1)
협업 능력	다른 사람의 말을 지속적으로 경청하며, 개인을 희생하여 집단 목표를 달성하였다.	다른 사람의 아이디어를 잘 듣고 집단 목표를 달성하기 위해 협력하였다.	대체로 협력적인 태도를 보이나 동료의 말을 잘 듣지 않거나 동료를 지지해주는 모습을 보이지 않았다.	모둠활동에 비협조적이며, 남을 지지하는 모습을 보이지 않았다.
동료 평가 (모둠 내)	반드시 이 친구와 다시 한 모둠이 되어 적극적으로 일해보고 싶다.	이 친구와 다시 한 모둠이 되어 일한다면 기쁠 것이다.	이 친구와 다시 한 모둠이 되어 일하는 것에 대해 주저하게 된다.	이 친구와 다시 한 모둠이 되어 일하게 된다면 거절하겠다.
동료 평가 (모둠 간)	자료의 특색을 잘 부각시키고 내용을 설득력 있게 발표하였다.	자료의 특색을 잘 부각시키고 내용을 무리 없이 발표하였다.	자료의 특색을 잘 부각시키지 못하였으나 내용을 큰 무리 없이 발표하였다.	자료의 특색을 잘 부각시키지 못하고 발표 내용이 빈약하였다.
자기 평가	나는 이번 활동에서 개인의 맡은 바를 다 수행하였으며, 친구들을 적극적으로 도왔다.	나는 이번 활동에서 개인의 맡은 바를 수행하였으며, 친구들을 도우려 하였다.	나는 이번 활동에서 개인의 맡은 바는 수행하였으나 친구들을 돕지는 않았다.	나는 이번 활동에서 개인의 맡은 바를 다 수행하지 못했고, 친구들을 돕지도 않았다.

여기서 주목할 부분은 두 번째 항목 동료평가(모둠 내)입니다. 교사가 유심히 관찰한다 하더라도 모둠 내부의 논의와 분위기는 다 헤아리기 어려우며, 모둠 구성원끼리 내부평가를 하라고 하면 '좋은 게 좋은 거지' 하며 서로 점수를 듬뿍 주기 쉽지요. 이렇게 되면 평가의 의미가 퇴색되고, 경계선도 애매하며, 학생들 내부에서 불만도 쌓이기 마련입니다. 이를 방지하고 학생들이 모둠에 기여한 만큼 평가하기 위해 모둠 내 평가의 기준을 학생들이 명확히 알고 평가할 수 있게 교사가 문구를 만들어 주는 것이 필요합니다.

모둠 내 평가가 솔직하고 정확하게 이루어지면, 모둠활동을 평가하는 데 모호성이 줄어들고, 교사도 근거를 가지고 평가하기 때문에 자신감을 갖고 모둠활동을 디자인할 수 있습니다. 다른 항목의 문구들도 지속적으로 모둠활동을 실천하고 학생들에게 피드백하면서 정교하게 가다듬어 설득력을 높여야 향후 모둠활동 평가가 원활하게 이루어질 수 있을 것입니다.

6. 계기 수업을 어떻게 해야 할까?

문— 계기 수업을 하고 싶은데, 진도 나가기가 어렵고 수업과 다소 동떨어진 이벤트 같아서 애매합니다. 어떻게 하는 것이 좋을까요?

답— 계기 수업은 학생들에게 시의적절하고 인상적인 수업으로 다가갈 수 있습니다. 사건이 일어난 당일에 학생들에게 감정이입이나 추체험 등의 활동을 안내하면 사건이나 인물이 교과서 속에 박제된 것이 아니라 생생하게 느껴지는 효과가 있지요. 역사과에서는 3월의 3·1운동부터, 4·19혁명, 5·18민주화운동 등 거의 매달 주요한 사건을 가지고 계기 수업을 할 수 있습니다.

하지만 수업 시수와 진도 때문에 계기 수업을 수시로 하기에는 어려움이 있습니다. 마지막까지 애를 써도 역사과 수업은 교과서를 다 소화하기 힘든 경향이 있거든요. 또 수업의 맥락이라는 측면에서도 걸리는 지점이 있어요. 예컨대 고려의 정치제도를 다루다가 갑자기 6월 민주항쟁 수업을 하면, 두 내용의 접점이 별로 없다 보니 생경한 느낌이 들 수 있습니다. 자칫하면 계기 수업이 돌출적인 활동이 되거나 수업하던 단원의 흐름과 따로 노는 이벤트가 될 수 있는 것이지요.

그렇다고 해서 매력적이고 효과적인 계기 수업을 아예 안 하기에는 아쉬움이 있습니다. 제 경험을 토대로 세 가지 정도 제안해보려 합니다. 첫째는 꼭 필요하다고 판단하는 주제를 연 1~2회 정도 수업 중에 다루는 것이죠. 진도를 나가다 보면 자연스럽게 해당 사건이 일어난 시기와 맞아떨어지거나 어떤 사건의 50주년, 100주년 등 굵직한 매듭이 지어지는 경우가 있으니까요. 5월에 5·18민주화운동을 다룬다거나 2019년처럼 3·1운동 100주년 기념 수업을 하는 것은 자연스러우면서도 인상적일 수 있습니다.

둘째는 학교 차원에서 조·종례 및 행사 자료나 재량 활동 등의 메뉴로 재구성하는 방법입니다. 역사수업에서만 계기 수업을 하는 것은 한계가 있으므로 조·종례 때 담임교사의 훈화 자료로 쓸 수 있게 작성하거나 재량 활동의 한 꼭지로 독도 교육, 평화 교육 등의 주제를 제시하거나 학생회와 연계하여 행사를 벌일 수도 있지요. 예컨대 학급 달력을 만들면서 해당 날짜에 사건을 표기하여 유래를 알아보게 하는 방법이나 11월 3일 학생 독립운동 기념일(학생의 날) 등굣길에 학생회 임원들과 함께 교문에서 이벤트를 벌이는 것도 좋습니다. 간단하게 포장된 과자 봉지 겉면에 학생 독립운동 기념일의 유래를 적어 학생들이 그 의미를 생각해보게 하는 방법이죠. 또 점심시간에 운동장에 모여서 학생의 날 관련 플래시몹(군무)을 해보는 것도 즐겁고 의미 있는 계기 수업이 될 수 있습니다.

셋째는 한 차례 계기 수업의 결과물을 전시하는 것입니다. 국어과와 연계하여 4·19혁명 선언문을 쓰고 이를 복도에 전시한다거나, 미술과와 협조하여 독도 퍼즐을 만들고 연중 전시하는 방법도 있습니다. 국어과의 글쓰기 과제 중에 선언문 쓰기가 있는데, 이때 예시로 4·19혁명 선언문이 나온 적이 있었어요. 국어교사의 초대로 해당 학급의 국어 시간에 제가 등장하여 짧고 강렬하게 4·19혁명에 대해 설명하고 나온 뒤, 학생들이 선언문을 작성하고, 국어교사와 함께 잘된 작품을 선정하여 복도에 전시한 적이 있습니다.

미술과와는 더 큰 규모의 수업을 기획할 수도 있습니다. 미술 수업에서 다양한 재료로 이미지 만들기를 할 때, 독도 관련 자료를 주고 이를 꾸며보게 하는 것입니다. 실제로 A4 크기의 사포(모래가 붙은 것처럼 거친 용지)에 학생들이 독도의 모습을 한 부분씩 그리게 한 다음, 전체를 모아 붙이면 독도의 전경이 만들어지는 활동을 하고 이를 패널에 붙여 중앙 현관 등에 한동안 전시했습니다.

이를 학교 전체 이벤트로 만드는 경우도 있습니다. 4월 독도 주간에 수백 개로 이루어진 독도 사진 퍼즐을 학생들이 붙이도록 하고 완성된 작품을 중앙 현관이나 학생들의 이동이 많은 공간에 1년 내내 걸어두면 독도에 대한 교육도 되고 학생 스스로 만든 작품이라는 애착과 관심도 갖게 하는 방안이 됩니다.

7. 현대사 수업을 제대로 할 방법이 없을까?

문__ 현대사 수업은 너무 뒤에 있어서 진도 때

문에 제대로 못 가르치거나 가르치다가도 몹시 신경 쓰이고 조심스러운 측면이 있습니다. 수정된 2015 개정 교육과정에 따르면, 중학교와 고등학교 현대사 수업에 큰 변화가 있을 텐데, 어떻게 준비해야 할까요?

답__ 한국 현대사 수업은 무척 중요합니다. 학생들에게 멀게만 느껴지는 역사가 지금-여기-나의 문제임을 알게 해주고, 당면한 문제의 연원을 알기 위해 시간을 거슬러 과거의 역사를 배우는 것임을 설명해줄 수 있으니까요. 또 내가 사는 오늘이 바로 역사임을 깨닫고 건강하고 양심적인 민주 시민으로 살아가려는 다짐의 계기를 제공해줄 수도 있습니다. 학생을 대상으로 한 역사의식 조사에서도 학생들이 가장 알고 싶어 하는 것은 한국 현대사였습니다.

한국 현대사 수업은 여러 가지 이유로 원활하고, 충분하게 진행되지는 않는 것 같습니다. 첫째는 교과서 뒤편에 있으니 앞에서 지체가 되면 시간에 쫓겨 제목만 훑고 넘어가기 쉽습니다. 둘째로 민감한 현안들이 있다 보니 언급하기가 불편해서 슬쩍 넘어가는 경우도 있지요. 셋째는 수능이나 여타 시험에서 상대적으로 많이 출제되지 않다 보니 굳이 다루려고 애쓰지 않는 경향이 있습니다. '모든 역사는 현대사'라는 말이 무색하게도 현재 한국 현대사 수업은 충분하지 않습니다.

여러 차례 교육과정 개정이 이루어진 가운

데 현대사는 대개 한 단원 규모를 유지하다가 2015 개정 교육과정(2018년 7월 수정)에서 눈에 띄는 변화가 생겼습니다. 중학교는 한국 현대사가 1/2단원 정도로 축소되었고, 고등학교는 세 단원으로 확대가 되었지요. 중-고를 연계하여 교육과정을 구성하면서 중학교는 전근대 한국사, 고등학교는 근현대 한국사 중심으로 만든 데 따른 것입니다. 중학교 마지막 한 단원과 고등학교 첫 단원은 일종의 연결 지점으로 설정되어, 한 단원에 각각 한국 근현대사(중), 한국 전근대사(고)를 소화하기로 되어 있습니다.

사정이 이렇다 보니 중학교는 짧은 시간에 꼭 필요한 내용을 다루는 지혜와 여건 마련이 필요하고, 고등학교는 늘어난 시수와 분량만큼 충분한 지식을 갖추고 맥락과 관점을 잡는 노력이 필요하게 되었습니다. 중학교에서는 최소한의 사실 전달과 활동 시간을 확보하기 위해 우선적으로 전근대사 수업을 속도감 있게 진행해야 할 것이며, 근현대사에서 꼭 짚어야 할 대목이 어디인지, 한 단원 안에 거대 서사를 어떻게 구성할지 고민해야 합니다. 고등학교에서는 1987년 이후의 현대사를 깊이 있게 공부하고, 학생들에게 어떤 질문을 던지거나 활동을 안내할지 생각해야 합니다.

분량의 문제를 떠나서 한국 근현대사의 중심 서사는 아무래도 '민주주의'의 관점에서 구성되어야 할 것입니다. 개항 이후 우리가 추구해온 가치나 사회상은 인권, 평화에 기반을 두고 민주주의를 형성해나가는 과정이라고 봐야 하지 않을까요? 흔히 근대화라고 하는 표현 속에 들어 있는 경제적-자본주의, 사회적-신분 해방과 함께 정치적인 함의는 민주주의라고 할 수 있습니다. 그리고 민주주의를 만들어가는 민주화 운동 또한 중요하게 다루어야 할 내용입니다. 민주화 운동은 왜 민주주의가 필요한지를 묻는 과정일 뿐 아니라 민주적 가치를 몸소 체현하는 과정이기도 합니다.

가끔 수업 중에 교사 자신이 민주 투사로 빙의하여(?) 사자후를 토하는 경우가 있는데, 학생들이 공감하지 못하거나 유장한 역사의 흐름은 살피지 못하는 결과를 초래하기 쉽습니다. 민주주의는 알아야 할 지식으로 끝나는 것이 아니라 계속 마음으로 훈련하여 내 삶을 바꾸고, 사회를 변화시키는 것이기 때문에 꾸준한 실천과 개인의 결단이 중요하지요. 당위론적으로 전해 듣는 민주주의의 필요성보다는 당장 눈앞에 보이는 부당한 현실을 개선하는 내면의 힘을 갖도록 도와주는 것이 더욱 필요하기 때문입니다.

그런 의미에서 한국 현대사를 가르칠 때, 교사가 적절히 길 안내를 해주고, 학생들이 자신의 생각과 느낌을 표현하게 하는 수업 방식을 우선적으로 고민해야 할 것입니다. 현대사는 사료나 신문 기사, 선언문 등 문자로 된 텍스트도 많지만, 사진, 그림 등의 이미지도 풍부하고, 특히 영상이 많이 남아 있기 때문에 이를 잘 활용하여 학생들이 스스로 탐구하게 하는 것이 가능하고 또 바람직하거든요.

 나아가 학생들이 주어진 자료에 단순히 반응하는 수업이 아니라 자신이 선택한 특정 사건이나 주제를 공부하고, 이를 학급 친구들에게 설명하는 프로젝트 수업도 권장할 만합니다. 현대사 내용은 입장 차가 뚜렷한 경우가 많아 교사가 먼저 자신의 생각을 말했다가 오해를 불러일으키는 경우도 있기 때문에 학생들의 발표와 토론 뒤에 피드백 형태로 교사의 생각을 조심스럽게 내비치는 게 낫지 않을까 싶습니다.

8. 교과서 선정은 어떤 원칙을 갖고 해야 할까?

문 교육과정이 바뀔 때마다 교과서를 새로 선정하는데, 사실 고민이 좀 됩니다. 분량이나 전체적인 편집이 거기서 거긴데, 좋은 교과서를 가려내기가 쉽지 않네요. 우리가 검토해서 추천한 책이 학생들에게도 잘 맞는 좋은 교과서인지 확신이 잘 안 섭니다.

답 저도 사실 선뜻 이렇게 하면 된다고 자신 있게 말씀을 못 드리겠네요. 교과서를 선정하는 선생님의 수업 스타일과 취향, 학생들의 수준, 학교 사정 등이 복합적으로 작동하기 때문입니다. 또 교과서가 다 같아 보여도 개별 주제에 대한 서술 분량이나 자료 배치가 다르고, 단원의 구성도 제법 다른 부분이 있습니다. 예컨대, 일제 강점기 사회운동을 단 열 줄에 요약한

교과서도 있고, 한 쪽 반을 쓰는 곳도 있지요. 이는 필자의 집필 구상의 차이 때문입니다. 사회운동을 줄여 쓴 필자는 다른 곳의 분량을 늘렸을 가능성이 높습니다. 자세히 보면 필자들이 많이 고심해서 잘 녹여낸 서술도 찾아볼 수 있고요.

 하지만 단기간에, 대략 일주일 안에 여러 종의 교과서를 살펴보고 판단해야 하는 것이 우리들의 어려움이죠. 일상의 과업을 수행하면서 틈틈이 들춰보며 교과서 간의 차별점을 정교하게 찾기란 쉽지가 않지요. 게다가 역사교사들마다 교과서에 대해 다른 판단을 한다면 이를 조율하고 합리적으로 결정하는 과정도 거쳐야 하는데, 이 작업이 꽤 미묘하고, 조심스럽기도 하지요.

 그럼에도 한 가지만 제안 삼아 말씀드린다면, 교과서를 갖고 수업하는 교사의 입장도 중요하지만 학생들이 읽고 이해할 수 있고, 흥미롭게 살펴볼 수 있어야 한다는 점입니다. 즉 학생의 시선으로 다시 교과서를 보면, 용어나 개념에 대한 설명, 본문의 분량과 수준, 전체적인 화면의 배치, 적절한 자료와 그에 맞는 질문, 유의미한 활동 등의 측면에서 어느 정도는 기준선을 정할 수 있지 않을까 싶습니다.

 제가 교과서를 고르면서 세웠던 원칙은 이런 겁니다.

1) 학생의 시선 고려: 눈높이에 맞는 용어/개념 풀이, 유의미한 서사가 있는 본문 전개, 가독성(행 표시 등), 자료의 연계성(본문의 관련 자료 번호 표시 등), 편집의 화려함 혹은 난삽함보다 눈에 들어오는 화면 배치
2) 배움 중심 수업 유도: 자료와 탐구 과제의 적절한 연계, 실효성 있고 유의미한 과제(단순 장식성, 추상적 과제 지양)
3) 역사적 사고력 제고: 질문과 토론이 있는 수업(충분한 자료를 주되, 질문과 토론을 유도) → 논쟁점 질문으로 토의·토론 가능성 높여야 & 사료의 다양한 재구성 → 접근성, 탐구의 매력도 높여야
4) 민주 시민 교육 실천
   • 내용: 한국 근현대사 서사 재구성 혹은 보완
     (민족주의 → 민주주의 반영, 필요하면 논쟁점 제시)
   • 방식: 모둠활동, 짝 활동 등 협력적 탐구와 소통 기회 부여
     (함께하면 짐이 된다? → 함께 하면 힘이 된다!)

필요하면 역사를 좋아하고 잘하는 학생과 관심도가 낮은 학생 몇 명을 불러서 교과서를 읽혀보고 판단하는 것도 좋습니다. 학생의 의견을 반영한다는 취지를 살리는 의미도 있구요. 학생들이 교과서를 보고 내용이 잘 이해되는지, 자료나 질문에 관심이 가는지, 활동이 막연하다거나 너무 어렵지 않은지 등을 파악해보게 하고, 전체적인 소감을 묻는 것이지요.

끝으로 어떤 출판사의 교과서를 선정하든 선정 과정을 마치고 곧장 도서관에 반납하지 말고, 사회교과실이나 역사교사들이 공유하는 캐비닛(사물함) 같은 곳에 두고 수시로 참고하는 것이 좋습니다. 우리가 선정한 교과서는 비교적 나은 것이지 최선의 것이 아니기 때문에, 잘 정리된 사료가 강점인 교과서, 질문이 괜찮은 교과서, 과제가 매력적인 교과서 등을 늘 가까이 두고 활동지를 만들거나 수행평가를 구상할 때 활용하면 어느 한 교과서에 매몰되지 않고 폭넓게 여러 교과서의 장점을 취합하는 활용법이 되겠지요. 이렇게 동시에 여러 교과서를 참고한다면, 교과서 선정도 유일한 어느 하나의 텍스트가 아니라 유력한 텍스트를 선택하는 것이어서 '단 한 번의 결정'이라는 마음의 부담도 덜 수 있을 것입니다.

9. 원격수업의 적절한 해법은 무엇일까?
문— 갑작스럽게 시작된 원격수업, 이제는 근근이 적응해가고 있지만 앞으로도 계속된다면 걱정되는 부분이 많습니다. 매 시간 공들여 콘텐츠를 만들기는 버겁고, EBS 화면을 보여주거나 남의 영상에 링크만 걸기는 민망한데, 뾰족한 대안이 없어요. 학생들과의 피드백도 쉽

지 않고, 학생들 간의 성적 격차도 심하게 나니 마음이 불편해요. 좋은 해결 방안이 없을까요?

답__ 저 또한 컴퓨터에도, 낯선 플랫폼에도, 새로운 프로그램에도 적응을 잘 못 하는 사람이라 계속 헤매고 있습니다만, 원격수업을 하다 보니 한 가지 확실한 건 있더군요. 학생들은 근사한 화면보다 '우리 학교' 선생님을 만나고 싶어 한다는 사실입니다. EBS만큼 정제되어 있지 않아도, 화려한 기술적 지원이 없어도 정겨운 선생님의 얼굴과 목소리를 접하면서 오히려 생동감을 느낀다고 하더군요. 제작 도구도 단순하게 휴대폰으로 찍어서 영상을 올리는 방식인데 말이죠.

저도 막막한 나머지 다른 선생님들은 어떻게 수업을 만들었는지 여기저기 검색을 해보는데, 대부분은 내용 정리를 깔끔하게 하는 '강의'였습니다. 교사 수준을 뛰어넘는 멀티미디어 기술을 뽐내는 경우도 있고, 일타 강사 뺨치는 입담이나 필기 솜씨를 발휘하는 경우도 보았습니다. 하지만 학생들에게 질문을 던지고, 활동을 유도하고, 다음 시간에 이를 피드백하는 경우는 거의 없었습니다. 이런 식으로 원격수업이 진행된다면, 교사의 존재를 스스로 부정하는 결과를 낳지 않을까 우려되었습니다. 교사는 강사와 무엇이 달라야 하는지 고민이 되었습니다.

원격수업은 시공간에 구애받지 않고 수업을 들을 수 있기 때문에 그 장점을 발전시켜야 합니다. 교실 수업과 같기를 기대하면 안 되고 그럴 필요도 없지요. 예컨대 온라인으로 박물관을 둘러보고 과제를 수행한다거나 황룡사 터를 증강 현실로 복원하여 답사하고 내용을 정리해 소감을 쓰는 활동도 가능하고, 구글 어스로 해외 문화재 탐방도 할 수 있으므로 이런 확장 가능성을 최대한 활용할 필요가 있습니다. 게다가 교실 수업보다 훨씬 더 많고 다양한 영상, 그림, 음악 등을 담을 수 있어 풍부한 수업이 될 수 있지요.

그럼에도, 수업의 핵심인 교사와 학생의 라포르와 질문과 대답이라는 요소는 어떤 방식의 수업이든 갖춰야 한다고 생각합니다. 흔히 수업을 교사와 학생의 대화로 비유하는데, 일방통행이 아니라 대화가 되려면 학생의 활동이나 질문이 있고, 교사가 피드백하는 부분이 반드시 있어야겠지요. 당분간은 원격수업에 적응해가는 과도기적 상황에서 시행착오와 약간의 혼돈이 있겠지만, 점차 원격수업과 교실 수업의 장점을 찾아 서로 도움이 되는 수업으로 나아가지 않을까 기대합니다.

원격수업의 또 하나의 걱정거리는 학생들의 학습 격차입니다. 자기주도 학습 능력을 갖춘 학생이나 부모님이 챙겨 봐주는 학생과 그렇지 못한 학생의 간극이 매우 커졌습니다. 성적 분포가 ∩자형이 되기는커녕 '나이키' 곡선이 되고 있습니다. 운동화나 운동복을 만드는 업체 나이키의 로고를 떠올려보면 알겠지만,

소수의 우수한 학생이 있고, 중간층이 사라졌으며, 하위권이 큰 폭으로 증가한 실정입니다. 학생들의 학습 성향이나 가정 형편에 따라 수업 집중도, 활용 능력의 편차가 크기 때문에 보완책이 필요한데, 교사와 학생의 개인적인 소통과 수업 참여 확인, 피드백은 필수적일 것입니다. 교실 수업에서 엎드려 있는 학생을 깨우는 수고를 전화나 문자, 카톡 등으로 하는 수고가 뒤따르겠지요.

근본적으로 인간이 가지는 고유한 역량(호기심, 탐구 능력, 질문하는 능력 등)을 기를 수 있도록 수업을 구성할 필요가 있습니다. 인터넷을 활용할 수 있으니 학생들이 소소한 기본적인 정보는 찾게 하고, 이를 가공하는 작업에 힌트를 주는 수업도 고려해보세요. 넘쳐나는 정보를 굳이 교사가 일일이 정리해주기보다 학생들이 찾은 정보와 지식에 대해 메타적으로 질문하고, 다시금 정리하면서 자신의 생각을 쓰고 발표하게 하는 수업도 학생의 적극성을 끌어내는 방안이 될 수 있을 것입니다. 교사는 수시로 질문하고 학생들의 가치 판단을 도와주는 역할을 하는 것이지요.

교실 수업에 비해 제약이 많지만 모둠활동이나 학생들의 협업을 도와주는 프로그램도 있으니 고려해볼 만합니다. 패들렛은 하나의 작업 공간에 여러 사람이 들어와서 동시에 작업할 수 있는 웹 어플리케이션입니다. 일종의 포스트잇처럼 저마다의 생각을 보태는 것이 가능합니다. 댓글 기능을 이용하여 3~4명이 한 팀이 돼서 서로의 결과물에 댓글을 달아 완성도를 높이는 부분적인 팀플레이도 가능하고, 온라인으로 모둠을 구성하여 토론하는 경우도 있습니다. 구글 클래스룸의 경우, 여러 명이 작업하는 모습을 보여주는 커서가 화면에 깜빡거리기 때문에 교사가 작업 과정을 실시간으로 지켜볼 수도 있습니다. 결국 방법이 없는 것이 아니라 교사의 의지와 수업 디자인이 중요한 것이지요.

10. 내 수업을 어떻게 바꾸어야 할까?

문 수업을 바꾸라는 요구가 거셉니다. 개선, 개혁, 혁신이라는 표현이 점점 부담스럽게 다가오는데 수업을 당장 바꾸기는 힘겹습니다. 바꾸지 못하는 이유가 개인적인 게으름과 무관심이 아니라 수업을 둘러싼 여건들이 갖춰져 있지 않은 탓도 있거든요. 그럼에도 마치 교사들이 책임을 다하지 않는 것처럼 남들이 인식하니 좀 억울하기도 하고, 조바심이 더 커집니다.

답 내 수업을 하루아침에 바꾸는 것은 불가능하고 바람직하지도 않습니다. 당장의 변화를 보여줘야 한다고 해서 남들이 개발해놓은 수업지도안대로, 수업 방식을 따라서 그대로 실행한다면, 나는 과연 괜찮은 교사일까요? 그것이 수업 개선의 적절한 방안일까요? 아무리 좋은 지도안도 수업하는 교사의 고민을 바탕으로 새롭게 구성되지 않는다면, 단순 전달

이상의 의미가 없을 것입니다. 학교마다, 학급마다, 학생마다 다른 여러 변수를 무시하고 같은 매뉴얼에 따른 수업을 한다는 것은 '같은 재료를 투입하면 같은 산출물이 나온다'는 공학적인 관념일 뿐, 저마다의 생각을 키우고 나눈다는 성장과 공유라는 수업의 생동감을 저해하는 것입니다.

교사들이 수업에 집중하지 못하는 이유를 우리 대부분이 알고 있으며, 해결책도 알지만, 시간이 오래 걸립니다. 이런 상황에서 공교육의 교사와 사교육의 강사를 단순 비교하는 경우가 많은데, 전제부터가 잘못된 일이지요. 담임 역할, 행정 업무를 기본으로 하면서 수업을 준비하는 학교 교사와 수업 준비에만 공을 들이는 학원 강사들은 조건이 아예 다릅니다. 방송가와 학원가의 일타 강사들은 심지어 조교를 두고 강의를 구성하는데, 학교의 교사는 혼자서 여러 업무에다 '과정 중심 평가와 피드백'까지 감당해야 하므로 모래주머니를 차고 바닷가 백사장을 달리는 격입니다. 그러니 동일 선상에 놓고 비교해서는 안 되며, 강의와 설명으로 승부를 거는 것은 학교에 몸담고 있는 교사로서 어리석은 일입니다. 무엇보다도 지식을 전하는 데 그치는 것이 아니라 지식을 바탕으로 생각하는 힘을 길러 살아가는 지혜를 키워야 하는 공교육 교사의 본분을 망각한 것이기도 합니다.

이와 관련하여 구조적 모순 진단이나 근본적 해결책 없이 교사들더러 앞장서라고 하는 사회적 시선이나 교육부의 주문에 동의할 수 없다는 분들도 많이 있습니다. 수능과 입시가 바뀌지 않는 한, 소소한 개인적 노력은 무의미하다, 오히려 수업을 개선한다며 어설픈 활동을 하는 것이 입시에 불리할 수도 있으니 현재의 입시체제에 충실하자(?)는 교사들도 있지요. 여기서 생각해볼 지점은 입시는 늘 존재했지만, 뜻있는 선배교사의 분투로 많은 것이 바뀌었다는 사실입니다. 정시 외에 수시가 생기고 수시의 비중이 높아지는 변화, 수시도 스펙 위주로 가다가 수상이나 봉사 등 돈과 시간이 많이 드는 것들은 줄어들고, 수업과 학생 자신의 활동 비중이 높아진 변화는 선배교사들의 무수한 실천과 문제 제기를 통해 가능했습니다.

한편으로 이러한 성과는 교사의 전문성이 존중되어야 하듯 이를 갖추기 위한 교사들의 노력과 책임도 함께 필요하다는 점을 환기시킵니다. 좋은 수업을 하기 위해 필요한 여러 여건들이 갖춰져 있지 않은 것이 사실이지만, 교사들의 진지한 노력이 먼저라는 사실은 부정할 수 없습니다. 결코 쉽지 않은 과정이 되겠지만, 문제가 다 정리되면 내가 나서겠다는 생각보다 하나라도 실천해가면서 문제점을 개선하는 방식으로 접근해야 해결의 실마리를 찾을 수 있습니다. 꽃길이 조성되면 그제서야 걷겠다가 아니라 땅을 일구고 씨앗을 심어가며 꽃길을 만들어가야겠다가 되어야겠지요.

이때 재개발이 아니라 리모델링의 관점이 필요합니다. 내 수업을 다 갈아엎겠다는 강박,

모조리 바꿔야 한다는 압박감을 느끼기보다 현재 하고 있는 수업에서 조금씩 바꾸어보겠다는 긴 호흡이 필요합니다. 이를테면, 1년에 5분씩 내 수업을 바꾸겠다는 마음으로 단계적으로 접근하는 것입니다. 제 수업을 돌아보면, 강의와 설명을 정비하는 데서 출발해 자료를 챙겨주는 노력을 더하고 배움의 관점에서 학생에게 걸맞은 점프과제(핵심질문)를 구성하는 과정을 거쳐, 하브루타, 거꾸로 수업의 장점을 취하며 조금씩 진화해왔습니다. 개인적으로 저는 수석교사의 역할을 맡고 있기에 뭔가 새로운 것, 남다른 것을 보여줘야 한다는 강박이 있었습니다. 그때 현재의 수업을 성찰하고 다음 수업에 무엇을 더하고 나눌 것인지 돌아보는 작업이 먼저라는 생각으로 천천히 나아간 것이 제게는 더 도움이 되었습니다.

전작 『역사수업의 길을 묻다』에서 제가 "수업은 교사의 정신적 지문"이라고 표현한 적이 있습니다. 교사의 삶이 녹아 있고 고민이 묻어나는 것이 수업인지라 하루아침에 바뀐다는 것은 삶이 바뀌는 것이고 무리한 변화이거나 흉내 내기가 될 가능성이 높습니다. 1년에 5분씩 9~10년이면 내 수업의 풍경이 확연히 달라질 것입니다. 그러니 해마다 쉼 없이 정진해서 내 수업의 모습을 가꿔나가는 것이 더 바람직하다고 생각합니다. 나 자신과 학생을 위해 학생과 호흡하며, 학생들의 변화와 반응을 읽어가면서 바꾸어가는 것이 바로 진정한 해결책이라고 봅니다.

사이트	특징
우리역사넷 http://contents.history.go.kr	• 국사편찬위원회에서 제작한 대중 교양, 역사 교육용 한국사 사이트 • 교과서에 수록된 주요 사료 및 이미지 자료와 그에 대한 해설을 볼 수 있다. • 수업 시간에 사료와 사진을 바로 이용할 수 있어 매우 유용하다.
한국민족문화대백과 사전 http://encykorea.aks.ac.kr	• 인물, 관직명, 용어, 사건 등을 찾아볼 수 있다.
한국사데이터베이스 http://db.history.go.kr	• 국사편찬위원회에서 운영하는 한국사 주요 자료를 제공하는 사이트 • 『삼국사기』, 『삼국유사』, 『고려사』, 『승정원일기』, 『조선왕조실록』, 『비변사등록』 등을 비롯하여 일제 강점기 주한 일본 공사관 기록, 항일운동 관련 기록 등과 국사편찬위원회에서 간행한 주요 자료집(한국 사료 총서, 한민족독립운동사 사료집, 대한민국 임시정부 자료집 등) 등 방대한 자료의 원문과 국역문을 함께 볼 수 있다. • 구한말~일제 강점기에 간행된 한국어 잡지의 원문을 볼 수 있다. • 근현대 인물 자료가 구축되어 있어 이름으로 검색하면 많은 자료를 확인할 수 있다.
동북아역사넷 http://contents.nahf.or.kr/	• 동북아역사재단에서 운영하는 사이트로 중국, 일본과 관련된 연구 논문과 주요 역사 자료(역사 현안, 대외 관계사 등)를 볼 수 있다. • '역사 교육' 항목에서는 동아시아사 수업지도안 및 수업 자료를 볼 수 있다.
국가문화유산포털 http://www.heritage.go.kr	• 문화재(유물, 유적, 무형 문화재, 세시 풍속 등) 관련 사진, 동영상, 해설이 탑재되어 있다. • 문화사 수업에 유용하다.
문화콘텐츠닷컴 http://www.culturecontent.com/main.do	• 정치, 경제, 사회, 문화 등 전 영역에 걸친 우리나라 문화 관련 콘텐츠의 이미지와 동영상을 제공한다. • 콘텐츠 분량이 방대하며 매우 다양하다. 주제별, 시대별, 교과서별로 분류되어 있다. • 콘텐츠를 선택하여 수업의 일부로 활용할 수 있다.

디브러리 http://www.dibrary.net	• 1939년부터 1949년까지 제작된 『독립신문』, 『국민신보』, 『대한독립신문』(민보), 『독립신보』, 『민중일보』, 『조선중앙일보』(서울 석간), 『중앙신문』의 원본을 볼 수 있다. • 기사 제목과 주요 키워드로 검색할 수 있으며, 기사를 출력할 수 있다.
국가통계포털 http://kosis.kr	• '국내통계 → 과거, 중지 통계 → 광복 이전 통계, 대한민국통계연감'이 유익하다. • 조선총독부통계연보와 대한민국통계연감을 도표로 볼 수 있다. • 도표를 그래프로 전환시켜 볼 수 있다. • 수업 시간에 통계 도표, 그래프를 바로 이용할 수 있다.
지식채널e http://home.ebs.co.kr/ jisike/index	• 홈페이지에서 로그인하지 않아도 무료로 볼 수 있다. • 지난 방송이 주제별, 내용별로 분류되어 있어 수업과 관련된 내용을 쉽게 검색할 수 있다.
역사채널e http://home.ebs.co.kr/ historye/main	• 지식채널e의 한국사판 • 홈페이지에서 로그인하지 않아도 무료로 볼 수 있다. • 제목만 봐서는 내용을 짐작하기 어려운 것이 많다.
5분 사탐 시리즈: 한국 사, 동아시아사, 세계사 http://www.ebsi. co.kr//ebs/lms/lmsx/ MiSocSciSrchBankLst. ebs?targetCode=D300	• 지식채널e의 고등학교판 • 한국사, 동아시아사, 세계사로 분류되어 계속 제작, 업데이트되고 있다. • 홈페이지에서 로그인하지 않아도 무료로 볼 수 있다.
문제은행 교사 서비스 http://www.ebsi. co.kr/ebs/xip/xipg/ akePaperTeacherList.ebs	• 교사 인증 절차만 거치면 EBS 교재는 물론이고 모의평가, 학력평가 등의 모든 문제를 한글 파일로 저장받아 사용할 수 있다.
국가교육과정 정보센터 http://ncic.go.kr/	• 한국교육과정평가원에서 운영하는 국내외 교육과정 정보 공유 시스템 • 우리나라와 세계 각국의 교육과정, 우리나라 각 지역과 학교의 교육과정을 내려받을 수 있다. • 1차 이전부터 2009 개정 교육과정까지 우리나라 국가 교육과정의 원문을 내려받을 수 있다.

2 2017학년도 수능 필수화에 따른 교사연수 자료집(교육부, 서울특별시교육청)에 실린 자료를 일부 발췌했다.

역사수업 살림

지은이 | 윤종배

초판 1쇄 인쇄일 2021년 2월 22일
초판 1쇄 발행일 2021년 3월 3일

발행인 | 한상준
편집 | 김민정·강탁준·손지원·송승민·최정휴
마케팅 | 주영상
디자인 | 조경규·김미숙
관리 | 김혜진

발행처 | 비아북(ViaBook Publisher)
출판등록 | 제313-2007-218호(2007년 11월 2일)
주소 | 서울시 마포구 연남동 월드컵북로6길 97(연남동 567-40) 2층
전화 | 02-334-6123 전자우편 | crm@viabook.kr
홈페이지 | viabook.kr

ⓒ 윤종배, 2021
ISBN   979-11-91019-25-4 03370